Teatro independiente:
Grupos, espacios, prácticas

Paula Ansaldo, María Fukelman, Bettina Girotti,
Jimena Trombetta y Rocío Villar
(editoras)

Teatro independiente:
Grupos, espacios, prácticas

Argus-*a*
Artes & Humanidades
Arts & Humanities

Buenos Aires, Argentina - Los Ángeles, USA
2024

Teatro independiente:
Grupos, espacios, prácticas

ISBN 978-1-944508-60-9

Ilustración de tapa: Foto del Teatro Independiente La Escalera, Rosario, Santa Fe, Argentina, gentileza de Claudia Giordana.

Diseño de tapa: Argus-*a*.

© 2024 Paula Ansaldo, María Fukelman, Bettina Girotti, Jimena Trombetta y Rocío Villar

All rights reserved. This book or any portion thereof may not be reproduced or used in any manner whatsoever without the express written permission of the publisher except for the use of brief quotations in a book review or scholarly journal.

Editorial Argus-*a*
1414 Countrywood Ave. # 90
Hacienda Heights, California 91745
U.S.A.
argus.a.org@gmail.com

ÍNDICE

Paula Ansaldo, María Fukelman, Bettina Girotti,
Jimena Trombetta y Rocío Villar
Palabras preliminares · i

Gustavo Radice
Antecedentes del teatro independiente platense:
principios y procesos de autonomización
en el campo teatral local · 1

Magalí Andrea Devés
Encuentros y desencuentros en las primeras experiencias
del teatro independiente porteño · 23

Bettina Girotti
¿Un teatro de títeres independiente? La experiencia
del Teatro Libre Argentino de Títeres (1947-1954) · 39

Jorge Dubatti
Dramaturgia recuperada de Eduardo Pavlovsky:
Camello sin anteojos (1963) · 57

Dayra Restrepo
Hacia la construcción de una poética de la traición escénica · 71

Luciana Scaraffuni Ribeiro
Las astucias del teatro independiente
durante la dictadura cívico-militar uruguaya (1973-1985) · 79

Ricardo Dubatti
La Guerra de Malvinas en el teatro independiente:
Laureles (1983) de Teatro Rambla · 99

Juan Estrades
Teatro independiente uruguayo:
dos instituciones fundamentales en su desarrollo,
Teatro El Galpón y Teatro Circular.
Puestas en escena en el nuevo milenio   119

María Alejandra Botto Fiora
La obra nos muestra la mirada.
Un comentario de la obra *Mirá!* de Marcelo Katz   141

Rocío Villar
La comedia negra de Buenos Aires:
teatro independiente afrodescendiente   151

Jimena Trombetta
Ernesto Guevara en el teatro independiente   159

Leonardo Basanta y Mariana del Mármol
Por qué hacemos lo que hacemos.
Apuntes sobre deseo, reconocimiento y legitimación
en la producción de teatro platense   173

Mercedes Nuñez
Dramaturgia propia de los espacios.
Carácter dramatúrgico de los espacios
en las salas de teatro independiente de Rosario   187

Juliana Díaz
Aportes teóricos sobre la sociología
del trabajo artístico actoral de jóvenes
en Teatro Independiente   197

Participantes   215

Palabras preliminares

> *"Avanzar sin prisa pero sin pausa, como la estrella"*
> Johann W. von Goethe

En 2016, un grupo de investigadoras pertenecientes al Instituto de Artes del Espectáculo (IAE) "Raúl H. Castagnino" de la Facultad de Filosofía y Letras de la Universidad de Buenos Aires (Paula Ansaldo, María Fukelman, Bettina Girotti y Jimena Trombetta) nos embarcamos en la tarea de organizar las Jornadas de Estudios sobre Teatro Independiente, evento que proponía explorar algunas preguntas: ¿Qué es el teatro independiente? ¿Qué significa este concepto hoy? ¿Cómo ha cambiado a través de los años? Para esto, invitamos a investigadoras e investigadores de todo el país a presentar trabajos académicos que indagaran sobre esta problemática y organizamos mesas redondas que reunieran a referentes del quehacer artístico, la investigación y la gestión para debatir sobre estas y otras cuestiones.

Aquellas jornadas dieron lugar a un libro colectivo: *Teatro independiente. Historia y actualidad* (Ediciones del CCC, 2017, compilado por Ansaldo, Fukelman, Girotti y Trombetta), que incluyó el total de las conferencias y una selección de las ponencias presentadas. La publicación ensayaba algunas respuestas: el teatro independiente se presentaba como un espacio aglutinador de deseos, impulsos políticos, proyectos comunitarios, modos de producción alternativos, periferias que decidían visibilizarse, diferentes identidades; aparecía también como un lugar de memoria, de lucha contra el terrorismo de Estado, de diálogo y de convivencia generacional. Paradójicamente, o no tanto, la multiplicidad de respuestas no agotaba la pregunta.

Esta primera experiencia iluminó nuevas perspectivas, pero a su vez trajo nuevos interrogantes. Nos mostró también nuestros puntos ciegos, nuestras deudas históricas. Por esa razón, dos años después, decidimos repetirla. En septiembre de 2018, las mismas investigadoras (con la incorporación de Rocío Villar) llevamos a cabo las 2° Jornadas de Estudios sobre Teatro Independiente [Internacionales]. En esta segunda edición, realizada en un año donde las luchas de los colectivos feministas habían tomado la agenda pública, dedicamos una mesa a pensar el rol de las mujeres en el teatro independiente. Invitamos a artistas, investigadoras y activistas culturales que, desde la cultura y el teatro, llevaban adelante reivindicaciones de género. Así, conversamos sobre las similitudes entre el teatro independiente y los movimientos feministas, las luchas contemporáneas, las posibilidades de las mujeres de acceder a lugares de poder y, a su vez, de cómo ejercerlo de una manera no patriarcal, entre otras muchas temáticas que, todavía en el presente, nos interesan y preocupan. De esta forma, la pregunta sobre qué es el teatro independiente dejó a la vista una cuestión más compleja: cómo producir como mujeres dentro del teatro independiente, y aún más –gracias a los intercambios propuestos por parte del público y la presencia de actrices afrodescendientes—, cómo producir siendo mujeres afrodescendientes en el teatro independiente de Buenos Aires. A su vez, y con una mirada retrospectiva, dando cuenta de nuestra propia omisión en esta cuestión, hoy nos resulta necesario añadir el interrogante sobre el lugar de las personas trans y las personas marrones en el teatro independiente.

Guiadas por la pregunta sobre los modos de hacer en el teatro independiente, en las JETI de 2018 propusimos una mesa especial acerca del teatro de títeres y objetos. Convocamos para ello a artistas cuyas trayectorias se inscribían también en el campo de la formación, la gestión y la programación y reflexionamos junto a ellxs en torno a lo que sucedía con el teatro de títeres en las salas independientes y sobre las particularidades de producir y programar este tipo de espectáculos.

A sabiendas de la necesidad de pensar el concepto de teatro independiente en toda la región, para aquella segunda edición invitamos a conferencistas que pudiesen hablar del desarrollo del teatro independiente en otros países latinoamericanos, con trabajos presentados sobre Uruguay y Colombia. Nuestras jornadas se volvieron, así, internacionales.

Para el cierre, consideramos la importancia de seguir vinculando teoría y praxis teatral estableciendo un diálogo que nos permitiera continuar reflexionando sobre los modos de hacer y los modos de pensar el teatro independiente. Para ello, y dentro del marco "Proyecto Desmontajes" de la Asociación Argentina de Investigación y Crítica Teatral (AINCRIT), se realizó el desmontaje de la obra *Tierra partida, lo demás no importa nada*, de Marcos Arano y Gabriel Graves, en el teatro La Carpintería. Este encuentro entre realizadores y público permitió no solo indagar sobre los mecanismos de producción de dicha puesta, sino que posibilitó el anclaje y la reflexión sobre la coyuntura política de entonces, dejando entrever un aspecto fundamental del teatro independiente: su vinculación con la comunidad en la que se inserta.

En este libro, titulado *Teatro independiente: grupos, espacios y prácticas*, acercamos un poco de lo que fue la experiencia de las 2° Jornadas de Estudios sobre Teatro Independiente [Internacionales] traducida en catorce artículos, a cargo de Leonardo Basanta y Mariana del Mármol, María Alejandra BottoFiora, Magalí Andrea Devés, Juliana Díaz, Jorge Dubatti, Ricardo Dubatti, Juan Estrades, Bettina Girotti, Mercedes Núñez, Gustavo Radice, Dayra Restrepo, Luciana Scaraffuni Ribeiro, Jimena Trombetta y Rocío Villar. Los trabajos indagan en la historia de diferentes grupos teatrales independientes (Teatro Libre Argentino de Títeres, Teatro Rambla, Teatro Galpón, Teatro Circular), distintas experiencias (teatro afrodescendiente, teatro de títeres, figuras históricas en el teatro independiente), múltiples territorialidades (desde Buenos Aires, La Plata y Rosario hasta el teatro independiente en Uruguay y Colombia) y algunas poéticas específicas (*Camello sin anteojos, Laureles, Mirá!*).

Si bien el presente volumen reúne artículos, buena parte de la riqueza de nuestras jornadas residió en las mesas de debate con artistas y trabajadores de la cultura. Por esta razón, agradecemos profundamente la participación de Patricio Abadi, Ana Alvarado, Pablo Bellocchio, César Brie, Maruja Bustamante, Bernardo Cappa, Alejandra Carpineti, Natalia Carmen Casielles, Javier Daulte, Daniela Fiorentino, Julieta Grinspan, Manuel Mansilla, Valeria Rellán, Larisa Rivarola, Luis Rivera López, Nelly Scarpitto, Lorena Vega y Liliana Weimer.

Agradecemos también al apoyo del Centro Cultural de la Cooperación "Floreal Gorini", de la Facultad de Filosofía y Letras de la Universidad de Buenos Aires, de la Asociación Argentina de Investigación y Crítica Teatral (AINCRIT), de Jorge Dubatti, Ricardo Dubatti, Natacha Koss, y de todos los compañeros y compañeras del AICA (Área de Investigación en Ciencias del Arte del CCC) y el IAE (Instituto de Artes del Espectáculo "Raúl H. Castagnino" de la FFyL). Y por supuesto, sumamos un cálido agradecimiento a la editorial Argus-*a* Artes y Humanidades/Arts & Humanities.

La pandemia por el Covid-19 nos obligó a demorar esta publicación y también la tercera edición de las JETI, pero no por eso a detenernos, ya que, como pregonaban los integrantes del viejo Teatro del Pueblo, quienes durante un tiempo utilizaron como lema la frase de Goethe expresada en el epígrafe, seguiremos recorriendo el camino en la investigación del teatro independiente, sin prisa en la búsqueda de certezas, pero siempre en movimiento, como la estrella.

Buenos Aires, febrero 2024
Paula Ansaldo, María Fukelman, Bettina Girotti,
Jimena Trombetta, Rocío Villar

Antecedentes del teatro independiente platense: principios y procesos de autonomización del campo teatral local

Gustavo Radice

1. Introducción

El desarrollo de la historia teatral local ha dado cuenta de los diferentes momentos en que el sistema teatral platense ha intentado construir sus principios y procesos de autonomía en relación con el sistema teatral porteño. Uno de estos momentos de autonomía es el surgimiento del teatro universitario a principios del siglo XX. La historia teatral local destaca, como un primer antecedente del comienzo del subsistema del teatro independiente, la creación del grupo teatral universitario Renovación y es, finalmente, durante los últimos años de la década del setenta, cuando con los grupos teatrales TID (Taller de Investigaciones Dramáticas), dirigido por Carlos Lagos, y el Grupo Teatral Rambla, a cargo de José Luis de las Heras, se consolida lo que hoy en día en la ciudad de La Plata se conoce como teatro independiente. Cabe destacar que el 13 de octubre de 1956 el elenco del Teatro Fray Mocho, con la dirección de Oscar Ferrigno, visitó la ciudad, hecho que significó un hito en la historia teatral local. La presentación de este grupo porteño fue de gran importancia para el teatro platense; a partir de entonces se generó en la ciudad una eclosión de grupos teatrales como La Lechuza, Los Duendes, Nuevo Teatro, entre otros, que contaron con una sala propia y convocaron a numeroso público. También se suma a estos hechos la creación de centros de formación actoral, lo cual comienza a darle una impronta de profesionalización a la actividad teatral en la región. Es notable establecer estos puntos de partida —el grupo Renovación, la emergencia de grupos teatrales como La Lechuza en la década de 1950 y la creación del TID y el Rambla a finales de la década del setenta— ya que en ellos se encuentran los motores de búsqueda que sostienen la producción teatral independiente local.

Teatro independiente: grupos, espacios, prácticas

El presente trabajo centra su objetivo en la descripción del grupo teatral universitario Renovación como uno de los primeros antecedentes del movimiento teatral independiente, y también como uno de los primeros momentos de autonomización del sistema teatral local. Además, se hace una breve referencia al TULP (Teatro Universitario de La Plata) como una línea que une aquel movimiento universitario de principios del siglo XX con el que luego se desarrolló durante la década del sesenta, y que contuvo entre sus integrantes a José Luis de las Heras, fundador del Grupo Teatral Rambla, grupo teatral de relevancia durante la década del setenta junto con el ya mencionado *TID*.

Para poder pensar qué significa *lo independiente* en la región hay que comprender cómo devienen en principios y procesos las normas de autonomía del sistema teatral platense, es entonces que se hace necesario hacer referencia al concepto de autonomía que desarrolla Jean Piaget (Galindo Olaya, 25). La transposición de este concepto del campo de la Psicología al campo de los estudios teatrales se fundamenta en que dicha traducción permita comprender principalmente que toda autonomía resulta de criterios morales, políticos y finalmente éticos. Es por esto que las ideas desarrolladas en el presente trabajo parten del principio de concebir a toda práctica teatral como un hecho político, y es desde este lugar que se piensa la idea de autonomía como un elemento teórico que permita comprender que el concepto de teatro independiente supera la idea normativa de teatro autogestivo; y es así que aquello que pertenece al orden de lo económico no es dejado de lado sino que forma parte como elemento coadyuvante de las múltiples posibilidades de comprender el circuito teatral independiente local como construcción histórica.

Generalmente se ha problematizado sobre el binomio independiente/autogestivo haciendo eje en los modos de producción; otras pensando al teatro independiente bajo una mirada *romántica* en donde se mezcla la idea de teatro vocacional con la profesionalización de la actividad, esta última idea sobre la profesionalización muchas veces se encuentra ligada con la retribución económica y con un grupo de saberes específicos sobre la actividad. Desde la década de 1980 apareció un nuevo concepto que fue vinculado al teatro independiente y es la idea de teatro alternativo y/o under; pero más allá de estos problemas nominales, que si bien son de importancia ya que aquello que se puede nombrar se puede comprender, la idea principal de este trabajo es la de resaltar al movimiento del teatro independiente local como un vector energético que impulsa los procesos de autonomización del sistema teatral local frente a otros sistemas teatrales, para así construir su propia historicidad.

Pensar los procesos de autonomía admite comprender el problema de cómo se comporta el subsistema del teatro independiente frente a sistemas extraterritoriales, y por supuesto sus vínculos con los modos de producción. Según Piaget existirían dos fases:

a) fase heterónoma: en donde las reglas son objetivas e invariables. Deben cumplirse literalmente, porque la autoridad lo ordena, y no caben excepciones ni discusiones. La base de la norma es la autoridad superior (por ejemplo, el Estado).

b) fase autónoma: las reglas son producto de un acuerdo y, por tanto, son modificables. Se pueden someter a interpretación y caben excepciones y objeciones. La base de la norma es la propia aceptación.

Estas dos fases permitirían tener un primer acercamiento a cómo se comporta el sistema teatral local en relación con el sistema teatral porteño, y cómo se generan las reglas para el funcionamiento de la actividad teatral en la región.

En una primera instancia se podría establecer una relación entre la fase heterónoma y el subsistema del teatro comercial y/o el teatro oficial del sistema teatral platense, ya que, por ejemplo, a finales del siglo XIX y principios del siglo XX el teatro local, encabezado por la compañía Podestá pasa del sistema de la gauchesca al nativismo. Este pasaje se podría pensar de la siguiente manera: cómo de las formas del circo criollo —propias de un sistema autónomo al sistema teatral porteño— se pasa a la fase heterónoma al inscribirse en las formas teatrales del sistema de la comedia de Florencio Sánchez y las formas de representación a la italiana, adquiriendo reglas teatrales desarrolladas en el sistema teatral porteño. Es de esta manera que el proceso se da de manera inversa de lo autónomo a la heterónomo. Es de igual manera que el incipiente circuito comercial platense funciona como un vector energético que tiende a direccionar los principios y procesos del teatro hacia formas hegemónicas establecidas por el campo teatral porteño. Este último punto se puede pensar en relación a cómo las diversas compañías extranjeras —españolas e italianas— y porteñas comienzan a llegar al campo teatral platense, estableciendo normas claras sobre el teatro denominado comercial.

¿Como consecuencia de los procesos de autonomía es que surgen los modos de producción? ¿Los procesos de autonomía son procesos autoconscientes? ¿Representa el subsistema del teatro independiente una fase autónoma del sistema teatral local?

El nacimiento del grupo estudiantil Renovación marca el comienzo de la fase autónoma del sistema teatral local, que a modo de magnitud vectorial establece las unidades, la dirección y el sentido que tendrá el campo teatral local para construir su propia historia.

2. Consolidación del campo intelectual como principio de autonomía

En el incipiente campo intelectual, una serie de hechos van a contribuir a direccionar el movimiento intelectual hacia la posibilidad del surgimiento del grupo estudiantil Renovación como sentido de autonomización del sistema teatral: la nacionalización de la Universidad y la puesta en marcha de una política pedagógica de avanzada, concebida por Joaquín V. González, su primer presidente, con lo cual se revitalizó la vida cultural platense de estos primeros años. Se impulsó la reforma de los distintos institutos, se incorporaron catedráticos e investigadores extranjeros, se concedieron becas a estudiantes y graduados, y se organizó la Extensión Universitaria.

El campo intelectual platense, a partir del Centenario, siguió presentando un movimiento energético hacia la consolidación de su propia autonomía: la Universidad sigue ejerciendo una influencia hegemónica; se afianza la actividad intelectual en las librerías locales, más allá de lo estrictamente comercial. La Estrella, fundada en 1924, será la que promoverá una intensa actividad teatral que trasciende el ámbito de su trastienda, por cuanto estuvo a cargo de José Gabriel, docente de la Universidad platense, profesor de Literatura del Colegio Nacional y más tarde director del Grupo Teatral Renovación. También se le suma la aparición de revistas que permitieron la difusión de temas artísticos y científicos que circulaban en los ámbitos culturales de entonces. Entre las que contaron con una larga trayectoria editorial, merecen destacarse *Valoraciones* (1923), revista bimestral de humanidades, crítica y polémica, *Sagitario* (1925), *Estudiantina* (1925) y *Don Segundo Sombra* (1928). Dentro de este contexto, un hecho político generado en el seno mismo de la Universidad tendrá amplia repercusión en la vida de la ciudad. Durante el primer gobierno radical se origina en los claustros universitarios un conflicto que será protagonizado por la Federación Universitaria local, FULP, la que, influenciada por la Reforma cordobesa de 1918, exigirá reivindicaciones democratizadoras. Los hechos desembocaron en una huelga estudiantil que comenzó en octubre de 1919 y fue levantada en julio de 1920.

Contrariamente a lo esperado, estos acontecimientos dieron comienzo a una época de prosperidad y autonomía intelectual. Se creó una escuela poética platense cuya figura rectora fue Francisco López Merino. También el teatro contó con la iniciativa de jóvenes estudiantes, creándose la primera Agrupación Teatral Estudiantil de La Plata bajo la denominación de Renovación, nombre del periódico que fue órgano oficial de la Federación Universitaria de La Plata, durante el desarrollo de la huelga de 1919.

3. Los comienzos de la escena platense: Teatro Universitario, Grupo Estudiantil Renovación, Teatro de Arte Renovación, Teatro del Pueblo

En 1920 nace el Grupo Estudiantil Renovación iniciando el comienzo del Teatro Universitario en el campo teatral platense y representó el origen del Teatro de Arte en la región. Como se ha señalado al comienzo del presente trabajo la dominancia de las producciones llegadas desde el campo teatral porteño y de algunas compañías extranjeras va cediendo paso a la aparición de manifestaciones teatrales de carácter local que significan el comienzo de la autonomía y de la heterodoxia teatral, planteando en sus puestas el alejamiento paulatino de la fase heterónoma.

El Grupo Estudiantil Renovación nació en el seno de la Universidad durante el movimiento estudiantil reformista (Szelagowsky, 276) y experimentó tres etapas a lo largo de sus dieciséis años de proceso. En cada una de las etapas adoptó diferentes nombres: Grupo Estudiantil Renovación, Teatro de Arte Renovación y Teatro del Pueblo. En un posible primer análisis, y como punto de partida para comprender la importancia de la Compañía Renovación, se podría pensar una primera asociación entre cada etapa del grupo con las líneas planteadas por Dubatti cuando define las diferentes líneas del Teatro de Arte:

> 1) la de los "profesionales", que persiguen, a la par, alta calidad artística y rentabilidad del trabajo teatral (…). 2) la de los "experimentales" que buscan una "vanguardia artística" sincronizada con Europa, sin pensar en los resultados de taquilla, a pura pérdida e investigación por el arte y un público minoritario, y 3) la de los "experimentales" de izquierda o filoizquierdistas, a los que mueve un deseo de una "vanguardia política", también al margen del lucro, pero cuyo teatro busca producir transformaciones en la sociedad y propicia las ideas de progreso y revolución, un teatro que optimiza sus posibilidades pedagógicas para favorecer el advenimiento de la revolución, una sociedad sin clases y para ilustrar al "proletariado" nacional.

a) Primera etapa: Grupo Estudiantil Renovación

Si bien existen en años anteriores expresiones teatrales ligadas al movimiento estudiantil universitario en general estaban ligadas a las llamadas estudiantinas relacionadas con el 21 de septiembre, llegada de la primavera. Un primer antecedente de este tipo de manifestaciones se puede encontrar en el año 1918; pero es en al año 1920 y con el estreno de la obra *Amores y amoríos*, de los hermanos Quinteros, y bajo la dirección de Sanromá que un grupo de estudiantes llevan a escena esta obra en el Teatro. En 1921 se estrena en el Coliseo Podestá *Los Intereses Creados*, de Benavente bajo la dirección de Sanromá, esta puesta en escena se considera el comienzo de la Compañía Teatral Estudiantil Renovación (Korn, 110)

Teatro independiente: grupos, espacios, prácticas

El Grupo Estudiantil Renovación dio origen en la ciudad a la creación de un circuito de teatro universitario. Fue Alejandro Korn quien marcó el comportamiento ético y social que caracterizó a sus integrantes y directamente relacionados con los principios del programa de Extensión Universitaria, eje esencial del proyecto impulsado por Joaquín V. González desde 1905. El objetivo de dicho proyecto fue establecer un vínculo entre la Universidad y la comunidad. Profesores del Colegio Nacional "Rafael Hernández", dependiente de la Universidad local, influyeron decisivamente en la conformación del grupo. Así Rafael Alberto Arrieta y Pedro Henríquez Ureña[1] aportaron desde sus cátedras de Literatura las bases teóricas y los conocimientos de las corrientes teatrales modernas. Luis Juan Guerrero y José Gabriel marcaron el rumbo en el campo práctico de la puesta en escena (Korn, 280).

En una primera instancia se podría pensar esta etapa con la tendencia (1) de la *profesionalización*. Para Renovación, el sentido particular de la *profesionalización* de la actividad teatral, es aquel que, superando los límites históricos, llegó hasta finales de la década del 70 esbozando una interpretación local de dicha idea de *profesionalización* de la actividad. Esta significación de la profesionalización es la que también ayudó a distanciar al grupo de las actividades teatrales filodramáticas. Esta nueva dirección sobre los aspectos conceptuales de la actividad también les permitió pensarse como un trabajo con un sentido estético y modos de producción teatral particulares y alejados del sistema comercial que predominaba durante el período. Es necesario destacar esta primera etapa como las bases para la construcción de la profesionalización de la actividad teatral local y el primer paso hacia la construcción de la autonomía del campo teatral platense.

---

[1] En la publicación en la revista *Valoraciones*, editada por el Grupo Renovación, de la conferencia que dio Pedro Henríquez Ureña en la Asociación Amigos del Arte de Buenos Aires, se pueden ver fotografías y dibujos que ilustran dicha conferencia a modo de ejemplo de escenografía que abarcan desde Gordon Craig a Giaccomo Balla y también se incluye un boceto de Adolfo Travascio para la obra *Hacia las estrellas* de Andreiev que el grupo presentó en el Teatro Argentino. (Korn, 111)

En este medio teatral platense, podemos decir que la primera virtud de la Compañía Teatral Estudiantil Renovación fue la constituirse como compañía, estructurando así un conjunto estable y perfectible en el curso de una actividad sostenida, durante dieciséis años.

Fuera de lo que entonces se llamaba conjunto de aficionados, donde aquí y allá se perfilaba alguna figura de temperamento, no existía nada en La Plata –ni en Buenos Aires- que pudiera compararse a la proliferación de teatros experimentales o libres como la de ahora. (Korn, 111)

Para caracterizar esta nueva idea de profesionalización de la actividad teatral, y que nace en el seno del Grupo Renovación, se destaca que: a) está relacionada con alejamiento del teatro vocacional y de los grupos filodramáticos y autodenominación como *compañía*[2]. Concepto que basa su fundamento en la fase heterónoma ya que respeta las reglas establecidas por las grandes compañías extranjeras o de Buenos Aires en donde se establece como regla la idea de trayectoria, elenco estable y actividad sostenida en el tiempo; b) la búsqueda de calidad artística basada en la formación académica al tomar conocimiento con las corrientes teatrales europeas contemporáneas[3] y con diferentes artistas e intelectuales locales y

---

[2] Con respecto a la idea de compañía, Dubatti expresa: "(…) toman cada vez con mayor responsabilidad la labor de escribir y dirigir obras y crear compañías que, integradas por profesionales e intelectuales, buscan renovar las poéticas dramaturgia, la puesta en escena y la actuación, elevar la calidad artística y sincronizar el teatro nacional con las nuevas tendencias europeas sin perder de vista la taquilla." Por otra parte, cabe aclarar que al estar en los comienzos del incipiente campo teatral platense todavía no se asiste a la emergencia de dramaturgos locales, hecho que se va a dar en años posteriores. Solamente se destaca la figura de Damián Blotta que en el año 1921 estrena su primera obra *El patrón de todo*. También se estrena *El jarrón de Sévres* de Emilio Sánchez; el vodevil *OlindoBruloti* de Rafael di Yorio. Al año siguiente estos dos últimos autores llevan a escena *El perro verde* y *Alma Mater*. En 1923 la compañía Podestá representan en su teatro *Y aquella pobre mujer*, de Damián Blotta Estas textualidades se hallan dentro de una estética realista costumbrista, marcada sustencialmente por la intertextualidad de Florencio Sánchez (Pellettieri 2005). La producción dramática de estos autores locales no se encuentra relacionadas con la Compañía Renovación

[3] "Luis Juan Guerrero y José Gabriel, profesores del Colegio Nacional, influyen decisivamente en los miembros de la Compañía Renovación en el campo práctico de la puesta en escena. En buena medida, como preparación de sensibilidad y noticia de las

del circuito porteño; c) concebir el hecho escénico como un sistema complejo en donde todos los elementos del lenguaje teatral son importantes[4] (escenografía, vestuario, etc.); d) la preocupación por desarrollar un sistema de actuación: "Dichas técnicas influenciadas por el Teatro de Arte de Moscú que bajo la dirección de Duvan-Torzoff, visitó la ciudad en 1924 y realizó seis presentaciones en el Teatro Argentino." (Korn, 286). Otro punto, e) fue pensar el hecho escénico como un sistema estético en donde aparece la idea de puesta en escena; y finalmente f) la fundación de la revista *Valoraciones* como órgano de difusión de las ideas de la Compañía. Es bajo estas ideas donde quedan sentadas las bases para definir el Teatro de Arte en la ciudad de La Plata.

Esta primera etapa, en donde se sientan los orígenes sobre la profesionalización de la actividad y la búsqueda de una estética propia que, como consecuencia, los distancia de los subsistemas teatrales comercial, oficial y de los grupos filodramáticos o vocacional, para desarrollar la idea de experimentación teatral en una próxima etapa. Cabe señalar que otro de los puntos que los separa de los grupos filodramáticos o vocacionales es la preocupación por tener el sostén económico del grupo que hallaba sus fondos en el cobro de entradas a las funciones y la colaboración de

---

corrientes europeas contemporáneas, es preciso anotar las lecciones de Rafael Alberto Arrieta en sus cátedras de literatura.

Luis Juan Guerrero, durante sus años de estudiante en Detroit, se había compenetrado de las preciosas contribuciones a los mejores espectáculos teatrales de Estados Unidos ofrecidas por los Little Theatre de las universidades. Tenía el poderoso don de transmitirnos vivamente el sentido de la idea y la técnica del escenario y, fuera de la cátedra, convivió con nosotros en los primeros pasos y nos proporcionó libros y revistas norteamericanas. Luego, desde Alemania, nos alentó y fue seguramente por él que conocimos el libro de Piscator, sus audaces innovaciones escenográficas y los sorprendentes desplazamientos y compenetraciones entre el escenario y el patio de espectadores. José Gabriel, genial e impulsivo, autodidacta de una prodigiosa capacidad de asimilación y de trabajo, tuvo una actuación más prolongada en la Compañía Renovación en la que fue actor, director, escenógrafo y, a veces, feroz polemista interno." (Korn, 112)

[4] "Aportó transformaciones escenográficas que se apartaron del realismo-naturalismo predominante en ese entonces, generando una estilización en la imagen escénica a través de la superposición de planos, la iluminación, la incidencia del color, la utilización de elementos geométricos y fílmicos. Finalmente, la incorporación en su repertorio de las obras más significativas del teatro clásico universal, en especial el drama ibseniano, como así también los autores rusos, latinoamericanos y nacionales." (Korn, 286).

"los actuales componentes de la Compañía [que] admiten y solicitan el concurso, ya sea personal, ya sea intelectual, de los estudiantes y de todas aquellas personas que se interesen por esta obra de cultura" (Korn, 114)

b) Segunda etapa: Teatro de Arte Renovación

Esta segunda instancia se asociaría a (2) *los experimentales*.

En 1926 la Compañía Teatral Renovación cambia de nombre a Teatro de Arte Renovación. Esta segunda etapa surge de la autoconciencia del grupo de haberse constituido como elenco estable con propósitos claros logrados por una actividad continua. Es con el estreno de *Santa Juana*, de George Bernard Shaw (Korn,284), que cambiaron su nombre original por el de Teatro de Arte Renovación. El responsable de la crónica teatral de *El Argentino* anticipaba el estreno señalando las características renovadoras del grupo en su crecimiento estético:

> Alrededor de la compañía "Renovación" se ha concentrado la energía de varios intelectuales, tales como "Valoraciones", el "Ateneo Estudiantil", "Martín Fierro" y la "Asociación de Amigos del Arte" de Buenos Aires, que están empeñados en crear en nuestro medio culto la institución del "teatro de arte", puro y desinteresado a semejanza de los que ya existen en Europa y, entre los cuales se destaca el llamado "VieuxColombier" de París, y el de los "Independientes" de Roma, dirigido por el sagaz teatrista Antón Bagaglia. La *Santa Juana* de Shaw ha sido la obra para dar principio a esta empresa a la cual se irán vinculando sucesivamente pintores y escritores argentinos a los cuales se les encomendará la confección de los decorados y vestuarios, y la redacción de obras espaciales de teatro sintético. Los nombres de Adolfo Travescio, Emilio Pettoruti, Francisco Vecchioli, Xul Solar, Francisco Palomar, Nora Borges, entre los pintores, y Jorge Luis Borges, Ricardo Güiraldes, Oliverio Girondo y otros escritores de vanguardia suenan como próximos a poner en escena sus producciones literarias y plásticas (*El Argentino*, 7-07-1926).

El repertorio de esta etapa de Renovación estuvo compuesto por obras de autores nacionales y extranjeros; con respecto a estos últimos muchos eran desconocidos en el país. Es indudable que la puesta en esce-

Teatro independiente: grupos, espacios, prácticas

na de *La más fuerte* de August Strindberg, *Espectros* de Henrik Ibsen, *La madre* de Máximo Gorki, entre otras, cumplieron con el horizonte de expectativa del público que asistía a las funciones del grupo en el Salón de Actos del Colegio Nacional Rafael Hernández. Detallando la puesta en escena, es destacable el lugar que ocupó el escenógrafo que, trabajando en forma coordinada con el director, lograron una coherencia estética e ideológica en la concepción de la puesta. En sus producciones el grupo introdujo innovaciones técnicas que hasta ese momento eran desconocidas (Korn, 280-281)

A las conquistas realizadas en el período anterior se le suman a esta nueva etapa: a) la idea de lo nuevo como concepto de calidad artística; b) el abandono de "la pesadez realista (...) se trata de aliviar la escena envejecida, devolverle su agilidad." (Korn, 117); c) con el estreno[5] de *Santa Juana*, de Bernard Shaw, comienza el desarrollo de un sistema de producción propio; d) profundización del concepto de vanguardia en relación al pensamiento moderno. Dicha búsqueda se fundó en su relación con la vanguardia porteña especialmente con el grupo Florida y la revista Martín Fierro. Da cuenta de esta relación el siguiente artículo que salió en la revista Martín Fierro en el año 1926, cuando explicando los objetivos de la Compañía Renovación declara lo siguiente:

> Para hacerlo cuenta, en el momento, con el apoyo de Valoraciones, MARTIN FIERRO y estudiantina y el patrocinio de la Comisión Prov. de Bellas artes, En este teatro se dará acogida sincera a las obras de vanguardia de escritores nuevos de la Argentina (¡qué tanta falta hacen!). (...) la intención de fundar un teatro de vanguardia cobra forma. La dirección espera la ayuda de artistas, escritores, especialista en teatro, traductores, etc., para llevar a cabo una empresa tan ardua como la que se ha propuesto. MARTIN FIERRO se atribuye su representación para hacer un llamado a los que tengan interés en el problema del arte teatral.[6]

---

[5] Es con el estreno de Santa Juana, de Bernard Shaw que el grupo comenzó diseñar sus propios figurines y confeccionar su propio vestuario (Korn, 112).

[6] Se respetan del original las mayúsculas en la escritura del nombre Martín Fierro. Revista Martín Fierro. Segunda época, Año III. Núm. 33. Buenos Aires, septiembre de

Dentro del círculo de artistas que trabajaron con la Compañía en la etapa Teatro de Arte Renovación se destaca la figura del pintor Adolfo Travascio que se encargó del diseño de decorados para la obra *Santa Juana*, de Bernard Shaw (Korn, 117). También habría que resaltar la presencia de Oliverio Girondo en esta etapa, el escritor se acercó a la Compañía en busca de intérpretes para una posible obra que estuvo por dirigir (Korn, 111)

Es en este punto del desarrollo del Grupo Renovación, cuando se vuelca al Teatro de Arte de vertiente rusa, cuando sería posible establecer una serie de hipótesis en relación al potencial vínculo entre la revista *Valoraciones* y la revista *Martín Fierro;* entre la Universidad de La Plata posterior al movimiento reformista y la vanguardia porteña; entre el pensamiento de izquierda y las nuevas estéticas teatrales, entre varios interrogantes que surgen al profundizar la historia de la Compañía. Cabe resaltar que fue durante estas primeras décadas el momento cuando se construyó y desarrolló el campo artístico local y sus respectivos circuitos; en donde, también, se conceptualizó qué era la vanguardia artística para el campo artístico local, y como el pensamiento de izquierda utilizó como estrategia y herramienta de transformación social al arte.

c) Tercera etapa: Teatro del Pueblo.

Esta tercera etapa coincidiría con la línea (3) descrita por Dubatti: *experimentales de izquierda o filoizquierdistas.*

En 1933 (Korn, 285-286), Guillermo Korn, Aníbal Sánchez Reulet, Luis Aznar y Ana María Ripullone junto a Daniel Domínguez acordaron cambiar el nombre de Renovación por el de Teatro del Pueblo. Durante esta etapa tuvieron el objetivo de acercar el teatro a las regiones de Berisso, Los Hornos y Ensenada, lugar donde se concentraban los sectores populares de la región.

1926. http://adolfotravascio.blogspot.com/p/del-periodico-quincenal-de-arte-y.html (Consultado 16/01/2019).

> Renovación, compañía Teatral Estudiantil, se propone impulsar el teatro dentro de sus dos misiones fundamentales: la artística y la social. La primera se realizará llevando a la escena lo más característico y bello que haya nacido en los dominios de Talía y encuadrándose —dentro de lo posible— en las corrientes escenográficas más modernas. La segunda se cumplirá haciendo teatro para el pueblo (Korn, 282).

Sus principios ético-estéticos, las nuevas prácticas actorales y el sentido de socialización de la cultura impulsada en esta etapa por el grupo fueron configurando una sucesión de cambios de carácter significativos que iban a anunciar el nacimiento del teatro independiente local. Por otra parte, cabe señalar el desplazamiento de sentido hacia el pensamiento de izquierda que se produjo durante esta etapa de la Compañía. En el material relevado queda claro como se produjo este abrupto desplazamiento hacia un teatro de carácter pedagógico, tal vez influenciadas por las ideas de Piscator, y se puede especular que para este período la Compañía que ya estaban trabajando en su sala de Berisso, sumando el contacto con la zona de frigoríficos y sus trabajadores, produjo un impacto significativo en la Compañía:

> Al convertirse en Teatro del Pueblo y radicar su centro de acción en el Puerto de La Plata (…) el Grupo Renovación encara su etapa mejor y más socialmente sentida. En la actividad política de sus principales animadores se ratifica y fundamenta su misión. Sin modificaciones incluyo a continuación los fundamentos de un proyecto que presenté, como diputado, al Congreso Nacional. En él queda descrita la explotación de los obreros de los grandes frigoríficos transnacionales. (Korn, 122-123)

Desde sus inicios estuvo entre sus objetivos el contacto con la comunidad y el pensar el teatro en relación a una función social, pero es durante su última etapa que se desplaza del lugar de la vanguardia teatral a la vanguardia política para ocupar los espacios populares: "Nos alejamos del asfalto para ir al corazón de los barrios populares." (Korn, 118). La primera de las puestas con que se inicia esta nueva etapa fue *Hinkemann* de Ernst Toller estrenada con motivo de los festejos del *1° de mayo* en el entonces *barrio obrero* de Berisso[7].

La importancia del Grupo Estudiantil Renovación en el campo teatral local significó el inicio del circuito teatral universitario y el primero de los tantos procesos de autonomización del sistema teatral platense y sentó las bases para el surgimiento del teatro independiente. Dentro de sus características se pueden señalar: se constituyó como grupo apoyado en un manifiesto, concebido con criterio ético y estético; contó con espacio propio[8]; tuvo un medio de difusión específico: la revista *Valoraciones*, que luego fue reemplazada por el semanario *Teatro del Pueblo*; y, finalmente, contó con un público estable. Esta última etapa se extiende hasta el año 1936, y es cuando bajo el gobierno del Dr. Manuel Fresco y del mandato del ministerio de gobierno de Roberto Noble ordenan a la policía su clausura. Finalmente, en su manifiesto expresó su postura estética y social:

> El Teatro del Pueblo quiere ser una auténtica y completa institución de cultura popular. Su nombre expresa un propósito fundamental: hacer teatro para el pueblo, utilizar el teatro como el mejor vehículo para llevar al pueblo las mejores manifestaciones de arte, reservadas hasta ahora a las minorías y difundir en las masas obreras las nuevas ideas, despertándoles la conciencia de su misión. (Korn, 119)

El Grupo Estudiantil Renovación se presentó como un fenómeno inédito en la Argentina ya que naciendo en el seno de una institución legitimante del campo intelectual como es la Universidad, para luego apartarse de dicha estructura oficial y así generar un movimiento de teatro con características experimentales anticipándose al Movimiento de Teatro Independiente liderado por el Teatro del Pueblo de Leónidas Barletta.

---

[7] Para el montaje de la obra citada Korn describe los siguiente: "creemos que, con absoluta novedad en la Argentina, la proyección de película cinematográfica en el momento del delirio del mutilado de guerra protagonista. La fuerza teatral expresiva de este recurso, consistía en que el film perdía las dimensiones normales de las imágenes, al proyectarse en fracciones inconexas sobre planos quebrados de la decoración plástica."

[8] Primero el Salón de Actos del Colegio Nacional "Rafael Hernández" y luego la sala teatral de Berisso.

Teatro independiente: grupos, espacios, prácticas

Cerrando esta breve descripción e intento de análisis de la Compañía Renovación se puede observar en un inicial acercamiento, cómo en un mismo grupo y en relación a su producción y objetivos, se ve contenido aquello que Dubatti ha señalado como tres líneas diferenciadas, y que más allá de corresponder exactamente a dicha categorización, se hace notable la correspondencia en varios de sus aspectos. Por otra parte cabe señalar que partiendo de una fase heterónoma, en donde la institución oficial de origen —la Universidad—, y una institución editorial porteña como fue Martín Fierro, pautaron las reglas y principios de funcionamiento de la vanguardia –tanto artística como política- teatral platense, con el correr del tiempo el campo teatral pudo pasar a una fase autónoma en donde al separarse de la institución oficial y de los paradigmas artísticos porteños logró pensarse a sí mismo como un punto de partida que estableció una serie de unidades ideológicas dándole una dirección y un sentido a lo que en años posteriores será el subsistema del teatro independiente.

Finalmente cabe aclarar que las tres etapas de la Compañía Renovación se autoperciben como *experimentales*. Bajo esta idea se señala que la primera etapa -Grupo Estudiantil Renovación-, y la segunda -Teatro de Arte Renovación- se vuelcan hacia la línea de *vanguardia artística* en donde sus integrantes están "preocupados por cuestiones centradas en lo artístico" (Dubatti). La tercera etapa -Teatro del Pueblo-, una vez logradas las conquistas artísticas y de haber desarrollado una idea clara sobre las búsquedas estéticas, se acercan hacia la línea de los "militantes o simpatizantes de la izquierda que exaltan además 'la misión social del arte', ubican el fundamento de valor de su trabajo en la revolución y se sienten vinculados a la representación de la 'clase trabajadora'." (Dubatti)

Si bien Dubatti plantea una tensión entre las líneas que sigue el Teatro de Arte, no hay datos concretos que señalen algún tipo de conflicto polarizado entre vanguardia artística -primera y segunda etapa de la Compañía Renovación- y vanguardia política -tercera etapa de la Compañía-. Se podría especular que la primera etapa fue el momento de construir una Compañía de carácter profesional vinculada al incipiente campo intelectual platense y porteño para desarrollar un teatro de vanguardia; en tanto la segunda etapa, una vez establecidos los parámetros estéticos estableció un sistema de representación que buscó poner en acto aquello que en la primera etapa fue búsqueda. Finalmente, la tercera etapa retomó los principios establecidos por el movimiento reformista y ancló sus objetivos en la extensión universitaria, desplazando así sus motivaciones artísticas por motivaciones sociales.

3.1. Teatro Universitario: el TULP

Luego de que, en 1936, bajo el gobierno de Manuel Fresco y por Roberto Noble a cargo del Ministerio de Gobierno se ordenara a la policía la clausura del grupo Renovación, en 1942 siendo Rector de la Universidad Nacional de La Plata el Dr. Alfredo Palacios se crea el *Teatro Universitario* por iniciativa de profesores de esa casa de altos estudios[9], se le encargó la dirección a Antonio Cunill Cabanellas. Entre los integrantes del grupo se destacaron ÉlidaBussi de Galetti, Gladys Lugano, Julio Juárez y Otelo Ovejero Salcedo. En el año 1946 la agrupación recibió nuevo impulso cuando se funda un organismo de socios-fundadores que contó con la presencia de figuras que, años más tarde, se destacarían: Cándido Moneo Sanz, Clara Isabel Maistegui, EithelOrbitNegri, Eduardo Loedel, Olga C. Lopapa, Enrique Escope, Rodolfo Sarandría, Roberto de Souza, Carlos Albarracín Sarmiento, Atilio Gamerro, Dora y Elba Roggeri, Floreal Ferrara, Dorys Herrero, Néstor Gallo, Susana Lanteri, Delia Carnelli, Víctor Crespo y Miguel Ángel Pepe, entre otros.

En cuanto al repertorio que llevaron a escena hasta 1956 se basaron en dos fuentes culturales: obras clásicas y obras contemporáneas universales. A pesar de no haber contado con un método de actuación definitivo en lo que a técnica actoral se refiere es indudable que el modelo impuesto por Milagros de la Vega, *actriz culta* y maestra del arte de la

---

[9] Con fecha 26 de octubre de 1942, el Rector Alfredo Palacios, designó una comisión para proyectar el Instituto en la Universidad de La Plata. Los fundamentos del decreto se refieren ampliamente a la Compañía Renovación. La aludida comisión la formaron Antonio Cunill Cabanellas, José María Monner Sans, Rafael Alberto Arrieta, José Oría, Pedro Henriquez Ureña, José Gabriel, Luis Aznar, Enrique Herrero Doucloux y Guillermo Korn que actuó como secretario ejecutivo (Korn, 289-290).

declamación y dedicada a la actividad docente en la ciudad La Plata, fue un referente en el desarrollo interpretativo del grupo.

Hasta 1949 el Teatro Universitario no contó con un lugar fijo para las representaciones que se llevaron a cabo en diferentes salas de la ciudad, hasta que, a partir de ese año, se logró alquilar una sala estable en *La Gauloise*. A partir de la década de 1940 el Teatro Universitario tomó su nombre definitivo y en 1946 los nuevos integrantes propiciaron su refundación, es a partir de este momento que generó un proceso de crecimiento estético[10]. Sus propuestas comenzaron a cumplir con el horizonte de expectativas de una clase media culta que contaba con conocimientos sobre las diferentes corrientes artísticas[11]. En el año 1966 por un decreto del gobierno es cerrado hasta que décadas después se produce su reapertura (*El Día*, 16-10-1983).

---

[10] El perfil del TULP se contrapuso con los principios de su línea antecesora —el Teatro del Pueblo— en tanto que su programa desplazó el eje didáctico y el trabajo con la comunidad obrera para focalizarse en la estetización formal y la búsqueda de textualidades modernas. Asimismo, su espacio se ancló en el centro urbano y específicamente, en instituciones legitimarias del campo intelectual, resultando de esta manera un teatro circunscripto al sector medio y letrado de la ciudad.

Como institución dependiente de la Universidad, podemos inferir que la labor del TULP representó la tendencia académica cimentada en el universalismo del conocimiento, el enciclopedismo y la estetización de las formas escénicas; vertiente en tensión con el estatuto cultural del momento político, el cual buscaba la unidad cultural de la nación en función a las producciones de carácter popular y a la tradición escénica generada en el país. Los modelos nacionales de dramaturgia, de actuación y la conformación de un público a la vez masivo y heterogéneo se constituían, en parte, como el programa cultural de las políticas gubernamentales del período. En este marco, la producción del TULP quedó aislada incluso de los medios locales, recibiendo sus primeras críticas en diarios de otras localidades. Es así que el TULP se constituyó como unos de los polos dicotómicos en relación con las manifestaciones culturales del circuito periférico de la ciudad de La Plata —Berisso y Ensenada—, marcando con su producción el eje intelectual y cosmopolita del campo teatral (Pellettieri, 2006).

[11] Al respecto Floreal Ferrara, uno de sus miembros, asegura que TULP era considerado un grupo "exquisito", "de excelencia", "serio", observado con respeto y hasta con admiración por buena parte de la "inteligencia platense"; luego explica las razones de esta admiración al decir que "La Plata no era en esos tiempos una plaza exitosa para cualquier presentación teatral, de modo que el esfuerzo de TULP era doblemente meritorio: trabajó para crear ese mundo y lo hizo desde su óptica, sin ceder, ni conceder 'flacuras' o 'prestancias'" (Pellettieri, 2005).

En el año 1983 reabre sus puertas el Teatro Universitario de La Plata (TULP), luego de un año y medio de gestiones a cargo de Lidia Alba Gaviña y tras diecisiete años de inactividad, con el estreno de la obra *Comedia sin título* manuscrito inédito de Federico García Lorca. En esta ocasión Lidia Alba Gaviña, quien estuvo a cargo de la dirección del grupo, compuesto por estudiantes universitarios, incorporó gente sin experiencia ni estudios específicos, también a ex alumnos de Agustín Alezzo, Lito Cruz o Hector Bidonde y entre sus integrantes recibió además a egresados de la Escuela de Teatro de La Plato o del Conservatorio Nacional de Arte Dramático de Buenos Aires (*El Día*, 16-10-1983).

4. Recapitulación final

Luego de haber establecido un breve y sintético recorrido histórico sobre el campo teatral platense, se puede comprender cómo los principios y procesos de autonomización del sistema teatral local dan nacimiento a sus subsistemas. Primero se destaca el comienzo de subsistema del teatro comercial y oficial con la compañía Podestá y los espectáculos del Teatro Argentino. Este subsistema se ve reforzado en el tiempo por la llegada de varias compañías teatrales extranjeras y porteñas configurando el circuito teatral comercial y oficial con las salas del Teatro Argentino y el Coliseo Podestá, que se constituyen como espacios teatrales heterónomos. En paralelo, durante el año 1920, surge una corriente teatral que se escindió del subsistema comercial, generando un espacio autónomo, pero que mantuvo relación con el subsistema oficial y es el subsistema del teatro universitario. A este subsistema, por sus modos de producción, se lo considera como un primer antecedente del teatro independiente local, ya que dentro de sus espacios se generan principios y procesos que establecen límites claros en relación a las reglas heterónomas del subsistema teatral oficial y comercial. Dentro de los principios y procesos de autonomización se destaca, no solo al Grupo Estudiantil Renovación, sino también la creación de los diferentes centros de formación profesional: Conservatorio de Música y Arte Escénico creado en el año 1949 por iniciativa de Alberto Ginastera; la Escuela de Teatro Experimental de la

Provincia de Buenos Aires dependiente del Teatro Argentino; en el año 1953 el Departamento de Teatro de la Escuela Superior de Bellas Artes; y en 1958 la Escuela de Teatro de la Provincia de Buenos Aires. La creación de todas las instituciones mencionadas va a marcar el comienzo del debate sobre la profesionalización de la actividad teatral local y de la región. Las fricciones entre binomios conceptuales como vocacional/profesional; independiente/autogestivo, entendidos como campos conceptuales que tienden a desestabilizar al subsistema independiente, no son sino las caras de una misma moneda y es en estos históricos debates en donde se halla la definición del teatro independiente local.

Finalmente, se debe hacer referencia a la relación que posiblemente exista entre independiente y autonomía, no como sinónimos, pero sí como conceptos transformadores del sistema teatral platense. Esta fase de autonomía, que se plantea durante los comienzos del siglo XX, permitió que en las décadas posteriores emergieran varias generaciones de dramaturgos locales y grupos teatrales que intentaron superar la idea de lo vocacional o filodramático y plantear un nuevo paradigma de aquello que se entendía como *lo profesional*. El Grupo Teatral Renovación estableció una serie de principios que permanecen vigentes hasta el día de hoy y que permiten un acercamiento a la comprensión de lo que hoy se entiende como teatro independiente. Uno de los principios es la idea de que un soporte ideológico sustente la práctica escénica. Esta idea, sembrada por Renovación, plantea un estrecho vínculo con la comunidad pensando al teatro como acción transformadora de una realidad adversa. Otra idea que subyace en el entramado del campo teatral es la idea de *lo experimental*, este concepto está ligado al pensamiento de vanguardia moderna en donde *lo nuevo* se piensa como un acto de *ruptura* frente a la tradición. También encerrado en esta trama se encuentra la idea del teatro como un hecho *expresivo-intelectual*. Esta idea se deduce principalmente al establecer una relación entre el contenido ideológico de la práctica teatral más la búsqueda de una forma escénico-dramática novedosa, principalmente se debe tener en cuenta que Renovación comenzó a darle relevancia a todos los elementos, tanto verbales y no verbales, de la práctica escénica, encontrando así un lugar para la escenografía, las luces y el vestuario como parte del campo semántico y no como simple elemento estético. También cabe destacar la relación entre teoría y práctica, el grupo Renovacióncontaba con una revista propia: *Valoraciones*, en donde se detallaban diferentes pensamientos sobre el campo cultural. Por otra parte, la idea de grupo como colectivo artístico prevalece en la forma de trabajo desde Renovación hasta nuestros días. Si bien a través de las décadas los modos de producción han ido cambiando, es importante establecer cuáles son esos modos de producción que sustenta el concepto de teatro independiente. Otro principio es pensar que el *grupo teatral profesional* posee un conjunto de saberes específicos que facilitaría la producción del hecho escénico. Es este punto el que funciona como bisagra y que, sumados a los anteriores, permiten establecer una primera diferencia entre el teatro independiente y el teatro vocacional, a partir de esta idea surge una nueva hipótesis a desarrollar en futuros trabajos: ¿es quizás hoy en día el teatro comunitario un continuador de la tradición teatral de los grupos filodramáticos de principios de la década del siglo XX?

Obviamente los procesos históricos van erosionando las capas históricas a su vez que se van construyendo nuevos sedimentos, y es en esta idea de erosión que surgen, a lo largo del siglo XX, instituciones que tienden a corroer y a su vez construir nuevas capas de sedimentos[12]. Entonces, además de los principios mencionados anteriormente —como sedimentos— que forman parte de eso modos de producción compartidos, se debe apuntar que a lo largo del siglo XX se suceden una serie de hechos que, a modo de acción corrosiva, van a sumar a que el teatro local pueda seguir produciendo obras y que el concepto de independiente se enriquezca a la vez que se complejice: la creación de la Escuela de Teatro de

---

[12] "El concepto de sedimentación podría sugerir un proceso lineal o geológico en el que las capas de los procesos históricos pasan a ser la única base constitutiva de las sociedades. En la historia no hay procesos sociales irreversibles. Por ello, la noción de sedimentación debe estar acompañada por otros conceptos: los de erosión y acciones corrosivas. La erosión (…) alude a cómo el paso del tiempo —encarnado en crisis, guerras, gobiernos, sentimientos colectivos— pueden disolver parcial o totalmente los sedimentos de ciertos momentos históricos. En cambio, con la noción de acciones corrosivas aludimos específicamente a los agenciamientos sociales y culturales que apuntan a provocar la ruptura, la elaboración o la disolución de sedimentos concretos" (Grimson, 167).

la Provincia de Buenos Aires como centro de formación actoral, marca un hito en el campo teatral platense ya que como centro de formación va a establecer los nuevos paradigma del teatro local. Por último, se señala que a partir de la década del ochenta surge una nueva forma de producir el hecho escénico: la creación colectiva. También se debe sumar que durante estos años y los subsiguientes se asiste a la creación de la Asociación Argentina de Actores sede La Plata y la creación del Instituto Nacional del Teatro. Cabe señalar que estas instituciones no cambian el estatuto del concepto de independiente del teatro local, ya que hoy en día el concepto de teatro independiente es una categoría simbólica que contiene la tradición y la historia del teatro local.

Bibliografía

Dubatti, Jorge. *Cien años de teatro argentino*. Biblos, 2012.
Galindo Olaya, Juan Diego. "Sobre la noción de autonomía en Jean Piaget" (Colombia). *Revista Educación y Ciencia*. Universidad Pedagógica y Tecnológica de Colombia, 15, 2012, pp. 23-33.
Grimson, Alejandro. *Los límites de la cultura. Crítica de las teorías de la identidad*. Siglo XXI, 2011.
Korn, Alejandro. *Unos pasos por el teatro*. Casuz Editores, 1977.
Pellettieri, Osvaldo. *Historia del Teatro Argentino en la Provincias*. Volumen II. Galerna – Instituto Nacional del Teatro, 2006.
---. *Historia del Teatro Argentino en la Provincias*. Volumen I. Galerna – Instituto Nacional del Teatro, 2005.
Radice, Gustavo. "Los comienzos del Teatro Universitario en la ciudad de La Plata". *Revista ENIAD*, Facultad de Bellas Artes, UNLP, 2, 2002.
Szelagowsky, Enrique. *Universidad "nueva" y ámbitos culturales platenses*. Departamento de Letras, Facultad de Humanidades y Ciencias de la Educación, UNLP, 1963.
Vallejo, Gustavo. *Escenarios de la cultura científica argentina: ciudad y universidad (1882-1955)*. CSIC PRESS, 2007.

Encuentros y desencuentros en las primeras experiencias del teatro independiente porteño

Magalí Andrea Devés

En noviembre de 1930 se fundaba en Buenos Aires el Teatro del Pueblo, de Leónidas Barletta; la primera experiencia de teatro independiente más conocida y perdurable a lo largo del tiempo en la escena teatral porteña. El presente capítulo tiene por objetivo abordar los orígenes de la compañía de Barletta a partir de la confluencia de dos experiencias previas: el Teatro Experimental de Arte, creado en 1928, y El Tábano, fundado en agosto de 1930. Si bien ambas experiencias fueron muy efímeras, la reconstrucción de una genealogía sobre los primeros pasos del Teatro del Pueblo, permite dar cuenta de los encuentros y desencuentros entre algunos sus integrantes, observar algunos contrastes y acuerdos entre las diferentes propuestas y los posibles vínculos con la fractura que se produce hacia 1932, al interior del Teatro de Barletta. Concretamente, se propone realizar un recorrido por dichas experiencias a la luz de las batallas intelectuales de fines de la década de 1920 y la coyuntura específica abierta en la década de 1930 con el primer golpe cívico-militar en Argentina.

Por último, cabe señalar que estos "encuentros" y "desencuentros" serán analizados por medio un conjunto variado de fuentes documentales que privilegia el cruce entre revistas culturales del período abordado (1928-1932), memorias y documentos provenientes de algunos fondos personales, en tanto posibilita indagar aspectos desconocidos hasta el momento.

Los caminos hacia el Teatro del Pueblo

Con el objetivo de renovar la escena teatral porteña y en contraposición al teatro comercial que dominaba por entonces, en abril de 1927 se creó el Teatro Libre bajo la dirección de Octavio Palazzolo. Sin embargo, más allá de las declaraciones púbicas este proyecto no se concretó y tras la partida de Pallazzolo se fundó, en junio de 1928, el Teatro Experimental de Arte (TEA) conformado por el resto de los integrantes de Teatro Libre: Leónidas Barletta Guillermo Facio Hebequer, Álvaro Yunque, Elías Castelnuovo, Abraham Vigo, Augusto Gandolfi Herrero y Héctor Ugazio. Este grupo logró llevar a escena *En nombre de Cristo* de Castelnuovo, una tragedia en tres actos que presentó una novedosa escenografía cubofuturista. Más allá de las reseñas autocelebratorias realizadas por la propia agrupación, una serie de coberturas no parecen haber tenido la misma apreciación (Devés, 2017), motivo por el cual la acotada aceptación que tuvo el estreno de la obra de Elías Castelnuovo sumado a los problemas financieros expresados en varias oportunidades en su órgano oficial —*Izquierda.Tribuna de los Escritores Libres y Órgano Oficial de TEA*—, expliquen algunos de los motivos de la disolución de este grupo.

No obstante, no fueron variables suficientes como para dejar atrás las potencialidades que, para ese conjunto de escritores y artistas entusiastas, ofrecía el teatro para intervenir en la sociedad. En efecto, dos años después, surgía una nueva apuesta independiente bautizada como Teatro del Pueblo (Fukelman, 2017), en la que volvían a figurar varios de los integrantes de TEA.

A diferencia de TEA y de otras iniciativas del período (como La Mosca Blanca y El Tábano), el Teatro del Pueblo, fundado por Leónidas Barletta en noviembre de 1930, logró persistir a lo largo del tiempo (1930-1975). En las sucesivas declaraciones públicas (acta fundacional, órganos oficiales de la agrupación y entrevistas) Barletta no reconoce ningún antecedente inmediato ni traza una genealogía local que muestre la gestación del Teatro del Pueblo a partir de experiencias previas; sin embargo, el legado de TEA es evidente. Frente a esta omisión, si se tiene en cuenta que el nuevo grupo se presentó bajo la dirección de Barletta, exaltando las funciones distintivas y sobresalientes de su figura por sobre las del resto del grupo, podría pensarse que existieron otras causas que condujeron a la culminación de TEA vinculadas más bien a un cambio de ideas entre algunos de sus miembros con respecto, principalmente, a dos aspectos: uno, más organizativo sobre el cómo llevar a cabo una experiencia colectiva alternativa, que lleva de una dirección colectiva a una dirección individual, y otro, como se verá, ligado al plano estético-ideológico acerca de cómo lograr un teatro transformador "para el pueblo".

Una marca indiscutible de continuidad entre ambas experiencias se manifiesta en el uso del mismo logotipo diseñado por el litógrafo Guillermo Facio Hebequer para TEA: un hombre que tañe una campana, pero modificado levemente ahora con la inserción de la leyenda "Teatro del Pueblo. Dirigido por Leónidas Barletta". Por las características del diseño y, sobre todo, por la particularidad de la gráfica de Facio Hebequer podría interpretarse que ese hombre dibujado —portador de un cuerpo frágil que necesita inclinarse con fuerza para tirar de la cuerda y hacer resonar una pesada campana— representa a ese público que el nuevo grupo elegía seguir interpelando: el pueblo. A su vez, este símbolo gráfico representa la idea de militancia cultural característica de la agrupación, la cual se manifestaba cada vez que la compañía de Barletta tocaba una campana para llamar a los asistentes al inicio de cada función, aunque el director advertía:

> Si el público que está enviciado y relajado por años y años de teatro innoble, no viene a nuestras funciones, nosotros no lo vamos a esperar agitando una campanilla, sino que saldremos con nuestra compañía a buscarlo, a desentumecerlo, a guiarlo en medio de su terrible miopía, para que se oriente hacia espectáculos, más sencillos, sí, más pobres, también, pero de elevación espiritual y artística.[13]

Por otra parte, según unas anotaciones de Barletta, recogidas por Raúl Larra, la idea de crear el Teatro del Pueblo había nacido en las reuniones llevadas a cabo en el estudio de Facio Hebequer y, al igual que el proyecto precedente de TEA, surgía con expectativas similares: modernizar el ámbito teatral por medio de un contenido social en oposición al teatro comercial y crear un espacio cultural que involucrase especialmente a la clase trabajadora. En consecuencia, uno de los pilares del grupo fue, siguiendo el modelo de *El Teatro del Pueblo* de Rolland, la promoción de una

---

[13] Leónidas Barletta, "Consideraciones sobre el Teatro del Pueblo", *Metrópolis*, n° 1, primera quincena de mayo 1931, s/p.

intensa labor pedagógica que implicaba salir a buscar al público y atraerlo por medio de diferentes estrategias que iban más allá de la presentación de obras teatrales.

Además de los integrantes de TEA, en la nueva propuesta confluyeron algunos nombres de otra agrupación teatral que apenas duró unos meses: El Tábano,[14] cuyos propósitos también coincidían en gran parte con los del Teatro del Pueblo como ha quedado asentado sobre todo en los artículos primero, séptimo y octavo de su estatuto:

> 1° [...] a) Creación de un laboratorio de teatro de arte; b) Enseñanza de arte escénico, literatura y cultura teatral; c) Amplio auspicio para los autores cuyas obras acusen inquietud y dignidad artísticas; d) Espectáculos periódicos privados absolutamente gratuitos para socios, crítica periodística e invitados especiales; e) Espectáculos periódicos públicos con fines de divulgación y elevación culturales, siempre dentro de las actividades teatrales que forman la característica esencial de "El Tábano"; f) Todos los espectáculos serán gratuitos; pero, en el caso de tener necesidad "El Tábano" de recursos para subsumir al sostenimiento de su vida artística, se podrá cobrar entrada, pero nunca exceder el precio de $ 0,30 por localidad [...] 7° Los dos Jefes de Laboratorio entenderán de todo lo referente a la parte artística: lectura de obras, selección del repertorio, aceptación o rechazo de las obras presentadas, montaje de las representaciones, dirección de las obras, autorización a directores y amplias facultades para resolver en cada caso el mejor criterio a observar. En caso de duda, el Secretario General decidirá con su voto; 8° Los Jefes de Labor Cultural tienen a su cargo la organización de conferencias, lecturas comentadas, revistas orales, y toda aquella actividad que fuere útil para la mejor consecución de la obra cultural. En caso de duda el Secretario General decidirá con su voto.[15]

---

[14] En unos de sus escritos, uno de los fundadores de El Tábano, Julián Álvaro Sol (seudónimo de Ricardo Sanguinetti), definió a esta empresa teatral como una suerte de réplica de la experiencia frustrada de La Mosca Blanca (1929), impulsada por César Tiempo y Samuel Eichelbaum en la Biblioteca "Anatole France". "El nuevo teatro". Fondo personal Álvaro Sol, perteneciente a la familia Heinrich-Sanguinetti (en adelante, FAS). Agradezco a Alicia Sanguinetti por permitirme el acceso a estos documentos.

[15] Estatuto "El Tábano", Buenos Aires, 7 de agosto de 1930 (FAS).

Entre las diferentes cláusulas y artículos de El Tábano, es posible observar una diferencia con TEA, pero no con el Teatro del Pueblo, concerniente al trazado de una organización jerárquica muy bien delimitada para su funcionamiento. Así, la primera agrupación, constituida por Julián Álvaro Sol, León Mirlas, Rodolfo Bronstein, Aníbal Urribarri, Miche Jácoby, Pascual Nacaratti y Carlos Garrigós Bony, hizo su presentación pública con la obra *Los bastidores del alma*, de NikolaiEvreinov, en la sala de teatro de las Federaciones Gallegas (sita en Avenida Belgrano 1732). Esa fue la única función, ya que por problemas financieros la agrupación decidió disolverse.

Julián Álvaro Sol dejó testimonio de la pesadumbre que les ocasionó tener que abandonar la empresa a pesar del "éxito inicial", equiparando su revés con el del dramaturgo ruso Evreinov al expresar que: "no podía consolarnos el hecho de que el propio autor de la obra hubiese corrido la misma mala suerte a principios del siglo con su 'Teatro Nuevo' de Moscú".[16] Por medio de un relato épico y una estrategia narrativa que toma como ejemplo a un director emblemático de la tierra de los soviets, Sol introducía la apertura hacia un nuevo capítulo para la historia del teatro argentino que no se agotaba en el ensayo fallido de El Tábano, pues en aquella única y "exitosa" función consumada se encontraban como espectadores Elías Castelnuovo, Álvaro Yunque, Abraham Vigo, Facio Hebequer y Barletta, lo que bastó para que este último les hablara a los integrantes de El Tábano para invitarlos a formar parte de su nuevo proyecto.[17]

De este modo, algunos miembros de El Tábano se incorporaron al teatro de Barletta. Y, entre los escritos y recortes guardados prolijamente por Sol en una carpeta rotulada "El Tábano", se conserva un programa de una de las obras realizadas por el Teatro del Pueblo —*Mientras dan las seis*, de Amado Villar y Eduardo González Lanuza— sobre el cual el

---

[16] Evreinov fue el director de teatro a cargo de *Asalto al Palacio de invierno*, una puesta monumental, realizada el 7 de noviembre de 1920, en el mismo Palacio, con motivo del tercer aniversario de la Revolución de Octubre.

[17] "Del Viejo y del Nuevo Teatro", FAS. Como se puede constatar en el órgano oficial del Teatro del Pueblo (*Metrópolis. De los que escriben para decir algo*), el escritor Álvaro Sol figura entre sus colaboradores y, en efecto, escribió varios artículos para la revista.

escritor anotó con tinta en uno de sus márgenes: "De 'El Tábano' al Teatro del Pueblo, es la continuación de las ilusiones". Del mismo modo, también añadía que ya no formaban parte del nuevo emprendimiento Miche Jácoby, Elsa y Marta Bronstein y Eliseo Montaine por desacuerdos con la dirección.

El Teatro del Pueblo: encuentros y desencuentros

De la composición previa, entonces podría decirse que, de la sumatoria de voluntades de TEA y El Tábano nacía el Teatro del Pueblo. En su estatuto y, más específicamente, en el artículo segundo, se detallaban sus objetivos: "a) Experimentar, fomentar y difundir el buen teatro, clásico y moderno, antiguo y contemporáneo, con preferencia el que se produzca en el país, a fin de devolverle este arte al pueblo en su máxima potencia, purificándolo y renovándolo. b) Fomentar y difundir las artes en general, asumiendo la defensa de la cultura" (Fischer y Ogás Puga, 2006, 168), tópico, este último, frecuente en el ciclo abierto por la dictadura cívico-militar de 1930 y que, años más tarde, se erigió como el principal eslogan de la Agrupación de Intelectuales, Artistas, Periodistas y Escritores (AIAPE) y de su primer órgano oficial (*Unidad. Por la defensa de la cultura*), creada en 1935 como una respuesta de los intelectuales frente al avance de los fascismos y de un progresivo contexto represivo en el ámbito local.

A su vez, en el acta fundacional, se precisaba que el Teatro del Pueblo se constituía como una entidad civil gracias a la iniciativa de Barletta. Esta aclaración acompaña al rol que, desde sus inicios, éste se atribuyó no solo como director de escena sino también como el sostén de toda la actividad teatral y orientador estético e ideológico de la compañía (Fischer y Ogás Puga, 2006, 167). Este énfasis puesto en la exaltación de un individuo, permite advertir un contraste con la propuesta de TEA. Pues, si bien existía una cláusula del reglamento que disponía que los integrantes realizaran todas las tareas —desde la actuación hasta la limpieza, pasando por la confección del vestuario, la escenografía y el cobro de las entradas, porque "en el Teatro del Pueblo no se admite ningún tipo de servidumbre"—, la dirección general, la elección del repertorio y la concepción de la puesta en escena estaba únicamente a cargo de Barletta, en tanto, para él, existía una clara distinción entre el "saber" y el "hacer" que no debía ser transgredida (Fischer y Ogás Puga, 191).

Barletta insistía en que los cuatro elementos centrales que constituyen el espectáculo teatral (dramaturgo, actor, escenógrafo y espectador) no pueden conectarse entre sí, fuera de la intervención del director, poseedor del oficio capaz de lograr la síntesis analítica conciliada con el interés del público (Barletta, 49). En este sentido, la horizontalidad era estimulada, siempre y cuando la figura del director estuviera por encima de todos los integrantes del Teatro del Pueblo.

Este cambio de concepción con respecto a la dirección colectiva propiciada por TEA, podría explicar otro de los motivos de su fin, en particular, si se presta atención al testimonio de Barletta acerca del aprendizaje que logró a partir de las experiencias previas en su rol de secretario general. En sus palabras: "Hicimos algo y aprendí mucho. Sobre todo, aprendí que la Dirección no puede ser compartida. Es un acto de creación privativo del individuo. Entonces fundé el Teatro del Pueblo y con la anuencia y la comprensión de mis compañeros fui todo lo absoluto que requiere el oficio" (Larra, 90). Con esa simple afirmación, el dramaturgo deja entrever que el colectivo TEA no consiguió consolidarse como una alternativa teatral por falta de una conducción guiada por un buen director, lo que posibilita pensar que ese cambio de idea podría haber sido, inclusive, uno de los factores más importantes de su finalización, aunque no el único.

Otro factor de suma relevancia que podría explicar el carácter efímero de la mayoría de este tipo de experiencias, radica en la distancia que estas agrupaciones de izquierda mantuvieron con una cultura de masas que se profundizó a partir de los años veinte. En este sentido, como muestra Javier Guiamet las tensiones atravesadas por el Partido Socialista en relación con la compañía socialista Teatro del Pueblo. Puerto La Plata fueron evidentes. Dirigida por Guillermo Korn, entre 1933 y 1936, esta compañía logró atraer a una gran cantidad de público gracias a la incorporación de ciertas estrategias "tentadoras" vinculadas al consumo de masas que, si bien entraban en tensión con sus propias concepciones, podían resultar eficaces a la hora de ampliar la influencia de la doctrina partidaria.

De esta manera, al final de las obras ofrecidas por esta agrupación se realizaban sorteos que brindaban como premios desde libros de teatro de autores "importantes" hasta lociones o un "sombrero de nutria"; algo parecido a una "kermesse cultural" (Guiamet, 104).

Por el contrario, las experiencias aquí presentadas, opuestas al mero entretenimiento y al lucro comercial, fueron bastante hostiles a este tipo de opciones condenadas por el aparente embrutecimiento que podían ocasionar. Y esa distancia con respecto a los gustos y entretenimientos valorados especialmente por los trabajadores, sumada al afán de concentrarse en una renovación de la escena porteña, sin duda podrían haber atentado contra el logro de captar un público mayoritario. Aunque, el teatro de Barletta buscó otras alternativas para seducir al pueblo y "elevar" su cultura.

La inauguración oficial del Teatro del Pueblo se llevó a cabo el 14 de febrero de 1931 con una función que incluyó textos dramáticos de Álvaro Yunque y Juan Carlos Mauri, en un cine de Villa Devoto. Luego fue alquilada la sala de la Wagneriana (Florida 936), hasta la obtención de un local cedido por la Municipalidad en Corrientes 465 en donde se estrenaron obras de jóvenes autores argentinos, teatro clásico universal y teatro moderno extranjero (Verzero, 11-14). En cuanto al papel de los artistas plásticos, se advierten notorias divergencias con TEA; en efecto, las tareas de Abraham Vigo y Facio Hebequer, encargados de la puesta, quedaron difuminadas o, mejor dicho, en un segundo plano.

En contraste con la renovación escenográfica proclamada por el proyecto previo y de los usos, laxos, de un término como el de "vanguardia", en el Teatro del Pueblo no existió un interés manifiesto por apropiarse de aquellas estéticas vanguardistas estéticas provenientes de la Rusia de los soviets que resonaron en el ámbito local. Su apuesta visual se caracterizó por una precariedad de las escenografías construidas con bolsas de arpillera, rafia, canastos, papel crepe, cartones pintados y algunas lamparitas pintadas "que otorgaban al decorado y vestuario un matiz ingenuo" (Fischer y Ogás Puga, 67). Aunque, más allá de los materiales utilizados para confeccionar el diseño escenográfico, lo llamativo es el papel asignado a los artistas implicados para esa labor. Por tomar solo uno de los tantos ejemplos, la puesta para *Títeres de pies ligeros*, de Ezequiel Martínez Estrada, fue tradicional, en tanto la escenografía realizada por Vigo reproducía sin variaciones el mundo onírico creado por el escritor: "el jardín de las marionetas —afín a las comedias clásicas—, la luna, el árbol que florece durante la obra, la cigüeña y el estanque con el cisne de utilería. La música funcionaba —tanto en el texto dramático como en el espectacular — para orientar al espectador acerca de la entrada en acción de un nuevo personaje" (Fischer y Ogás Puga, 175). Y la iluminación debía acompañar de manera fiel a ese mundo descrito en la obra representada.

Distanciándose del aporte original que podría ofrecer cada integrante en función del todo, como lo proponía TEA, en este caso Vigo se supeditaba y respetaba fielmente la narración de Martínez Estrada, y las directivas de Barletta, sin introducir una novedosa interpretación del texto en materia visual. Ahora lo importante era ilustrar el texto desde una estética realista que excluía y contrastaba con aquellas disonancias provocadas por los decorados sintéticos celebradas en TEA, y observados en la obra *En nombre de Cristo*, que tenían por objeto generar emociones y reflexiones críticas por parte del espectador. Ni estas apuestas escenográficas novedosas ni las experimentaciones con los efectos lumínicos fueron sostenidas en el Teatro del Pueblo.

Lejos parecían quedar las palabras de Castelnuovo cuando explicaba que aquella obra seleccionada para el estreno de TEA elegía confundir la realidad con la fantasía como un procedimiento que potenciaba el mensaje.[18] Sin embargo, para Barletta, que consideraba que el público necesitaba ser guiado en sus interpretaciones, el mensaje debía ser claro y directo. En consecuencia, no ponderaba esa creatividad y comunión que debería existir, según TEA, entre la forma y el contenido. En este sentido, podría pensarse que la configuración de una organización menos horizontal, que ponía en el centro a la figura del director y desplazaba la innovación formal de las experiencias previas con el argumento de la necesaria inteligibilidad por (y para) el pueblo, muestra los límites de un sector de la izquierda local para romper definitivamente con una concepción de la práctica artística que enfatizaba su dimensión educativa bajo el paradigma

---

[18] "Teatro Experimental de Arte", *Comoedia*, año III, n° 40, 1 de agosto de 1928, pp. 19-20.

de la Ilustración, vinculado, principalmente, al realismo y a cierta orientación pedagógica (Pittaluga, 326-327).

Más específicamente, este desplazamiento de las innovaciones hacia una estética más convencional, fundado en el paradigma de la Ilustración, revela la consolidación y predominio de la opción por un teatro basado en un modelo pedagógico que seguía los postulados de *El Teatro del Pueblo* de Rolland, como se advierte en las páginas del primer órgano oficial de la agrupación, *Metrópolis. De los que escriben para decir algo*.[19] Por ejemplo, Julián Álvaro Sol se apoyaba en Rolland para adaptar "su contenido conceptual a nuestro ambiente", lo que suponía para el autor poner en el centro del debate la responsabilidad social del artista. Con ese objetivo, Sol reeditaba algunos tópicos de la polémica Boedo-Florida para fortalecer la importancia del contenido por sobre las "formas" en la coyuntura específica de los años treinta:

> Mientras Gómez de la Serna decora pavaditas, miles de obreros ambulan desocupados agrandados de odio los ojos; mientras Fernández Moreno compone sus versitos, miles de tuberculosos mueren por falta de medios para cuidarse; mientras Bayón Herrera estrena sus chistecitos de actualidad, el pueblo vive su tragedia económico-político-social; mientras se suceden las exposiciones de buñuelitos para inapetentes y los conciertos a muchos pesos la platea, el hombre sufre el dolor de sus derechos cercenados. La conciencia social continúa adormecida. Y los derechos del hombre siguen siendo letra muerta. Y es en esos momentos en el que el desconcierto y las indefiniciones actúan como trampolín para el acceso hasta la popularidad que la voz de aquellos que por estas latitudes se desesperan por el logro de una cultura auténtica, debe hacerse oír más que nunca, clara, fuerte y reflexiva, para conseguir que la confusión desaparezca y que la conciencia humana despierte.[20]

---

[19] La revista se presentó como el principal medio de difusión de las actividades llevadas a cabo por el grupo, además de publicar poemas, reseñas bibliográficas, teatrales y cinematográficas, entre otros temas. En total, se publicaron quince números entre mayo de 1931 y agosto de 1932. En diciembre de 1931, se anunció que, desde su próximo número, la publicación estaría dirigida por Castelnuovo, Arlt, Facio Hebequer, Leo Rudni y Barletta. Cf. *Metrópolis*, n° 8, diciembre de 1931, s/p.

[20] "Los irresponsables del arte", *Metrópolis*, n° 4, agosto de 1931, s/p.

Teatro independiente: grupos, espacios, prácticas

El final de la cita es contundente en cuanto a una concepción del arte didáctica, directa y clara para concientizar a un público con la "verdad" y no con artilugios estéticos o de otro tipo, como la comicidad, basados en el mero entretenimiento. Concretamente, la influencia de Rolland se evidencia, entonces, en la premisa de querer promover "arte para la humanidad", lo que se traduce en la representación de los conflictos reales (la desocupación, la prostitución, el hambre, la explotación, el militarismo, el imperialismo, las dictaduras, etc.) porque, afirma Sol, "el pueblo necesita verdad antes que belleza" y el día que el arte sea belleza será porque será un "reflejo de la realidad" y no una fabricación de un arte incentivado y pagado por la burguesía.[21]

Muchos de estos sentidos podrían sintetizarse en la frase inscripta en la portada del número inaugural de *Metrópolis*, la que, recuérdese, sentenciaba: "Mientras el país sufre una de sus grandes crisis políticas, sociales y morales, los 'artistas' realizan la 'fiesta de las artes'. Después quieren estos 'artistas' que el pueblo no los desprecie". Con esta frase, el Teatro del Pueblo se posicionaba y asumía un compromiso con la sociedad frente a la nueva coyuntura histórica. Este rechazo a la concepción del "arte por el arte", entendido como un pasatiempo y una falta de compromiso con la realidad circundante, quedaron registrados en las páginas de dicha revista, en la cual colaboraron Castelnuovo, Facio Hebequer, Vigo, Yunque, Roberto Mariani, Nicolás Olivari, Roberto Arlt, César Tiempo, Julián Álvaro Sol, Virgilio San Clemente, entre tantos otros, vinculados antes al grupo de Boedo, Teatro Libre, TEA y El Tábano.

Otro tópico acorde a las preocupaciones planteadas desde su primer ejemplar, y que continuaba la misma línea de TEA, se suscitó en torno a la figura del crítico profesional, en tanto responsable de la decadencia del arte y principal obstáculo para su desarrollo, según la posición del grupo, como quedó registrada en una encuesta, lanzada entre el segundo y el

---

[21] J. Álvaro Sol, "El Teatro y el pueblo", n° 15, julio-agosto de 1932, s/p. Cabe señalar que, entre los recortes, carpetas y libros, Sol guardaba un ejemplar de la edición de Rolland de 1927, en la cual hay subrayados y otras marcas del escritor argentino que evidencian el uso de ciertos pasajes para la redacción de sus artículos y notas mecanografiadas.

decimocuarto número de *Metrópolis*.[22] No obstante, sin duda, el mayor interés lo despertó el público, al cual la compañía de Barletta debía atraer por medio de diversas estrategias que incluyen desde la apuesta por nuevos autores hasta la realización de diversas actividades que trascendieran a las presentaciones en las salas del Teatro del Pueblo.

La compañía de Barletta ideó un espacio que incluyó un repertorio de clásicos y modernos de la dramaturgia universal —como *El matrimonio*, de Nicolai Gogol, *Sueño de una noche de verano*, de William Shakespeare, *Edipo Rey*, de Sófocles o *Fuenteovejuna*, de Lope de Vega—, pero también ofreció la oportunidad para muchos autores nacionales, entre los que se destacó Roberto Arlt. Éste fue el escritor más innovador del proyecto porque incorporó una estética moderna que buscaba sacudir al espectador, ponderando la ficción como medio privilegiado para operar en lo real; aspecto que tensionó los propósitos didácticos de Barletta (Juárez, 40-41) y, podría añadirse, su "Teatro polémico", que consistía en fomentar el debate al finalizar algunas de sus funciones con el objetivo de encauzar la interpretación de las puestas en escena. Asimismo, cabe resaltar que la incorporación de Arlt al Teatro del Pueblo no solo cosecharía grandes éxitos para la compañía y para el escritor; también marcaría un camino o, mejor dicho, un tránsito compartido junto con Facio Hebequer, Elías Castelnuovo y Abraham Vigo, con quienes estrechó su amistad y participó de espacios que se vinculan con una radicalización ideológica que debe comprenderse en este marco de batallas intelectuales desatadas en la coyuntura específica de los años treinta.

---

[22] Las preguntas fueron las siguientes: "¿Qué opinión le merece la crítica profesional? Esa crítica anónima, que se efectúa sistemáticamente en diarios y revistas, cada vez que se estrena una obra o se publica un libro, o se abre una exposición de pintura o escultura. ¿Es saludable o perjudicial? ¿Contribuye al desarrollo del arte o por el contrario impide su natural desarrollo? ¿Orienta al público y al artista o desorienta al artista y al público? ¿Desempeña una función educativa y edificante o desempeña una función envilecedora y comercial?". Cf. *Metrópolis*, n° 2, junio de 1931, s/p. Esta visión negativa sobre el papel de los críticos era compartida también por Roberto Arlt, quien ya había expresado en una de sus aguafuertes porteñas: "Ésta es una ciudad en cuyos teatros, al terminarse el primer acto de cualquier estreno, salen los críticos al vestíbulo y se dicen los unos a los otros: –¿Ha visto qué bodrio? Realmente no podía pedirse obra peor. Al día siguiente, todos los periódicos donde escriben esos solemnes alacranes, salen dándole truculentos bombos al 'bodrio'" (Arlt, 66-67).

Por otra parte, tras el ideal de elevar el "espíritu de las masas" para lograr una transformación social, el grupo emprendió una profusa acción cultural que incluyó exposiciones de arte, conciertos, recitales de música de cámara, proyecciones cinematográficas, ciclos de danza, encuentros de lectura, conferencias y obras teatrales itinerantes que llevaban el arte a un público y zonas alejadas del circuito cultural porteño. Esta última acción guarda una estrecha relación con aquella necesidad de salir a la "calle verdadera", planteada por Facio Hebequer en su breve texto autobiográfico (1935), para buscar y estimular al pueblo, uno de los pilares cardinales de esta apuesta teatral. Sin embargo, a partir de la decimoprimera entrega de la revista los nombres de Facio Hebequer y Castelnuovo dejaron de figurar entre sus colaboradores, en marzo de 1932, momento que coincide con el acercamiento manifiesto de Castelnuovo, Arlt y Facio Hebequer a la órbita cultural comunista, participando activamente en otras publicaciones como *Bandera Roja* y *Actualidad*.

A modo de cierre: el desencuentro y el origen del Teatro Proletario

El hallazgo de una misiva enviada al crítico de arte Cayetano Córdova Iturburu y firmada por Barletta, permite evidenciar el distanciamiento producido entre algunos de los integrantes de Teatro del Pueblo, pues allí el director del Teatro del Pueblo, además de agradecer los comentarios realizados con motivo del estreno de la obra de Arlt, *Trescientos millones*, necesitó apartarse de cualquier comentario que hubiera sobrevolado en relación con los problemas dentro del grupo. De esta manera, Barletta escribía:

> Aprovecho esta oportunidad para reiterarte mi invariable amistad y aprecio intelectual, a pesar de aparentes o supuestas desinteligencias que pueden habérseme atribuido, que eran la obra del 'grupito que tira la piedra y esconde la mano' (Facio, Castelnuovo, Vigo, San Clemen, etc. etc.), y que, felizmente, me he sacudido de los hombros.[23]

---

[23] Carta de Leónidas Barletta a Cayetano Córdova Iturburu, 17 de julio de 1932 (Fondo CCI-CeDInCI).Por San Clemen, Barletta se refiere a Virgilio San Clemente, actor integrante del Teatro del Pueblo.

Aunque Barletta haya tratado de minimizar el conflicto, las consecuencias de esas diferencias se vieron reflejadas en una polémica sobre la función social del arte, registrada en las páginas de *Actualidad* y *Metrópolis*, que conduce hacia la fractura ocurrida al interior del Teatro del Pueblo y la creación, en julio de 1932, del Teatro Proletario.[24] Esta nueva apuesta, vinculada al Partido Comunista, pretendía demostrar las posibilidades que ofrecía el teatro para el desarrollo de un "arte proletario", lo que se traducía en concebir favorablemente la promoción de un "teatro político" que incentivara la lucha de clases, un proyecto que mostraba, una vez más, las diferentes concepciones entre integrantes y que revelaría un nuevo desencuentro y nuevos caminos para el teatro independiente de la década de 1930.

---

[24] Unas semanas antes de la constitución del Teatro Proletario, Barletta publicó, en el mismo número de *Metrópolis* en el que ya no participaron Facio Hebequer y Castelnuovo, un artículo llamado "El arte y nuestras ideas sociales", con el cual se suscitó un intercambio acalorado de opiniones entre el director del Teatro del Pueblo y Carlos Moog, colaborador de la revista marxista *Actualidad* y vocero oficial del PCA en cuestiones artísticas. El eje de la polémica giró en torno al "arte proletario" (Devés, 2020, 171-189).

Bibliografía

Arlt, Roberto. "Críticos teatrales". *Aguafuertes porteñas: cultura y política*. Losada, 2008 [1929].
Barletta, Leónidas. *Viejo y nuevo teatro. Crítica y teoría*. Futuro, 1960.
Devés, Magalí. "El Teatro Experimental de Arte: entre las vanguardias soviéticas y el Teatro del Pueblo de Romain Rolland (Buenos Aires, 1927-1928)". Ansaldo, Paula, Fukelman, María, Girotti, Bettina y Trombetta, Jimena(comp.). *Teatro Independiente. Historia y Actualidad*. Ediciones del Centro Cultural de la Cooperación, 2017.
---. *Guillermo Facio Hebequer: Entre el campo artístico y la cultura de izquierdas*. Prometeo Aires, 2020.
Facio Hebequer, Guillermo. "Autobiografía", *Catálogo de la Exposición Retrospectiva 1914-1935*. Honorable Concejo Deliberante de la Ciudad de Buenos Aires, 1935.
Fischer, Patricia Verónica y GrisbyOgás Puga. "El Teatro del Pueblo: período de culturalización (1930-1949)". Pellettieri, Osvaldo (dir.). *Teatro del Pueblo: Una utopía concretada*. Galerna, 2006.
Fukelman, María. "Un recorrido por el Teatro del Pueblo, primer teatro independiente de Buenos Aires", Ansaldo, Paula, Fukelman, María, Girotti, Bettina y Trombetta, Jimena (comp.). *Teatro Independiente. Historia y Actualidad*. Ediciones del Centro Cultural de la Cooperación, 2017.
Guiamet, Javier. *Tentaciones y prevenciones frente a la cultura de masas. Los socialistas argentinos en el período de entreguerras*. Tesis de doctorado. Universidad Nacional de La Plata, 2017.
Juárez, Laura. *Roberto Arlt en los años treinta*. Ediciones Simurg, 2010.
Larra, Raúl. *Leónidas Barletta. El hombre de la campana*. Conducta, 1978.
Pittaluga, Roberto. *Soviets en Buenos Aires. La izquierda de la Argentina ante la revolución en Rusia*. Prometeo, 2015.
Verzero, Lorena. "Actividades y estrenos". Pellettieri, Osvaldo (dir.). *Teatro del Pueblo: Una utopía concretada*. Galerna, 2006.

¿Un teatro independiente de títeres?
Un recorrido por el Teatro Libre Argentino de Títeres (1947-1954)

Bettina Girotti

A lo largo de la primera mitad del siglo XX entre el movimiento de teatros independientes y el mundo de los títeres se construyeron diversas redes de cooperación que resultaron fundamentales para el crecimiento de este último. Los diálogos con otras formas artísticas, son inseparables de la matriz transdiciplinaria propia de las experiencias con muñecos: los y las artistas "pioneros o fundadores" del teatro de títeres en Argentina se formaron en artes plásticas o en letras, es decir, que provenían de campos artísticos que ya se habían desarrollado para la década del 40 (Girotti, 2015).

Los diálogos entre títeres y teatro independiente, ya sean producto del trabajo conjunto o de los lazos de amistad entre artistas de estos dos ámbitos, no fueron ni homogéneos ni uniformes. Con el fin de organizar estos cruces, propusimos una serie de categorías a partir de una serie de elementos comunes, aunque sin olvidar particularidades de cada experiencia. En primer lugar, artistas que desarrollaron una doble tarea, de un lado, manipulando títeres, y, de otra, actuando dirigiendo o realizando escenografías para el teatro independiente. Luego, la presencia ocasional de titiriteros y titiriteras en salas pertenecientes a agrupaciones independientes. En tercer lugar, la conformación de teatros estables de títeres en agrupaciones independientes por parte de artistas que no pertenecían estas, y, por último, la conformación de teatros estables de títeres en agrupaciones independientes por parte de artistas que pertenecían al elenco.

En el centro de estos cruces, se presenta una quinta y última categoría -cuya existencia es aún más interrogativa que afirmativa- a partir de la cual consideramos la existencia de un teatro independiente de títeres: se trata del Teatro Libre Argentino de Títeres (TLAT), dirigido de forma conjunta por Mane Bernardo y Sarah Bianchi entre 1947 y 1954. Cora Roca también sugiere esta idea en *Las leyes del teatro independiente 2004-2015*.

Reconocimiento, voluntad y gestión (2016). Si bien el libro está dedicado al teatro contemporáneo, el primer capítulo recorre el siglo XX y enumera algunos de los colectivos independientes que aparecieron hasta finales de los años 50. Esta enumeración presenta una novedad con respecto a catálogos expuestos en distintos análisis del teatro independiente: Roca incluye al TLAT entre colectivos formados por actores. Al tratarse de un abordaje panorámico, la autora no especifica las características de los grupos, así como tampoco justifica esta inclusión. Para profundizar en esta cuestión, recuperaremos la trayectoria de este colectivo, cuyo trabajo se desarrolló entre 1947 y 1954, pero también sus antecedentes, atendiendo a sus propuestas escénicas, a los espacios de circulación y a los modos en que concibieron su trabajo y el teatro de títeres.

Mane Bernardo y Sarah Bianchi antes del TLAT

Para el año 1947, las fundadoras del TLAT, Mane Bernardo y Sarah Bianchi, ya contaban con una extensa trayectoria en las artes plásticas, en el teatro y en los títeres. Bernardo (1913-1991) se había recibido de maestra de dibujo en la Escuela Nacional de Bellas Artes, Profesora Superior de Grabado en la Escuela de Grabado Ernesto de la Cárcova y Profesora de Escultura en la Universidad de La Plata. También había incursionado en el campo de las letras y publicado un libro de poesía, *Tarde blanca y otros poemas* (1947, Editorial Sed). El trabajo con los títeres comenzó en 1934, apenas egresó de Bellas Artes, con la invitación del escenógrafo Ernesto Arancibia (quien más tarde se convertiría en director de cine) a participar en "El retablo del Maese Pedro".

Tres años más tarde, en 1937, Bernardo fundó la Agrupación Teatral La Cortina (usualmente incluida entre los teatros independientes) junto a María Rosa Oliver, Irene Lara y Alberto Valla (Bernardo estuvo a cargo de la dirección de la agrupación entre 1941 y 1947). En un apartado del libro *Cuatro manos y dos manitas* (Bernardo y Bianchi, 1991) firmado por ella, desliza que luego de la experiencia con Arancibia fundó un teatro independiente –La Cortina– y explica que "(e)se grupo le permitió entrar de lleno en el teatro de la experiencia" (1991: 38). Tal como detalla María Fukelman "(d)urante el primer año, el grupo se dedicó a estudiar, realizando su primera presentación el 16 de septiembre de 1938. A partir de allí, comenzó a actuar en forma regular". José Marial (1955) recupera algunos datos de la agrupación como nombres de sus integrantes y de artistas que colaboraron, locales en los cuales trabajaron y las actividades que realizaron, entre las que incluye exposiciones, conferencias y funciones de títeres. En 1940, La Cortina redactó sus estatutos y en ellos se presentaba como "una agrupación artística organizada para la realización de teatro experimental" (Dubatti, 2012b: 21). Esta dimensión "experimental", que retomaremos más adelante, resulta fundamental para comprender el trabajo no solo de La Cortina, sino también del TLAT (los años de trabajo en La Cortina se superpusieron con los del Teatro Nacional de Títeres y, de hecho, integrantes de la aquella agrupación formaron parte del equipo de actores que realizó la interpretación escénica).

En 1944, Bernardo fue invitada a organizar el Teatro Nacional de Títeres (TNT) en el Instituto Nacional de Estudios Teatrales (INET). Su incorporación era reconocida como un hito y anunciada en el Boletín editado por esta institución:[25]

> En 1944 correspondió a una artista que se viene singularizando por su eficaz acción en el "metteur" escénico, el encargo del Instituto de organizar el curso de títeres para universitarios, artistas y gente de letras. Mane Bernardo al frente de un equipo que reveló el poder de su vocación, trabajó durante tres meses en el local especialmente habilitado dentro del Instituto para montar un espectáculo de excepcional alcurnia artística. Títeres, vestidos, decorados, teatro, grabaciones, equipo sonoro, todo en fin, se hizo expresamente y el Teatro Nacional de Títeres ofreció su primera función en nuestro local con un éxito sin precedente (N. de la D. en Bernardo, 1945: 47).

---

[25] En este mismo artículo se indicaba que "los títeres han gozado de amplia hospitalidad en el Instituto Nacional de Estudios de Teatro, que además los ha difundido con prodigalidad: en 1943 entre las maestras de las escuelas de Buenos Aires, en clases prácticas a cargo de Javier Villafañe, y en el interín con el reparto de cinco mil ejemplares de "Titirimundo", manual para construir, vestir y manejar títeres, como para hacer un teatro económico y actual en él. En los salones del Museo Nacional del Teatro se exhibieron los envíos de todo el país a la Primera Exposición Nacional de Títeres, con que cerramos el año" (N. de la D. en Bernardo, 1945: 47).

Distintos números del boletín editado por el INET se ocuparon de reseñar las actividades y el funcionamiento de los "títeres del instituto", ya que se trataba de un deber del Estado asumido por este instituto justificado por el valor pedagógico del teatro de títeres y la necesidad de contribuir al "perfeccionamiento cultural y sensitivo del niño" (SD, 1946: 162) y apoyado en la idea del niño como hombre del futuro: de allí que, al elevar cultural y espiritualmente la infancia, pudiera asegurar "un futuro mejor para el porvenir de la Patria" (SD, 1946: 167).

Por su parte, Sarah Bianchi, se inició en la pintura en los 40 y tuvo entre sus profesores a la propia Bernardo. Ella misma relataba que, recién terminado el profesorado en Letras (en 1942), había comenzado su formación plástica y que el crítico de arte Paul Conquet la contactó con Bernardo, quien formaba parte de la "lista de monstruos sagrados" de Bianchi junto a "Raquel Forner, Elba Villafañe, Norah Borges y tantas otras pintoras del momento" (1991: 28). Bernardo la invitó a integrar, primero, La Cortina, y luego, a realizar cabezas y pintar decorados en el TNT, dónde posteriormente comenzaría a manipular títeres[26].

El trabajo en el INET terminó de forma abrupta, sin mediar explicación por parte de las autoridades del instituto. Sin embargo, esto no significó la ruptura del vínculo entre ambas artistas que, un año más tarde, en 1947, conformaron su propia compañía.

TLAT: ¿un taller o un teatro?

Inmediatamente después de la disolución del TNT, las artistas emprendieron la creación del Taller Libre para el aprendizaje del Titiritero, espacio destinado a la enseñanza y la formación de futuros titiriteros. Las acompañó en esta empresa Julio Ortiz del Moral, con quien habían trabajado ya en La Cortina y en el INET. El nombre, que podía resumirse en una sigla, TLAT, fue acompañado por un logo creado por Mane, que

---

[26] En cierta forma, la migración de ambas artistas plásticas al campo de los títeres está atravesada por un vínculo que se asemeja al de maestro-discípulo y que nos permite esbozar una suerte de genealogía.

Teatro independiente: grupos, espacios, prácticas

mostraba a dos títeres, uno dando un cachiporrazo al otro y que transformaba "¡tlat!" en la onomatopeya del golpe.

A decir de ambas, no existía en aquel momento ninguna escuela que diera títulos de "titiritero" (el TNT había contado con un espacio de formación, pero finalizada aquella experiencia, la escuela se disolvió con ella). De todas formas, que la suya fuera la única oferta de formación profesional no les aseguró público. El taller fue transformado en teatro y, para aprovechar la sigla, el logo y las tarjetas ya impresas, solo debieron modificar algunas palabras: nació así el Teatro Libre Argentino de Títeres.

Desde su nacimiento, el trabajo de esta compañía estuvo atravesado por la búsqueda del profesionalismo, entendiendo por ello un compromiso de trabajo por parte del actor-titiritero a quien pudiera retribuirse con un pago y el trabajo con público adulto (interés que ya se había hecho visible en el trabajo en el TNT). El equipo fue convocado a través de gacetillas en los diarios y quedó conformado por Marcelo Soler (Julio Ortiz del Moral), Raúl Huergo (Claudio Cantarella), Eduardo Nouguet, Emilio Ezquerra (Alberto Gorzio), Gabriela Storni y Osvaldo Pacheco. La realización de cabezas estuvo a cargo de Bernardo, Bianchi, Ortiz y Storni, mientras que la confección estuvo a cargo de Irene Lara (con quien trabajaron en La Cortina). Al igual que muchos colectivos independientes, el TLAT no contó con sala propia, por lo cual se presentaron en distintos espacios de la ciudad, los cuales podían (o no) ser salas teatrales.

La primera presentación del grupo tuvo lugar en 1947 en una sala del Instituto Francés de Estudios Superiores ubicada en la Galería Van Riel. En esa oportunidad presentaron "un programa clásico", dirigido a público adulto -siguiendo la línea desarrollada en el TNT- y compuesto por obras de autores españoles como Lope de Rueda (*De Rodrigo del Toro, simple, deseoso de casarse*), Calderón de la Barca (*El dragoncillo*) y de Ramón de la Cruz (*El café de máscaras*).

Esta primera propuesta debió ser reformulada inmediatamente: la dificultad para sostener la afluencia de público adulto obligó al TLAT a modificar el repertorio (y los días y horarios de presentación) presentando *Famosas aventuras del cowboy Tom el Intrépido en su episodio N°1: Tom y Bill, amigos y enemigos* (firmada por NeraBianber Masa, alter ego de Mane Bernardo) y *Los traviesos diablitos* y *El misterio de una noche* (firmada por Mane

Bernardo); modificación que les permitió cumplir con la temporada de cuatro meses pactada. La fricción entre la decisión de trabajar para público adulto y la dificultad para sostener su afluencia, atraviesa el trabajo de este grupo:

> habíamos caído en una trampa de la cual no pudimos zafarnos nunca más: los títeres para niños, que tímidamente hemos intentado dejar varias veces pero que por diversas circunstancias siempre hemos vuelto a ellos (…)
>
> Nuestras cavilaciones nos llevaron a encontrar una segunda tabla salvadora: utilizar el taller para fabricar títeres destinados a la venta. Era una derivación de nuestra idea fija: los títeres, y así anexábamos a los cursos y a los espectáculos un campo más para inundar de títeres el país, es decir tratar de cambiar la mentalidad de la gente sobre las posibilidades del muñeco títere como expresión teatral y sus múltiples aplicaciones. Y así nació una colección de personajes "vendibles" (...) era entrar en un campo totalmente desconocido para nosotros, el comercial, donde había que manejarse con otros parámetros, otro léxico y otras leyes" (1991: 48, 51-52).

Entre los meses de abril y junio de 1948 la compañía realizó funciones para niños en el Teatro Ateneo y, aunque desde algunos medios gráficos se anunciaba que la temporada se desarrollaba con éxito o se anunciaba un cambio de programa (que ahora incluíaobras como *Famosas aventuras del cowboy Tom el intrépido*, *Danza de Gianina y Zaneto*, *En la cueva del mago* y *La pequeña patricia mendocina*), las presentaciones solo duraron dos meses.

Luego fue el turno de la Universidad Nacional de Tucumán, en la cual incluyeron la creación de un *muñeco danzante*, invención de Sara Bianchi, que perfeccionaba "al títere de cachiporra, de escasos y duros movimientos, hasta permitirle el baile; pero no los dos o tres pasos figurativos, sino los más atrevidos giros, contorsiones, desplazamientos y posiciones variadas de belleza y plasticidad extraordinarias". Con este muñeco danzante, cuyos 60 centímetros de altura aseguraban su visibilidad en escenarios amplios, el TLAT pone en escena "*ballets* modernos y clásicos con

Teatro independiente: grupos, espacios, prácticas

coreografías adecuadas y previamente estudiados todos los movimientos por un coreógrafo" (Briglia, 1951, 10).

A esta breve temporada, siguieron en 1949 algunas funciones para adultos en un local de la Sociedad Argentina de Escritores, bajo el título de *Teatro cómico universal* y, en 1950 y 1951, temporadas para niños en el Instituto de Arte Moderno, otra en el Teatro Patagonia en 1952 y otras dos, en 1954, primero en una sala de la Dirección Nacional de Asistencia Social y luego en el Teatro Mariano Moreno.

En esta última sala, Bernardo y Bianchi experimentaron, por primera vez, con la pantomima de manos, una técnica basada en la utilización de la mano desnuda, vestida con guantes o maquillada en lugar del tradicional títere de guante, la cual perfeccionaron sistemáticamente a través de la incorporación de distintos elementos y procedimientos: el carácter protagónico de la mano desnuda; la presencia del pie como "cuerpo" deforme y opuesto; la ausencia progresiva de la palabra y su sustitución por el elemento musical; un conflicto simple, ligado a la brevedad de los números; la preponderancia del nivel plástico a través de la utilización de telones negros y de luz negra. Si hasta este momento las artistas habían recurrido al títere de guante, una técnica tradicional, para poner en escena obras del repertorio universal, su trabajo se insertaba ahora en un plano más "experimental".

El TLAT no se recortaría a la realización de funciones y a la eventual fabricación de títeres, sino que durante su corta existencia también incursionó en ámbitos novedosos como los medios audiovisuales. En 1949 y 1950 realizaron junto a la productora Cinepa dos cortometrajes con muñecos en formato 16mm, *Caperucita roja* y *Los tres ositos*, respectivamente. La cooperación entre el TLAT y Cinepa era anunciada en el número de noviembre de 1949 de la revista *Sintonía*, donde se explicaba que *Caperucita Roja* había sido rodado íntegramente en los sets de Cinepa, en blanco y negro y en color, contaba con una versión muda y otra a color y que la dirección había estado a cargo de Leonardo Goilemberg (jefe de producción Cinepa). No solo se rodaron las versiones muda y sonora en blanco y negro, sino también una versión en color, pero esta última no llegó a concretarse.

Bernardo definió el rodaje como un trabajo "con más ingenio que medios" a raíz de la utilización de sets improvisados y de títeres que las artistas tenían en su taller (los cuales no abrían la boca), así como de decorados pintados y mezclados con ramas y plantas naturales. Lo improvisado de los sets puede comprenderse si se atiende a la forma en que debieron trabajar los titiriteros encargados de la manipulación de los muñecos -Osvaldo Pacheco y Sarah Bianchi- quienes debían permanecer de rodillas o tirados en el suelo para mover los personajes o mantenerlos inmóviles para los trucos.

En 1950, el TLAT y Cinepa volvieron a realizar un nuevo cortometraje, *Los tres ositos*. En esta oportunidad, se utilizaron títeres de guantes hechos por Bernardo y Bianchi expresamente para cine, al igual que los decorados y los sets e iluminación fueron realizados con "sistemas cinematográficos bastante completos" (Bernardo, 1963, 96).

En 1954, comenzaron a trabajar en el noticiero emitido por Canal 7 y conducido por Carlos D'Agostino. El primer personaje fue "Niche", un perro manejado por Bianchi que se ubicaba agachada detrás del escritorio. Este muñeco, inicialmente, ladraba y con mímica opinaba sobre lo que D'Agostino comentaba, acciones a las que se sumaban mover la cola, bostezar, gruñir, lamer la mano del conductor y hasta robarle los papeles o la lapicera. La buena recepción del personaje llevó a construirle un decorado propio y dotarlo de voz, función que quedó a cargo del actor Marcos Zucker. A Niche se sumó más tarde un nuevo personaje, doña Merceditas, una especie de adivina, con una carta astral como decorado que decía diariamente el horóscopo, también animada por Sarah y con la voz de Gloria Rainer.

Estas actuaciones en la televisión y en el cine se encuadran en algunas de las reflexiones volcadas en los boletines editados por el INET. Así, a propósito de los dibujos animados reflexionaban que

> La cinematografía trajo consigo una variación ampliada y reformada de los muñecos, presentándolos en un marco más completo, tanto en el aspecto técnico como artístico. En efecto: el mayor colorido, la sonoridad, la multiplicidad de escenarios, la variedad de nuevos tipos, etc., etc., etc., al originar una verdadera "revolución en la imaginación

del niño, dotan al teatro de títeres de otras perspectivas y posibilidades mayores (...)".

Partiendo de la premisa de que los dibujos animados de ninguna manera gravitan desfavorablemente sobre el (sic) antigua teatro de títeres, el titiritero hallará en ellos un complemento de sumo valor y una experiencia felizmente lograda, desde el momento que su función específica - educar y divertir al niño - adquiere renovado interés dignificando y perfeccionando su misión social y evitando el estancamiento pernicioso (SD, 1946, 162).

Según estas palabras, el cine y los dibujos animados[27] tendrían una influencia positiva en el público infantil al estimular la imaginación -cuestión central para Bernardo, sobre la cual volveremos- pero también para quienes se dedicaran al arte de los títeres, al funcionar de manera complementaria.

Bernarndo y Bianchi utilizarían Teatro Libre Argentino de Títeres como nombre para su compañía hasta 1954. Sin embargo, la disolución del TLAT no significó la separación del elenco. Según explicaban las titiriteras, el abandono del nombre se debió a una serie de vicisitudes que excedieron lo específicamente teatral:

> la palabra "libre" (¡y ya en esa época!) tenía un perfume nada recomendable. Lo más inocente que ocurría era que el público la interpretaba como de entrada libre y por lo tanto gratuita, cosa contraria a nuestros objetivos de trabajo profesional (...) El significado más gravoso de libre era la connotación política, algo que estaba "en contra" no sometido a las reglas estrictas de ideología populista o reaccionaria del momento. Tampoco eso tenía nada que ver con nuestros ideales de libertad creadora, espíritu libre, elevación ideal de lo que queríamos significar con nuestro teatro de títeres (...) Entonces, decidimos sacar la voz conflictiva y dejar simplemente el antiguo nombre d Teatro Argentino de Títeres. Ya no quedaba TLAT, sino TAT, y como la sigla no servía, ahí terminó nuestro hermoso y querido primer logotipo. (..) En cuanto

---

[27] La primera transmisión televisiva tuvo lugar en 1951 pero no fue hasta finales de los años 50 que la televisión se instaló en los hogares argentinos (Pérez, 2012).

anunciamos con este nombre las primeras funciones, nos dimos cuenta que tampoco podía ser: los diarios y la crítica hablaban de "un teatro argentino de títeres" con lo cual entramos por propia idiotez en el anonimato más estúpido.

Antes de que terminara el año 54, y en una reacción muy lógica, apoyada por muchos amigos, decidimos que en adelante, y aunque pareciera un acto de vanidad al que siempre nos hemos opuesto, el teatro llevaría nuestro nombre:

"Títeres Mane Bernardo Sarah Bianchi", sin "de" y sin "y" con lo cual ya no se prestaría a equívocos ni errores futuros" (1991, 83).

No aparece aquí ninguna referencia al movimiento de teatros independientes, conocido en profundidad por ambas, así como tampoco lo hacía en la explicación sobre la elección del término "libre". En ambos casos, la inclusión o eliminación pareciera obedecer simplemente a "fines prácticos". Sin embargo, si atendemos a la trayectoria de esta pareja de titiriteras, el abandono del nombre TLAT coincidió con el inicio una nueva etapa de trabajo, una etapa marcada por la investigación de nuevas posibilidades escénicas del muñeco: la pantomima de manos (investigación que comenzó en 1954 y que continuó a puertas cerradas hasta la década del 60); el trabajo conjunto de títeres, actores y titiriteros a la vista; y la combinación de técnicas de manipulación[28].

¿Independiente, libre o experimental?

En la elección de los dos primeros nombres (Taller Libre para el aprendizaje Titiritero y Teatro Libre Argentino de Títeres), algunos elementos se reiteran: de un lado, "titiritero" y "títere", los cuales podemos ubicar en un mismo campo semántico y, de otro, "libre". En la historia del teatro argentino, el modo de producción "independiente" fue expre-

---

[28] Nos referimos a la trilogía *Toribio busca su media* (1968), *Toribio abre las puertas* (1969) y *Toribio camina para atrás* (1970) y a *Revolviendo Cachivaches* (1972) estrenadas en el Teatro San Martín, compuestos, a su vez por una serie de números en los cuales apeló a la heterogeneidad de recursos, utilizando para cada uno de los números una técnica diferente (títeres de guante, siluetas, sombras y pantomimas de manos, luz negra entre otros).

sado a través de distintos términos que se relacionaron con él y que se utilizaron como sinónimos, pero también, como modo de resaltar las diferencias, entre ellos, los términos "libre" y "experimental". De allí que la elección de la palabra "libre" por parte de Bernardo y Bianchi no resulte ingenua: esta palabra, decían, tenía ya en esa época "un perfume nada recomendable" cuyo significado resumían en un "estar en contra" de la ideología del momento. Esta concepción era probablemente fruto de la lectura de experiencias europeas, en las que el concepto de "teatro libre" se relacionaba con una serie de prácticas teatrales novedosas distintas de aquellas producidas por el Estado o por los empresarios (ligados al entretenimiento) y con la postura política tomada por los artistas. Es decir, prácticas cuya libertad descansaba en no ser "amordazadas" por el Estado, el mercado o los partidos políticos y en tener "algo para decir".

Por otra parte, en cuanto a su dimensión estética, las propuestas del TLAT pueden inscribirse en un terreno "experimental" y, en este sentido, el trabajo de ambas en La Cortina funciona como antecedente, aunque sin olvidar que las reflexiones, las propuestas y los objetivos fueron planteados para una agrupación de actores y que no son tan fácilmente traducibles al mundo de los títeres. Como adelantamos, esta agrupación se presentaba como un teatro "experimental". Sus estatutos fueron redactados luego de tres años de trabajo, a lo largo de los cuales la agrupación había "evidenciado su valor real como agrupación de nivel artístico y los espectáculos teatrales ofrecidos con la sanción aprobatoria de público y prensa y con la colaboración de elementos como Butler, Basaldúa, Larco, etc. han sido una justificación alentadora de aquellos esfuerzos" (Dubatti, 2012a, 21). Además de referir al aval y aceptación del público y la prensa, se resalta la colaboración de artistas cuya trayectoria se inscribe en las artes plásticas como Horacio Butler, Héctor Basaldúa y Jorge Larco, todos ellos artistas plásticos y escenógrafos: La Cortina construía su legitimación apelando a agentes propios del campo teatral, pero también y, sobre todo, a través de agentes provenientes de otros campos artísticos o de otras zonas del campo cultural.

Esta apelación legitimadora es inseparable de la preocupación por "cuestiones centradas en lo artístico", característica de las agrupaciones "experimentales" (Dubatti, 2012b, 73), que se observa en sus indagaciones en el terreno del diseño y la realización escenográfica, así como en la consideración de otra jerarquía para estos al proponer la conjunción "plástica escénica" como una actividad separada de los "decorados" (Fukelman, 2017); una disociación que invita a pensar que "La Cortina estaba proponiendo una nueva perspectiva plástica del teatro, con una dimensión más general, que no solamente tuviera que ver con las categorías que conocemos como escenografía y vestuario, sino que las incluyera y superara" (Fukelman, 2017, 207).

Términos como "imaginación" y "experimentación" se reiteran en los trabajos de Bernardo sobre títeres. Tal es el caso de *Títere: magia del teatro* (1963), en el cual la autora realiza un recorrido por la historia de los títeres organizándola en tres tiempos que se superponen y conviven. El tercero, el tiempo de lo experimental, corresponde a aquellas manifestaciones en que el títere (entendido de forma amplia) se cruza con otras disciplinas por lo que la imaginación adquiere un valor decisivo. La experimentación sería, entonces, una característica transdisciplinaria, inseparable de la idea de migración entre campos artísticos antes mencionada.

Ahora bien, ¿cuáles serían esas "otras disciplinas"? En primer lugar, la danza (muñeco danzante) y los medios audiovisuales (cortos realizados con Cinepa y la participación en el noticiero de Canal 7), como se desprende de la labor de la compañía, y, en segundo lugar, las artes visuales, consecuencia de la formación de ambas artistas. En este sentido, recordamos una nota aparecida en el semanario *El Hogar* que daba cuenta del trabajo de esta compañía subrayando la trayectoria plástica de ambas titiriteras, a quienes presentaba como "dos artistas argentinas, cuyos nombres han figurado repetidamente en nuestros salones de la capital y del interior con obras pictóricas de indudables mérito [sic]" (Briglia, 1951, 10) para luego trazar una relación entre títeres y plástica al reseñar que el primer trabajo se presentó en el Salón Van Riel.

A estas se agrega el teatro de actores, un diálogo en el cual la artificialidad del títere es puesta en primer plano y que se observa en dos propuestas escénicas que caracterizaron el trabajo de la compañía: de un lado, el desarrollo de la pantomima de manos, y, de otro, el trabajo simultáneo de actores y muñecos, junto con titiriteros a la vista.

Estado, boletería, capocómico

Los diferentes grupos englobados en el movimiento de teatros independientes no desarrollaron las mismas decisiones estéticas, ideológicas ni vinculares. Aunque la elección del término "libre" (concebido como "estar en contra" de la ideología del momento) lleva a ubicar al TLAT lejos de la órbita estatal, las artistas no vieron como un problema o un impedimento trabajar en ámbitos oficiales. Utilizamos el término "ámbito" en lugar de "circuito" ya que, al igual que muchos elencos o artistas que se dedicaron a los títeres, la compañía actuó en salas teatrales, pero también en espacios no teatrales (como escuelas, asilos u hospitales) o espacios ubicados en los bordes del campo teatral (como, por ejemplo, el local de la Sociedad Argentina de Escritores).

El Teatro Nacional de Títeres que funcionó en el INET, cuya sede era el edificio del Teatro Nacional de la Comedia, hoy Teatro Nacional Cervantes) y que dependía de la Comisión Nacional de Cultura, constituyó el "germen" del TLAT. Más allá de esta experiencia germinal, en diferentes oportunidades, las artistas intentaron acercarse al ámbito oficial. Así, en 1948

> (d)imos el primer paso de acercamiento para intentar trabajar con el Estado, concretamente, con la Municipalidad de la Ciudad de Buenos Aires y la Secretaría de Cultura de la Nación. Nuestros resquemores provenían del temor de ser absorbidos o embanderados con una idea política que no compartíamos. Además, nunca quisimos enrolar a nuestro teatro ni a nuestras actividades artísticas con ninguna ideología y en ese entonces, pleno auge del peronismo, toda manifestación que ofreciera o patrocinara el Gobierno quedaba automáticamente marcada como peronista (Bernardo y Bianchi, 1991, 54).

Cumplimentada y aprobada la evaluación solicitada por la Dirección General de Festejos y Ornamentaciones, quedaron inscriptas en el registro municipal y, a partir de ese momento, fueron convocadas para realizar funciones en plazas, calles, colegios, hogares de menores e institutos carcelarios. Este auspicioso comienzo, sin embargo, no se sostuvo.

También en este punto, podemos considerar la relación de La Cortina con el Estado como un antecedente, ya que, en comparación con otras agrupaciones del movimiento, fue una de las pocas que contempló abiertamente este vínculo, admitiendo cierta necesidad de las entidades gubernamentales y -aún con distancias ideológicas- estando dispuesta a negociar (Fukelman, 2017). La necesidad de independencia en el terreno de la política, en cambio, sí se dio en relación a los partidos políticos, hecho que se observa en el temor recurrente a ser "absorbidas" por el peronismo (Bernardo y Bianchi, 1991).

Por otra parte, la idea de la "independencia de la boletería" es inseparable de la idea de profesionalismo sostenida por Bernardo y Bianchi: no se trata solo de que el artista asuma su tarea de forma profesional, es decir con "seriedad", sino también de que reciba un pago por realizarla. En ese sentido, se desprende de los testimonios de ambas la importancia atribuida a la presencia del público, ya que esta era la única forma de cumplir con los contratos de sala. Sin embargo, las artistas encontraron alternativas a la boletería. Así optaron por vender golosinas en los intervalos, fabricar muñecos o trabajar en los medios audiovisuales o en publicidades. En todos estos casos, el beneficio económico descansó en el trabajo para público infantil.

Palabras finales

¿La inclusión del término "libre" alcanza para considerar al TLAT entre los grupos del movimiento de teatros independientes? ¿Es "libre" el término indicado para dar cuenta de esta experiencia? El haber mantenido -o intentado mantener- un vínculo con organismos oficiales ¿es motivo suficiente para negarle la categoría de "independiente"?

Jorge Dubatti insiste en la variedad propia del movimiento teatral independiente y en que los deslizamientos entre los distintos términos -teatro "independiente", "libre", "experimental", "universitario", o "asociación", "instituto", "organización", etc.- genera una ambigüedad que debe ser incluida en la riqueza del movimiento teatral (2012b). Los modos de producción específicos del teatro de títeres invitan a reflexionar sobre algunas cuestiones que no fueron problematizadas por los colectivos de teatro de actores nucleados en el movimiento de teatros independientes. En este sentido, las discusiones en torno a la pertinencia de los términos "libre", "independiente" o "experimental", desarrolladas a propósito del teatro de actores, no resultan tan fácilmente trasladables al terreno de los títeres.

En una breve publicación, realizada con motivo del 40mo aniversario, titulada *Títeres. Mane Bernardo-Sarah Bianchi 1947-1987*, se recuperaba la trayectoria de la compañía solapando la labor desarrollada en el TLAT (ambos) y el retablo que llevó el nombre de ambas y sin distinción mediante. Sin embargo, las artistas dejan entrever un corte en su trayectoria

> del 47 al 54 habíamos estrenado y manteníamos en cartel un repertorio para adultos de más de veinticinco obras con sus montajes completos, escenografías, utilerías y vestuarios; teníamos cinco autores nacionales de valía y tres teatros equipados para diferente tipo de espectáculos. Habíamos también incorporado escenógrafos, músicos, fotógrafos y realizado tres exposiciones del material plástico-escénico; habíamos filmado dos películas, habíamos probado las posibilidades de la televisión, actuando en salas teatrales importantes y dando funciones al aire libre en cualquier parte, montado un taller de venta de muñecos y conseguido un público y un ambiente de respeto a nuestros nombres (1991, 93).

Esta nueva etapa supone, como dijimos, el comienzo de un trabajo que se inserta en el terreno experimental, entendido a partir de la propuesta antes citada de Bernardo según la cual lo experimental se fundamenta en el diálogo con otras formas artísticas y en el cruce de técnicas de manipulación, idea que puede pensarse como una preocupación por "cuestiones centradas en lo artístico" (Dubatti, 2012b).

A decir de Marial, "los teatros independientes no son teatros experimentales, aunque su planteamiento general de búsquedas y estudios les lleve en ocasiones a realizar experiencias, muchas de ellas incorporadas más tarde a la práctica general de nuestra escena. (...) es un teatro de arte cuya misión primordial la constituye su lucha por la dignificación total de la escena y la elevación artística y cultural del pueblo" (1955, 189). Esta idea de dignificación de la escena y elevación artística y cultural del pueblo se verifica tanto en el repertorio de la agrupación como en los escritos teóricos de ambas artistas. Tal como señala Fukelman "la relación entre lo experimental y el teatro independiente podía darse, pero no era obligatoria. Es decir, no todos los grupos innovaban estéticamente y se podían servir de procedimientos vanguardistas en diferentes gradaciones" (2017, 309).

Entonces, para ser comprendido como uno más entre los teatros independientes, la experiencia del TLAT, encabezada por Bernardo y Bianchi, debe ser leída considerando las distintas discusiones terminológicas en torno a estos, pero también, y fundamentalmente, considerando las particularidades de los modos de producción del teatro de títeres.

Bibliografía

Bernardo, Mane. "Los títeres en nuestro Instituto". *Boletín de Estudios de Teatro*, 8, 1945, pp. 47-52.

---. *Títere: magia del teatro*. Ediciones Culturales, 1963.

--- y Sarah Bianchi. *Cuatro manos y dos manitas*. Tu Llave, 1991.

Briglia, Mario. "El Teatro Libre Argentino de Títeres, Obra de arte de Mane Bernardo y Sara Bianchi". *El Hogar*, 2152, 9 de febrero 1951, pp. 10 y 62.

Dubatti, Jorge. "Para la historia del teatro independiente en Buenos Aires: los 'Estatutos' de la Agrupación Teatral La Cortina en 1940 (edición y comentario)". *Anuario de Estéticas y Artes*, año 4, vol. 4, 2012, pp. 17-24.

---. *Cien años de teatro argentino: del Centenario a nuestros días*. Biblos, 2012.

Fukelman, María. *El concepto de "teatro independiente" en Buenos Aires, del Teatro del Pueblo al presente teatral: estudio del período 1930-1944*. Tesis de doctorado, Facultad de Filosofía y Letras, Universidad de Buenos Aires, 2017.

Girotti, Bettina. "El teatro de títeres en Argentina: desde la colonia hasta los pioneros". *Anagnórisis. Revista de investigación teatral*, 12, 2015, pp. 174-193.

Marial, José. *El teatro independiente*. Alpe, 1955.

Pérez, Inés. *El hogar tecnificado. Familias, género y vida cotidiana: 1940-1970*. Biblos, 2012.

Roca, Cora. *Las leyes del teatro independiente 2004-2015. Reconocimiento, voluntad y gestión*. Eudeba, 2016.

"Vida y alma de los títeres del Instituto". *Boletín de Estudios de Teatro*, 14, 1946, pp. 160-167.

Dramaturgia recuperada de Eduardo Pavlovsky: *Camellosinanteojos* (1963)

Jorge Dubatti

En 2010, tras muchos años de búsqueda, logramos recuperar tres textos dramáticos de Eduardo Pavlovsky (Buenos Aires, 1933-2015) que se consideraban perdidos, parte fundamental de su producción en la década del sesenta: *Camello sin anteojos* (1963), *Hombres, imágenes y muñecos* (1963) y *Circus-loquio* (1969, escrito en colaboración con Elena Antonietto).

Los publicamos en el tomo VII del *Teatro completo* de Pavlovsky (2010), con un estudio preliminar en el que destacamos el vínculo de estas piezas con el –así llamado por el mismo autor– "teatro de vanguardia" (Pavlovsky, 1967, 5-12). Se trata de una serie insoslayable en los procesos de modernización del teatro argentino, según fecha de escritura: *Somos* (1961), *La espera trágica* (1961), *Regresión (El hombre)* (1962), *Camello sin anteojos* (1963), *Hombres, imágenes y muñecos* (1963), *Un acto rápido* (1965), *Robot* (1966), *Alguien* (1966), *Match (Último match)* (1967) –estas dos últimas escritas en colaboración con Juan Carlos Herme–, *La cacería* (1967) y *Circus-loquio* (1969).

El objetivo de nuestra ponencia es caracterizar la poética de *Camello sin anteojos*[29] según la metodología de la Poética Comparada.[30] Realizaremos observaciones sobre la micropoética de *Camello sin anteojos* y estableceremos relaciones con las macropóeticas de Pavlovsky y de Eugène Ionesco, así como con las poéticas abstractas del drama moderno (en su

---

[29] Todas las citas se harán por la edición del *Teatro completo VII*, 2010: 33-46.

[30] Disciplina que combina el Teatro Comparado y la Poética Teatral y estudia la poética desde la consideración de los fenómenos de territorialidad, inter-territorialidad, supra-territorialidad e intra-territorialidad, y en procesos de territorialización, desterritorialización y reterritorialización. Parte de la distinción y relaciones entre micropoética (análisis del individuo poético en su singularidad y heterogeneidad interna), macropoéticas (análisis de grupos o conjuntos de micropoéticas consideradas en sus relaciones y diferencias) y poéticas abstractas (construcciones teóricas cuya formulación va más allá del estudio de los individuos y los grupos). Véase Dubatti, 2012, 127-142.

versión paródica del drama realista de tesis) y la posvanguardia (entendida como el legado de los campos procedimentales de la vanguardia histórica, pero vaciados de su fundamento de valor original).[31] Preferimos tener en cuenta estas poéticas abstractas y no la del "teatro del absurdo" (Esslin, 1961, 1966) porque, si bien en las conversaciones de *La ética del cuerpo* Pavlovsky define *Camello sin anteojos* como "plenamente absurdista" (1994, 26),[32] también cuestiona esta categoría en los años sesenta (1967, 5)[33] y prefiere la de "realismo exasperado" propuesta por LordaAlaiz (1964) y la de "vanguardia". Posteriormente, la poética de teatro del absurdo ha sido revisada por diversos investigadores (entre otros, el mismo Esslin, 1970; WladimirKrysinski, 1999; Michel Pruner, 2003).

Ya señalamos en el estudio preliminar al tomo VII del *Teatro completo* de Pavlovsky que el autor de *Camello sin anteojos* prefiere el término "vanguardia" porque lo considera una gran tendencia abarcadora de muchas poéticas y procedimientos de modernización y experimentalismo (entendido como radicalización de lo nuevo intra-institucional, según U. Eco, 1988, a diferencia del anti-institucionalismo de la vanguardia histórica). Su concepto de "vanguardia" excede el concepto de "teatro del absurdo", y lo incluye. Es evidente que el fundamento de valor que unifica las once piezas de su "teatro de vanguardia" no es exclusivamente la percepción del absurdo de la existencia y del mundo, sino una más abarcadora radicalización de lo nuevo entendida como experimentación profunda, de contraposición, en el campo de las convenciones del lenguaje teatral,[34] válido en tanto metáfora epistemológica de una ampliación del concepto de realidad. Pavlovsky encuentra en el teatro de este período una herramienta de expresión que le sirve como dispositivo de desautomatización y

---

[31] Véanse sobre las respectivas poéticas, Dubatti 2009 y 2016.

[32] Declara Pavlovsky en la entrevista: "Era una pieza plenamente absurdista, género para el que estábamos muy entrenados, vivíamos un momento en que el absurdo tenía fuerza porque develaba niveles de contradicción con que se manejaba la realidad" (1994, 26).

[33] Escribe Pavlovsky: "Entiendo como extraña la denominación de *teatro del absurdo* porque ha sido en general mal interpretada, aun para aquellos que aceptaban la línea de ruptura de este tipo de teatro" (1967, 5).

[34] Sobre esta caracterización de "lo nuevo" en el teatro del período 1947-1970, ver Marco De Marinis, 13.

ampliación del régimen de experiencia de lo real-cotidiano. Pavlovsky advierte que el teatro ofrece una "realidad pluridimensional" que recursivamente produce afectación y modifica la existencia:

> Pienso que la imagen [teatral] es la encargada de fusionar símbolo, fantasía y realidad. Para mí estos tres elementos conjuntos dan una nueva dimensión y esa dimensión es la que intento elaborar en mi teatro. Si logro plasmar estos tres elementos en una obra teatral, quedo satisfecho, porque siento que me acerco un poco a una realidad pluridimensional, que es lo que personalmente busco en el teatro, porque no concibo otra realidad que no sea ésa. Para mí es mucho menos real una comedia española que una obra de Beckett. (1967, 10)

¿Por qué la conexión entre las macropoéticas de Ionesco y Pavlovsky? ¿Existió un vínculo histórico entre Ionesco y el teatro argentino? Hemos estudiado los múltiples contactos (ediciones, puestas en escenas, ensayística, visita del autor rumano, etc.), y en particular la relación entre Ionesco y la dramaturgia/el pensamiento teatral de Pavlovsky, entre 1950-1976; al respecto, por razones de espacio, remitimos a nuestro trabajo sobre el tema (Dubatti, 2021). Mencionemos que diversas ediciones argentinas de Ionesco (Nueva Visión, Losada y Revista *Sur*, 1960, 1961a y b, 1962, 1963, 1965), pudieron ser consultadas en los sesenta por Pavlovsky.

Camello sin anteojos fue estrenada por el grupo independiente Yenesí,[35] con dirección de Julio Tahier, el 5 de noviembre de 1963, en la sala de Nuevo Teatro (Suipacha 927), donde se presentó todos los lunes siguientes de noviembre, a las 22.15hs (segundo horario nocturno). Integró un programa de tres obras breves: Primera parte, *Color de ciruela*, de Juan Carlos Herme; Segunda parte, *Camello sin anteojos* y *Escena de cuatro*, de Eugène Ionesco. El elenco de *Camello sin anteojos* estuvo integrado por Diego Montes (Delegado), Eduardo Pavlovsky (Orador), Teresita Costa Lima (Señora del Público), Horacio Clemente (Señor Pérez que se llama Pérez y Señor Pérez que no se llama Pérez).[36] Según el texto recuperado, Pavlov-

---

[35] Para la historia del Yenesí, véase Dubatti, 2000.

[36] Es llamativo que en el programa de mano no se nombra al equipo creativo en vestuario, escenografía, iluminación, sólo al elenco y al director.

sky pensó originariamente el personaje de "El Señor del Público" para ser interpretado por un actor varón.

Detengámonos en la micropoética del texto dramático de *Camello sin anteojos*. La forma breve y el subtítulo (que califica a la pieza, metateatralmente: "Sketch. Juguete cómico", 34) ponen el acento en su *status* menor o de género chico, en su carácter de esbozo o croquis, al mismo tiempo que en la deliberada voluntad de producir risa.[37] La comicidad, en sus distintas variantes (entre ellas el humor negro[38]) es una transpoética que transversaliza todos los campos procedimentales de la posvanguardia (el "torpedeo" o violencia destructiva, el "rattrapage" de lo premoderno, las zonas propositivas: otro concepto de teatralidad no-representativo, la liminalidad, el irracionalismo, el conceptualismo). Sobre la voluntad de hacer reír como forma de producir emoción y pensamiento en *Camello sin anteojos*, reflexiona Pavlovsky en las conversaciones de *La ética del cuerpo*:

> Era una obra breve, un "juguete cómico", que escribí para el Yenesí en 1963. Un orador iba a dar una conferencia en un lugar equis pero se veía interferido constantemente por un sindicalista que le vetaba cada afirmación. Trabajaba Teresita Costa Lima, una de las mejores actrices cómicas que he visto en mi vida, en el personaje de una petisa que se exaltaba y quería escuchar a toda costa la conferencia. Se daba una serie de malentendidos muy cómicos. (1994, 26)

Desde el ángulo de la historia, la pieza despliega una situación única y tópica, codificada: una conferencia. Pueden esperarse ciertas funciones o instancias prototípicas en la dinámica de una conferencia: reunión del público en el auditorio, llegada del orador, dictado de la conferencia, desarrollo de un tema determinado, preguntas del público sobre lo escuchado y respuestas del orador, cierre. El espacio también es previsible en términos prototípicos de un auditorio de conferencia: una mesa con silla para el conferencista, vaso y agua, frente a ella hileras de sillas

---

[37] Pavlovsky nunca precisó por qué no incluyó esta pieza (tampoco *Hombres, imágenes y muñecos*) en los dos tomos de su *Teatro de vanguardia* (1966 y 1967), tal vez consideró estos textos menos significativos o logrados que los efectivamente publicados.

[38] Se destaca al respecto la *Antología del humor negro*, de André Breton (2007).

donde se ubican los oyentes. Pavlovsky trabaja paródicamente a partir del reconocimiento realista de la conferencia (ilusión de contigüidad entre la sociedad y el mundo representado en la ficción) y la transgresión cómica de ese modelo.

Podemos dividir esta única situación en 16 micro-unidades internas para una comprensión de su complejidad:

	Micro-unidades	Breve descripción	Págs.
1	Transición-espera antes del comienzo de la conferencia	El público (dos personajes: El Delegado, El Señor del Público), ya ubicado en las sillas, espera la llegada del conferencista	34
2	Llegada de El Orador y preparación inmediata para iniciar la conferencia	El conferencista (El Orador) ordena sus papeles y se dispone a iniciar la conferencia	34
3	Conferencia	Ajeno a la presencia del público, el conferencista inicia su lectura, pero habla rápido y bajo. El Delegado y el Señor del Público se aproximan para intentar escucharlo. Su iniciativa no da resultado y vuelven a sus lugares.	34
4	El Delegado interrumpe la conferencia	El Delegado reclama al conferencista que hable más fuerte. Lo exige como representante del público en todos los teatros de la ciudad, designado por el Sindicato del Público de Teatro. El Orador acepta la corrección de El Delegado e indica dónde retoma su lectura.	35-36
5	El Señor del Público vuelve a interrumpir la conferencia	Ahora El Orador es interrumpido por El Señor del Público, con la oposición de El Delegado. Ambos se cruzan políticamente (El Señor del Público se declara conservador y antisindicatos). El Orador pide permiso a El Delegado para continuar.	36-38
6	El Orador retoma su conferencia	La conferencia se centra en el uso del documento para identificar a las personas. Pone como ejemplo inicial a dos personas que se llaman Juan Pérez.	38-39

7	El Delegado vuelve a interrumpir la conferencia	El Delegado pregunta qué pasaría si Juan Pérez no se llamara Juan Pérez. El Delegado y El Orador se embrollan en preguntas y argumentaciones.	39
8	El Señor del Público se suma a la discusión sobre la conferencia; los tres discuten sobre el ejemplo propuesto por El Orador	Interviene en la discusión El Señor del Público y propone resolver el problema matemáticamente. Los tres se enredan en deducciones matemáticas cuyo resultado coincide con el número de cédula de identidad del Señor Pérez que se llama Pérez y de El Señor Pérez que no se llama Pérez. Elogian a la ciencia y a la policía.	39-43
9	Se suma El Señor Pérez	Ingresa al auditorio un hombre que pregunta por la conferencia "Camello sin anteojos". Intentan sintetizarle lo ya hablado, pero el hombre se muestra confundido.	43-44
10	El Señor Pérez reconoce que hablan de él	El hombre se sorprende de que el número de cédula al que se refieren es el suyo, y declara ser El Señor Pérez. Entrega a El Orador su cédula. Cuando le preguntan por El Señor Pérez que no se llama Pérez, señala que está afuera por vergüenza ya que no le gusta que los confundan.	44-45
11	El Señor Pérez sale a buscar a El Señor Pérez que no se llama Pérez	A pedido de El Orador y El Señor del Público, el Señor Pérez va en busca de El Señor Pérez que no se llama Pérez.	45
12	Transición-espera del ingreso de El Señor Pérez y El Señor Pérez que no se llama Pérez	El Orador, El Señor del Público y El Delegado aguardan con expectativa el ingreso de El Señor Pérez y El Señor Pérez que no se llama Pérez.	45
13	Ingresa solo El Señor Pérez que no se llama Pérez y muestra su cédula igual a la del Señor Pérez.	El Señor Pérez que no se llama Pérez afirma que El Señor Pérez se quedó afuera por miedo a que los confundan. Sostiene que se diferencian por la cédula de identidad, pero ambas son iguales: el mismo número, la misma tapa verde, la misma mancha gris en la tapa. Habla de "nuestra cédula de identidad" y se la entrega a El Orador.	45-46

14	El Orador da por terminada la conferencia y la aclaración del caso.	Para cerrar su conferencia, El Orador ordena sus papeles y empieza a enunciar una conclusión, que es interrumpida cuando…	46
15	El Señor Pérez que no se llama Pérez se coloca anteojos negros, arruina la conferencia y se retira enojado con El Delegado	El Señor Pérez que no se llama Pérez saca unos anteojos negros y se los pone, El Orador trata de impedirlo justificando que esto arruina las conclusiones de la conferencia. El Señor Pérez que no se llama Pérez insiste en ponérselos porque le arde la vista, el Delegado lo apoya y ambos se retiran muy enojados.	46
16	El Orador y El Señor del Público declaran el fracaso de la conferencia y sus deducciones matemáticas y se abrazan desconsolados	El Orador sostiene que la única diferencia que existe entre El Señor Pérez y El Señor Pérez que no se llama Pérez radica en que el último usa anteojos negros cuando le arde la vista. Se abrazan compadeciéndose mientras cae el telón.	46

La parodia (procedimiento característico de una de las versiones del drama moderno) atraviesa todas las instancias de construcción de esta situación de conferencia. En la disposición del espacio, Pavlovsky propone que "en el caso de que no haya suficientes sillas, se colocarán cuatro sillas en fila india" (34), transgrediendo la espacialización convencional.

El Orador empieza a dictar la conferencia sin sacarse el sombrero y olvidado de la presencia del público, en dirección contraria a la *captatio benevolentiae* del expositor. Solo se ven en escena dos espectadores, pero El Orador habla del público como si hubiese más personas: "[…] las demás personas integrantes del público pueden estar molestas de nuestro diálogo" (35), y El Delegado repite: "Las demás personas del público tampoco lo oyen" (35). No se trata en este caso, como en *La espera trágica* (Pavlovsky, 1966), de la presencia invisible de un grupo de espectadores, sino de la falta de atención de El Orador, que no parece estar registrando la ausencia de personas en el auditorio. El Delegado parece referirse en plural a quienes representa sindicalmente. Más adelante, la micro-unidad 5, El Orador insistirá cuando se peleen El Delegado y El Señor del Público: "Un poco de calma. Tiene que seguir la función. Por el público señores.

Por el público" (37), acaso en doble referencia, metateatral o autorreferencial, a los espectadores ausentes de la conferencia (en la ficción) o al público presente en la sala de Nuevo Teatro (en la vida cotidiana).

Pavlovsky encuentra comicidad, además, al imaginar un Sindicato de Público de Teatro que nombra un representante por reglamento y en votación democrática: tiene el "derecho de representar al público en todos los teatros de la ciudad" y goza además del "derecho social" de "interrumpir la obra cuando quiera y las veces que quiera" (36). Pavlovsky parodia el *modus operandi* de gremios y sindicatos, llevándolo al paroxismo de la prepotencia y el autoritarismo.

Como toda conferencia esta tiene su título, del que nos enteramos ya avanzada la obra cuando ingresa El Señor Pérez: "Camello sin anteojos". Coincide con el nombre de la pieza teatral. El título resulta desconcertante, opaco, disparatado en su referencialidad. ¿Se hablará en la conferencia de un "camello"? ¿Acaso los camellos usan anteojos y este no los tiene? ¿Debe entenderse por "camello" un uso simbólico del término? Se trata de un jeroglífico o de un *nonsense*, a la manera del personaje (¿es realmente un personaje?) de "La cantante calva", al que se hace referencia en la obra homónima de Ionesco y que da también título a la obra.

La conferencia es extensísima, según se deduce de los "muchos" (34) papeles y el número de sus páginas (cuando retoma la conferencia dice estar en la "página 226, capítulo 8, renglón 17, no perdón, renglón 14", 36), en desfasaje con el formato breve de la pieza teatral. Entre los tres fragmentos a los que accedemos del texto de la conferencia: "Poco antes de clausurarse la temporada (...)", "Los baletómanos empuñan sus gemelos (...)" (ambas en la micro-unidad 4, 35 y 36 respectivamente) y "En ciertas circunstancias especiales debería uno preocuparse..." (micro-unidad 6, 38-39) no parece haber unidad temática, ni cohesión ni coherencia. La conferencia desconcierta tanto por el título como por el contenido de sus pasajes, que parecen proceder de textos/contextos diferentes o apelar al irracionalismo de la imagen dadá o surrealista (procedimientos que provienen del legado de la vanguardia histórica en la posvanguardia).

La parodia avanza también sobre las argumentaciones y discusiones de El Orador, El Delegado y El Señor del Público, especialmente en las micro-unidades 6, 7 y 8. Toda lógica argumentativa, todo racionalismo lógico o matemático se ven llevados al disparate: se invoca a la ciencia y a la policía por su sabiduría, pero se sintetiza que se multiplican "números por Pérez" (40), "ojos por números, dientes por caras" (44). Nunca se llega a la certeza de una tesis o afirmación principal, por lo que tampoco se comprende el "fracaso" (46) que admiten El Orador y el Señor del Público en el desenlace. Pavlovsky plantea una causalidad inextricable, pero que finalmente tiene su razón. Al respecto resulta valiosa la reflexión de Pavlovsky cuando evoca a la distancia *Camello sin anteojos* en *La ética del cuerpo*:

> Otra vez en esta obra se instala una cierta desconfianza en los discursos, una especie de escepticismo ritual. En esta obra el orador era minado en sus certidumbres por este gremialista –un terrible hinchapelotas– y todo predicado se transformaba en un malentendido entre los tres. (...) En todas mis obras me parece encontrar una descreencia en los discursos hegemónicos. Juego con la presentación de un discurso que parece creíble pero al que inmediatamente opongo otro que lo "descree" (...) Hay un discurso que dice: "Yo les voy a demostrar cómo es la vida, el sol, la muerte..." e inmediatamente aparece otro discurso que dice: "La vida no es así, no hay sol solamente, es algo más complejo..." (1994, 26)

En el tercer pasaje de la conferencia del Orador, este mecanismo queda ilustrado internamente, es decir que no hace falta que lo discuta o ponga en crisis El Delegado, porque es constitutivo de la pragmática misma del Orador, quien se sabotea a sí mismo: "En ciertas circunstancias especiales debería uno preocuparse por todos los elementos que integra el sistema. De todas maneras, los sistemas no siempre deberían llamarse sistemas. Se puede reemplazar el sistema por algo que no sea sistema" (38). En apenas tras oraciones propone afirmativamente la noción de sistema (término de proveniencia científica), cuestiona la noción de sistema y termina desplegando el concepto de no-sistema o antisistema. Pavlovsky juega cómicamente con la anulación de toda certeza, la ruptura del binarismo y la proposición del tercero incluido (lo que es y no es al mismo tiempo) y el oxímoron (la imagen que reúne a los contrarios, como en el nombre de El Señor Pérez que no se llama Pérez).[39]

Con estos procedimientos paródicos Pavlovsky ataca los fundamentos de la poética del drama moderno (Dubatti, 2009): la confianza en que el mundo puede conocerse y controlarse; la ilusión realista de contigüidad del arte con la sociedad contemporánea; la creencia en el lenguaje como medio de comunicación y herramienta de exposición de una tesis (entendida como una predicación relevante sobre el mundo social); la posibilidad de que el teatro ayude a comprender mejor la sociedad y a transformarla en su proyección hacia el futuro. La poética posvanguardista de Pavlovsky nos propone que el mundo es más complejo, menos lineal, con pocas certezas y requiere de un mayor esfuerzo de intelección, cuando no nos confronta con un límite de resistencia y negatividad. Por lo tanto, no podríamos hacer valer autorreferencialmente algunas expresiones que proliferan en *Camello sin anteojos*: "no se entiende nada", "no entiende nada" (en didascalias, 34), "Yo no entiendo nada", afirma El Delegado (40). Pavlovsky propone una semántica propositiva que observa el mundo como fenómeno complejo, contra las simplificaciones de la razón lógica.

Por otra parte, Pavlovsky se vale de esta poética para inscribir una cartografía política territorializada: la tensión entre gremios trabajadores y "conservadores" "derechistas" (37); la referencia crítica a "la policía" que hace mucho más que "dirigir el tránsito y coimear" e, irónicamente, es "sabia" (42 y 43) porque "descubre todos crímenes del mundo" (43).

Sostenemos que Pavlovsky toma esta versión paródica del drama moderno de la macropoética de Ionesco, ya que está presente en los textos dramáticos escritos y publicados por el autor rumano en las décadas del cincuenta y sesenta, es decir, en la macropoética que incluye *La cantante calva* (1950), *La lección* (1951), *Las sillas* (1952), *Víctimas del deber* (1953), *Siete pequeños sketchs* (1953, entre ellos *El maestro* y *La joven casadera*), *Amadeo o cómo salir del paso* (1954), *Jacobo o la sumisión* (1955), *El cuadro* (1955), *El Impromptu del Alma* (1956), *El porvenir está en los huevos* (1957), *El nuevo inquilino* (1957), *Asesino sin paga* (1959), *Escena de cuatro* (1960), *Delirio a dúo*

---

[39] Pavlovsky llamará *Tercero incluido* a la pieza breve que presentará en Teatro Abierto 1981.

(1961) y *El peatón del aire* (1962). No incluimos en esta macropoética*El rinoceronte* (1960) y *El rey se muere* (1962), ya que podríamos reconocer en estos textos un giro de su teatro hacia otras estructuras poéticas. La mayoría de las obras de Ionesco correspondientes a esta macropoética (que pueden ser leídas desde la poética abstracta de la versión paródica del drama moderno o de la posvanguardia) estaban disponibles a principios de los sesenta en los volúmenes de Losada.

Recordemos que en el programa doble del grupo Yenesí*Camello sin anteojos* se presentó, en la Segunda Parte, junto a *Escena de cuatro*, de Ionesco (en la que Pavlovsky encarnó el personaje de Durand). En *Camello sin anteojos* Pavlovsky recurre a la forma breve característica de algunas piezas de Ionesco, y la llama como él: "sketch". La situación de conferencia de *Camello sin anteojos* evidencia el intertexto de *Las sillas* y *El maestro* (uno de los *Siete pequeños sketchs*) y la proposición sobre la ruptura del principio realista de individuación humana (cada persona es diferente o diversidad del mundo, base del realismo) aparece en *Jacobo o la sumisión*. Casi toda la familia se llama "Jacobo"; Roberta I y Roberta II son representadas por la misma actriz, como en el caso de El Señor Pérez y El Señor Pérez que no se llama Pérez, encarnados por el actor Horacio Clemente. Como Ionesco, Pavlovsky quiebra la entidad psíquica, física y existencial del personaje único y se asoma a la tensión horrorosa del doble: "La confusión [entre dos Señor Juan Pérez] podría ser terrible, espantosa, macabra", asegura El Orador en el tercer tramo de su conferencia, poniendo el acento en las aristas perturbadoras, angustiantes de la existencia, de acuerdo con la concepción de Pavlovsky de una "realidad pluridimensional" (1967, 10).

En cuanto a este último aspecto, Pavlovsky rompe con la oposición de caracteres del realismo al proponer dos personajes "iguales" físicamente, con el mismo número de cédula de identidad, que se reconocen a sí mismos como "muy parecidos" y les da "vergüenza" o "miedo" de que "nos confundan" (45). Sin embargo, Pavlovsky va por más: cuestiona el procedimiento de duplicación del mismo individuo otorgándoles nombres diferentes (El Señor Pérez que se llama Pérez y El Señor Pérez que no se llama Pérez) y el uso de las gafas oscuras en uno de ellos cuando le arden los ojos. Pavlovsky se propone una metamorfosis permanente, una dialéctica constante, que no haya punto fijo o estabilidad inmóvil en el vínculo con la existencia. Contra "los sacrificios de la ciencia" (42) y "el éxito de las matemáticas" (45). Hay que "dividir todo por la constante tuerta" (42), suerte de propuesta patafísica (en la tradición, desde la posvanguardia, de Alfred Jarry, 2000 y 2004). Acaso incorporar esta proposición a la propia existencia constituya el sentido más profundo de su *Camello sin anteojos* para ampliar los límites de la realidad.

Bibliografía

Breton, André. *Antología del humor negro*. Anagrama, 2007.
De Marinis, Marco. *El nuevo teatro 1947-1970*. Paidós, 1988.
Dubatti, Jorge. "Teatro independiente y vanguardia: contribución a la historia del grupo Yenesí". En: Osvaldo Pellettieri ed., *Propuestas sobre el fin de siglo*. Universidad de Buenos Aires y Editorial Galerna, 151-162, 2000.
---. *Concepciones de teatro. Poéticas teatrales y bases epistemológicas*. Colihue Universidad, 2009.
---. *Introducción a los estudios teatrales. Propedéutica*. Atuel, 2012.
---. "Para la teoría y la historia de la vanguardia artística/política en el teatro". *La Escalera. Anuario de la Facultad de Arte*. Universidad Nacional del Centro de la Provincia de Buenos Aires, Tandil, 26, 2016, pp. 13-50.
   http://www.ojs.arte.unicen.edu.ar/index.php/laescalera
---. "Para la recepción de Eugène Ionesco en la Argentina (1950-1976): Eduardo Pavlovsky, políticas de la diferencia". En: Germán Brignone y Abel González Melo, eds., *Teatro actual en español. Homenaje a José-Luis García Barrientos. I. Estudios*. Ediciones Antígona, 135-152, 2021.
Eco, Umberto. "El Grupo 63, el experimentalismo y la vanguardia". En su *De los espejos y otros ensayos*. Lumen, 99-111, 1988.
Esslin, Martin. *TheTheatre of theAbsurd*. Anchor Books, 1961.
---. *El teatro del absurdo*. Seix Barral, 1966.
---. "Nouveauxregards sur le théâtre de l'absurd". En su *Au de-là de l'absurd*. EditionsBuchet/Chastel, 259-269, 1970.
Ionesco, Eugène. *El rinoceronte*, trad. Francisco Javier. Nueva Visión, 1960.
---. *Teatro I*, trad. Luis Echávarri. Losada, 1961a.
---. *Teatro II,* trad. Luis Echávarri. Losada, 1961b.
---. *Teatro III*, trad. María Martínez Sierra. Losada, 1962.
---. "La lección del teatro está más allá de las lecciones", traducción de María Luisa Bastos.*Sur*, 282 (mayo-junio), 5-10, 1963.

---. *Notas y contranotas. Estudios sobre el teatro*, trad. Eduardo Paz Leston. Losada, 1965.

Jarry, Alfred. *Siloquios, superloquios, soliloquios e interloquios de Patafísica*, traducción de Víctor Goldstein. Atuel – Anáfora, 2000.

---. *Gestas y opiniones del Doctor Faustroll, patafísico*, traducción de Víctor Goldstein. Atuel, 2004.

Krysinski, Wladimir. "El lenguaje teatral de Ionesco". *Itinerarios*, 2, 11-16, 1999.

LordaAlaiz, F. M. *Teatro inglés. De Osborne hasta hoy*. Taurus, Col. Primer Acto, 1964.

Pavlovsky, Eduardo. *Teatro de vanguardia*. Ediciones Cuadernos de Siroco, 1966.

---. *Match y La cacería*. Ediciones La Luna. Incluye el metatexto de Pavlovsky "Algunos conceptos sobre el teatro vanguardia", 5-12, 1967.

---. *Reflexiones sobre el proceso creador / El Señor Galíndez*. Proteo, 1976.

---. *Teatro completo VII*. Estudio preliminar (pp. 5-31), notas y edición al cuidado de J. Dubatti. Editorial Atuel, Col. Atuel/Teatro, 2010.

Pruner, Michel. *Les théâtres de l'absurde*. Nathan, 2003.

Una mirada desde la Poética Comparada a la gestión cultural. Caso Grupo Matacandelas, Medellín-Colombia

Dayra Restrepo

Poética Comparada y Gestión Cultural

Este artículo es parte del proyecto de tesis para la Maestría en Gestión Cultural de la Facultad de Filosofía y Letras de la UBA. Se constituye en un primer acercamiento a la discusión respecto de los aportes que la Poética Comparada puede brindar al área de la gestión cultural en el campo teatral. Indaga sobre otras dimensiones diferentes de la económica, que puedan contribuir al análisis de la sostenibilidad[40] alcanzada en la gestión de la Asociación Colectivo Teatral Matacandelas[41] entre el 2004 y el 2017.

La Poética Comparada (Dubatti, 2008, 73) ofrece un andamiaje metodológico de investigación que busca, por una parte, el acercamiento al análisis del acontecimiento poético teatral referido a una territorialidad que lo hace singular, que lo ubica en un contexto geográfico, histórico y cultural determinado; y por otra, la exploración desde la base epistemológica de la poíesis a partir de tres ángulos: estructura, trabajo y concepción.

Apelando a los factores de interdisciplinariedad que engloba la gestión cultural y entendiendo por esta la definición que ofrece el Ministerio de Cultura de Colombia, donde:

> Se entiende por gestión cultural el conjunto de acciones de dirección, coordinación, planificación, evaluación, seguimiento y ejecución destinadas a facilitar, promover, estimular, conservar y difundir las diferentes actividades y manifestaciones culturales en condiciones de libertad y equidad, orientadas a fomentar el ejercicio de derechos, el acceso

---

[40] En particular se entenderá por sostenibilidad a la "consideración de los aspectos a largo plazo, es decir, dinámicos, evolutivos, intertemporales e intergeneracionales de la cultura, su oferta y demanda, su producción y consumo" (Throsby, 66).

[41] En adelante Matacandelas.

a oportunidades y el mejoramiento de los estados de bienestar de las personas (Min Cultura, 2013, 10).

Consideraremos entonces que, si la gestión cultural implica un tipo de trabajo para la cultura, refiriéndonos al sector específico del teatro, ello comporta "trabajo humano de producción del ente poético" (Dubatti, 2010, 58). Los bienes y servicios de orden artístico dependen directamente de las características del producto, en este caso la puesta en escena, es decir el ente poético. Para lograr los aspectos propuestos por la gestión cultural desde la perspectiva del Estado colombiano, se tendrá que analizar también las características de las actividades y manifestaciones culturales, las que en este caso corresponden al acontecimiento teatral. De manera que, conociendo la dinámica de trabajo, estructura y concepción de las micropoéticas del Matacandelas, se dé cuenta de "otras" dimensiones determinantes para la gestión cultural del sector teatral diferentes de la financiera, con la cual se asocia comúnmente el concepto de gestión y que han permitido al Matacandelas desarrollar una trayectoria de treinta y nueve años de producción teatral ininterrumpida.

Dentro del campo de la Economía de la Cultura, FrancoisBenhamou delimita cuatro grandes grupos: los espectáculos en vivo, las artes plásticas, el patrimonio y las industrias culturales; el acontecimiento teatral se ubica específicamente en los espectáculos en vivo entre tanto acontecimiento convivial. En relación con ello Luis Stolovich plantea las dificultades presentes en la "valoración de la producción cultural ofrece problemas desde el punto de vista teórico que exige un tratamiento no convencional" (Stolovich, 9). Expone el valor de uso del producto cultural que fluctúa según "la personalidad del creador", "el contenido inmaterial de las obras" y "el carácter perecedero y efímero" (9), aspectos particularmente estructurales de los espectáculos en vivo y del acontecimiento teatral. Con términos como "personalidad y contenido inmaterial" podemos comenzar a inferir puntos de encuentro con la noción de concepcióndel ente poético. Todo el universo de conformación de un grupo a nivel organizacional trae consigo una historia que inicia con las intenciones de un colectivo de personas por construir un espacio donde puedan dar vía libre a su imaginación y creatividad. Es a través del lenguaje teatral que se produce el encuentro permitiéndoles conectar sus búsquedas estéticas e incluso políticas con el público de su territorialidad. Esas "personalidades" son quienes crean el ente poético y lo llevan al encuentro con el otro expectante. Por tanto, el proceso de trabajo de producción del ente poético, en el caso del Matacandelas, se fue constituyendo en toda una metodología de creación claramente estructurada que trae consigo los espacios para las incertidumbres y no se constituye en método inamovible, por el contrario, permanentemente se mira a sí misma, en un estado de revolución permanente.

Pensar la gestión al interior de un grupo teatral requiere de observar las relaciones que permiten constituir y producir el ente poético entendido este como una unidad compleja de estructura trabajo y concepción. Sin el trabajo no hay una estructura, no puede existir un ente poético; sin una concepción común difícilmente se dan las condiciones en tiempo y espacio para el encuentro de un colectivo de personas que se cohesionan en pensamiento, acción y creación sostenible en el tiempo.

El Matacandelas

El Matacandelas fue creado en 1979. Desde entonces ha desarrollado una amplia trayectoria con presentaciones y temporadas en países como España, Portugal, Francia, Bélgica, Venezuela, Cuba, República Dominicana, Perú entre otros. Recibe el reconocimiento de Patrimonio Cultural de la Ciudad de Medellín en 1991, además de becas y apoyos por parte de la Secretaría de Cultura de Medellín y el Ministerio de Cultura de Colombia. Ha realizado cerca de cincuenta y tres puestas en escena, doce de teatro de títeres. Cuenta con sala propia y el aprecio del público, con más de doscientas funciones al año. Cristóbal Peláez comenta al respecto de la creación del grupo:

> Éramos entonces nueve muchachos aficionados un 9 de enero de 1979, que de pronto creíamos que el teatro podría ser un espacio para no caernos de la infancia y, quizás, una pequeña herramienta que avalaría nuestro ideal de un mundo distinto. Recibíamos con alborozo los perfumes que aún giraban en el aire con la explosión del movimiento nada-

ísta, las baladas adolescentes, las formas innovadoras de la literatura y un teatro que se consolidaba con un cardumen de rebeldes entre los que, por supuesto, tomaban la delantera Santiago García y Enrique Buenaventura. Supimos de una posibilidad para hacer teatro cuya fórmula salvadora era en "grupo", y que a falta de una sólida tradición podríamos crear en "colectivo", algo que sintonizaba muy bien con la precariedad y nuestra ingenua noción del comunismo. Allí donde surgía una idea contestataria, nuestra presencia estaba garantizada por el solo hecho de ser el opuesto a la forma en que habíamos sido "educados". [...] Buscábamos la línea de equilibrio entre Marx y Rimbaud, creyendo que debíamos unirnos a la gran marcha de transformar el mundo como primera etapa para cambiar la vida. (MinCultura, 2015, 16).

Una de las principales características del Colectivo Teatral Matacandelas, desde sus inicios, ha sido la estabilidad en su elenco y la dinámica de relaciones de producción generadas desde la composición de su estructura organizacional interna que parte de la concepción de lo colectivo[42]. Estas características permiten un tiempo de dedicación significativo por parte del equipo de creación, de tal manera que los resultados se ven reflejados tanto en su rendimiento estético como en su gestión a nivel nacional e internacional.

Plantear la importancia de un elenco estable no deja de lado el paso del tiempo, que a su vez propone unas dinámicas propias ante el inminente relevo generacional u ocasional. El Matacandelas en este aspecto fue creando sus propias estrategias con personas externas al grupo que dado el caso se ocupaban de asuntos administrativos y actores invitados. En el caso de lo administrativo, dadas ciertas circunstancias, estos

---

[42] Se comprende por "lo colectivo" al trabajo de creación escénica que caracterizó el movimiento Nuevo Teatro Colombiano. La principal característica de esta etapa fue el trabajo de participación creadora por parte de todos los integrantes de un mismo grupo. Esta relación que pretendía propiciar la participación colectiva cambiaba las relaciones de trabajo (Buenaventura), contraponiéndose a la forma tradicional de montaje en que es el director quien dispone todo lo relacionado a la puesta en escena. Los actores y actrices participan de la escogencia o incluso de la creación misma del texto dramático. Se realiza el análisis, las improvisaciones y posterior definición de lo que será parte de la puesta en escena. Se distribuye el trabajo por comisiones que ponen en común sus avances en cada ensayo. Esta forma de trabajo fue denominada como el método de creación colectiva y ha sido reconocida de esta manera a nivel nacional e internacional.

roles comienzan a ser asumidos por los integrantes de la asociación. De igual manera el crecimiento del grupo llevó a establecer un procedimiento de ingreso para nuevos integrantes, que contemplaba un período de prueba de un año de duración a partir del momento en que realiza la solicitud ante la asamblea y esta lo acepta. Una vez superada la etapa inicial el integrante es considerado parte de la asociación. Evidentemente estos procesos tienen una serie de características que serán deconstruidas en el documento final de investigación, pero es necesario mencionarlas en tanto dan cuenta de las estrategias en la producción del ente poético que hoy les permite seguir siendo un referente en el campo teatral colombiano.

Es importante resaltar la figura del director fundador, en este caso Cristóbal Peláez, quien dinamiza permanentemente la interacción del grupo, donde lo colectivo se constituye en pilar fundante de su sostenibilidad. El director asevera que todos los días el grupo se desarma y todos los días debe rearmarlo, refiriéndose específicamente a lo humano, a las relaciones interpersonales, a la cohesión del colectivo que trabaja día a día por más de 10 horas para el sostenimiento no remunerado, en términos contractuales, del proyecto de vida que se han propuesto los Matacandelas. Al 2017 el grupo ha logrado avanzar sobre garantías del bienestar básico de los actores: salud, comida y vivienda, sin embargo, no puede asumir un pago redituable por el tiempo de dedicación. Peláez señala que los integrantes del grupo no trabajan para Matacandelas, trabajan para ellos mismos, en un trabajo asociativo, colectivo y solidario.

Entre los derroteros llevados adelante por el Matacandelas se destaca el pago total de la deuda por la adquisición del espacio teatral[43], Teatro Matacandelas. La deuda económica más relevante en los primeros años de existencia del grupo y su pago total le permitió centrar sus intereses en otros aspectos superando la consolidación de la sede. Por otro lado, la estabilidad del elenco y la permanencia de obras en repertorio por más de treinta años es una de sus fortalezas. Frente a estos aspectos, la manera en que se ha gestionado la sostenibilidad del colectivo se constituye en una

---

[43] En 1994 el grupo decidió abonar la cuota inicial para la compra del predio donde actualmente se ubica y en el año 2004 logra cancelar la totalidad de la deuda a través de dinero de fuentes mixtas, pero en su mayor porcentaje, auto-gestionado.

experiencia valiosa, arrojando elementos que permiten proponer y caracterizar una forma de gestión para el teatro independiente en Colombia.

La conformación administrativa del grupo consta de una asamblea general de asociados -también llamada "comité de dificultades" -, dedicada a la solución inmediata de asuntos administrativos, una secretaria, un asistente administrativo y un chef. El equipo de actores se distribuyen tareas por roles tales como representante legal, director ejecutivo, productor, coordinación de personal, equipo de comunicación y diseño, coordinador de transporte, vestuario, luces, sonido, tramoya, respecto del funcionamiento de la casa del Teatro Matacandelas. Según la producción en desarrollo se alternan algunos roles. Las asambleas pueden citarse en cualquier momento ya que todos los integrantes siempre se encuentran en la Casa de 10:00 a.m. hasta las 7:00 p.m., o más, si se requiere.

Al indagar sobre el sistema de financiamiento se develan aspectos fundamentales acerca de la noción de trabajo y su concepción. De ello dan cuenta las siguientes proporciones manejadas por el Matacandelas y su sistema de financiamiento sustentado en siete partes: una séptima parte corresponde a los ingresos por convenios con entidades oficiales; otra a los ingresos por taquilla; la venta de servicios (funciones para eventos privados, institucionales y festivales nacionales e internacionales); dos séptimas partes representadas por los aportes en tiempo de trabajo del equipo; y otras dos séptimas partes representadas por lo que nunca ingresa y los define como "gente pobre". Para referirse a esto el director plantea que ellos "trabajan el doble de lo que trabaja un obrero, se ganan la mitad de lo que gana un obrero y se divierten tres veces más que un obrero" (Peláez, 2018).

Palabras finales

En este breve acercamiento, se pueden comenzar a inferir otras dimensiones tan relevantes como la económica que influyen directamente en el tipo de gestión de la agrupación; por tanto, es consecuente dirigir el análisis sobre la noción de sostenibilidad de su gestión, desde la Economía de la Cultura, interpretada a la luz de los aportes que puede brindar la observación del *acontecimiento teatral* por parte de la Poética Comparada (Dubatti, 2010, 57).

El estudio propuesto busca aportar la reflexión académica acerca de la Gestión Cultural y la futura consolidación de proyectos artísticos tendientes a la constitución de nuevos grupos de teatro con proyección y sostenibilidad a partir de un tipo de gestión pluridimensional que proponga un hacer teatral a través del tiempo, en un espacio de trabajo adecuado para la creación de condiciones estables y una propuesta artística sólida.

Como bien se exponía inicialmente este documento se constituye en la presentación de esta investigación dentro del área de Artes Escénicas del IAE. El objetivo de dicho proyecto es analizar desde la *Poética Comparada* los factores de sostenibilidad en las estrategias de Gestión Cultural de la Asociación Colectivo Teatral Matacandelas (Medellín, Colombia, 2004 – 2017) para explicar el carácter pluridimensional de la gestión emprendida.

La caracterización de este tipo de gestión pluridimensional comporta la puesta en juego de variables relacionales que permiten, a partir del caso en estudio, observar la sostenibilidad de los grupos de teatro independiente, desde otras dimensiones además de la económica. Entre tanto se comienza a vislumbrar una dimensión poética de gran relevancia en el presente estudio. De esta manera, analizar las experiencias de gestión desde el interior de la construcción del ente poético, contribuye a la discusión sobre de los estudios de la gestión cultural en el campo artístico y académico.

Bibliografía

Benhamou, Francoise. *La Economía de la Cultura*. Realice, 1997.

Buenaventura, Enrique. *El nuevo teatro y sus relaciones con la estética,* Ponencia Primer Congreso Nacional de la Corporación Colombiana de Teatro. Archivo, Centro de Investigación Teatral Enrique Buenaventura, 1978.

Dubatti, Jorge. *Filosofía del teatro II: cuerpo poético y función ontológica*. Atuel, 2010.

---. *Cartografía teatral*. Atuel, 2008.

Ministerio de Cultura de Colombia. Dirección Fomento Regional. *Herramientas para la gestión cultural públicas*, 2013.

Ministerio de Cultura de Colombia. Dirección Fomento Regional. *Herramientas para la gestión cultural públicas*, 2013.

Peláez, Cristóbal. Entrevista personal, 14 de febrero, 2018.

Peláez, Cristóbal. "Crónica de un nacimiento". *Colectivo teatral Matacandelas / 36 años*. Ministerio de Cultura de Colombia, 2015, pp. 16-29.

Stolovich, Luis. "Presentación". *La Economía de la Cultura*. Realice, 1997, pp. 9-17.

Throsby, David. *Economía y cultura*. Cambridge UniversityPress, 2001.

Las astucias del teatro independiente durante la dictadura cívico-militar uruguaya (1973-1985)[44]

Luciana Scaraffuni Ribeiro

El origen del proyecto teatral independiente

La experiencia del teatro independiente está marcada por un comienzo común en ambas orillas del Río de la Plata, con proyectos similares en las ciudades de Montevideo y Buenos Aires: en el año 1937 empieza en Montevideo, con la fundación del Teatro del Pueblo por Manuel Domínguez Santamaría, mientras que en el año 1930 LeonidasBarletta ya había fundado un proyecto similar en Buenos Aires.

Recién en el año 1947 se funda la Federación Uruguaya de Teatros Independientes (F.U.T.I.) es decir, diez años después de la creación del Teatro del Pueblo. Algunos preceptos que recogía el estatuto de la Federación son: "el estímulo y defensa de los principios del Teatro Independiente; La realización de una obra de educación y cultura, por medio de las artes dramáticas; el fomento y el estímulo de la labor de los autores nacionales" (Pignataro, 1968:13). Estas fueron las bases para la creación del movimiento teatral independiente de Montevideo, el mismo que experimentaba el 12 de septiembre de 1949 la fundación de la Institución teatral El Galpón, a raíz de la fusión de los grupos de teatro La Isla y del propio Teatro del Pueblo (Institución teatral San Martín, 1986).

Ese mismo año, ante la gran demanda y los altos niveles de calidad alcanzados por la Comedia Nacional, se crea la Escuela Municipal de Arte Dramático (EMAD), con el objetivo de mejorar la formación de los

---

[44] El análisis vertido en este artículo representa reflexiones parciales, que forman parte de un trabajo más amplio de investigación realizado para la elaboración de la disertación doctoral presentada para obtener el título de Doctora en Antropología, titulada: "Las formas de resistencia durante la dictadura cívico-militar uruguaya (1973-1985): un estudio antropológico del teatro independiente", defendida en Diciembre de 2016 en la Universidad de los Andes, Bogotá.

actores y actrices. La dirección estaba a cargo de Margarita Xirgú, quien fuera exiliada de la guerra civil española, y quien actuaba y dirigía distintas obras (Mirza, 2007). En sus comienzos el teatro independiente fue más bien un teatro de "aficionados", es decir, aquellos que comenzaron a construir el "quehacer teatral", en su mayoría no poseían formación artística o teatral, sino que el profesionalismo alcanzado lo fueron adquiriendo gradualmente.

En el año 1960, y luego de una visita de la agrupación teatral "El Galpón" a Buenos Aires, se estableció el contacto entre la F.U.T.I. (Federación Uruguaya de Teatros Independientes) y la Federación Argentina, lo cual dio lugar a la formación del D.A.U.T.I. (Departamento Argentino-Uruguayo de Teatro Independiente) y la realización del 1er Festival Rioplatense de Teatros Independientes en el Teatro Victoria de Montevideo.[45] Varios miembros de "El Galpón" fueron parte tanto del Teatro del Pueblo, como de la Isla; entre ellos estaban Rubén Yáñez, Juan Manuel Tenuta y Atahualpa del Cioppo.

Este texto surge de la investigación doctoral titulada "Las formas de resistencia durante la dictadura cívico-militar uruguaya (1973-1985): un estudio antropológico del teatro independiente", la cual se enfocó principalmente en tres agrupaciones teatrales: El Galpón, el Teatro Circular de Montevideo y Teatro Uno. Buscó resaltar la dimensión del teatro independiente en tanto opción de vida, en tanto posibilidad de prácticas, de experiencias y hasta de alternativas de puesta en escena, que buscan responder a los contextos históricos vividos en el Uruguay de entre los años 1968 y 1985.

El repliegue y el despliegue del quehacer teatral: su respuesta a la escalada represiva

Se identificaron dos períodos o bloques históricos que contextualizan el quehacer teatral independiente en el trayecto que caracteriza el

---

[45] Archivo Osvaldo Dragún del Grupo de Estudios de Teatro Iberoamericano y Argentino: "El acontecimiento de hoy: Comienza el festival Rioplatense", sin medio de prensa, año 1960.

Teatro independiente: grupos, espacios, prácticas

antes y el después de la instauración del golpe de Estado en Uruguay: el primer período o bloque histórico, comprendido entre los años 1968 y 1973, el accionar teatral de los independientes tiene como finalidad generar una conciencia política y social en las y los espectadores, que trasciende las opciones o tendencias estéticas utilizadas hasta el momento. En este primer bloque, los teatreros optaban por obras que cautivaran al espectador por su contenido político, más allá de los aspectos estéticos de las puestas en escena. Para el segundo bloque histórico que va del año 1973 a 1985, los teatreros utilizarán diferentes recursos y estrategias para poder poner en escena lo que antes se podía "decir abiertamente" y que comienza a ser censurado por el régimen.

Es propicio denominarlos teatreros; ya que tienen una impronta obrera en su quehacer teatral; buscaron configurar un teatro político que acercara a las clases sociales, ya que pensaban que la clase obrera debía tener fácil acceso al campo cultural. Optaron por emplear ciertos "Métodos brechtianos", es decir, que incorporaron las técnicas y estrategias del teatro que caracterizó a Bertolt Brecht: involucrando una postura de aprendizaje experimental y colaborativa, que configuró un arte que supo mezclar dramaturgia y música; la separación del actor del personaje; la escenificación de parodias que buscaron desfamiliarizar el fenómeno social que era presentado con el fin de generar un compromiso con la audiencia; entre otros cometidos (Mumford, 2009, 13 y 14).

Según los lineamientos que caracterizarían a las agrupaciones teatrales independientes, y en base a la reglamentación de una de ellas, la construcción de un teatro independiente implica no solo una independencia económica con relación al estado o al sector empresarial, o una independencia política con relación a los partidos políticos en general, sino que también implica que el teatrero debe realizar un quehacer teatral que surja de la capacidad física del grupo mismo para construir la infraestructura necesaria para dicha actividad; en este sentido, las salas debían estar en manos de los propios teatreros, productores de ese accionar teatral (El Galpón, 1983).

Es decir que, y según los teatreros, el producto artístico de ese "quehacer teatral" tenía un valor agregado, ya que no solo respondía a una función de entretenimiento, sino que estaba investido con una función política y social dentro de la sociedad; la acción teatral se pensaba y se creaba bajo la premisa de ser un instrumento de las organizaciones populares, un instrumento que le permitiera a las clases medias alinearse con el proletariado para derrotar la hegemonía dominante y generar un sentido alternativo de colectividad (El Galpón, 1983).

El Teatro Circular de Montevideo (TCM) fue fundado en el año 1954. Como su nombre lo indica, es un teatro con una sala redonda; fue creado por los directores Eduardo Malet y Hugo Mazza entre otros, y está ubicado sobre la calle Rondeau en cuya esquina, hacia la Avenida principal de la ciudad, la 18 de Julio, se encuentra la Plaza Cagancha.

Si bien los teatristas del Circular estaban comprometidos con la realidad que el país estaba viviendo, no tenían una impronta política-partidaria tan marcada como la de los galponeros; no todos los integrantes de esta agrupación teatral tenían una afiliación o militancia política-partidaria, aunque sí respondían a una ideología de izquierda. Así como los galponeros no estaban profesionalizados en el ámbito artístico, se puede destacar que varios de los teatristas del Circular o de Teatro Uno, tampoco provenían del ámbito artístico, sino que se formaron en las escuelas de arte dramático de sus propias agrupaciones.

Se destaca a la agrupación Teatro Uno, como un teatro que se salió "del molde", utilizando una expresión nativa y de las estructuras de funcionamiento de los teatros independientes, con puestas en escena y obras que buscaban una ruptura con las producciones culturales que se ofrecían en la época. Esta agrupación teatral fue comandada por Alberto Restuccia, Luis "Bebe" Cerminara, Graciela Figueroa y Jorge Frechero. Alberto empezó dirigiendo teatro con los trabajadores del puerto de Montevideo, donde él mismo trabajaba. Era miembro del Partido Comunista y conoció a sus compañeros de Teatro Uno en diferentes instancias de la vida.

Restuccia en una entrevista realizada por la autora durante el año 2013, indicó que él es quien introduce al dramaturgo francés Antonin Artaud en Uruguay. Desde sus comienzos, se define como un "libre pensador" que buscó transgredir la escena teatral independiente uruguaya a través de Teatro Uno y también a través de su vida personal, ya que ambos iban de la mano. Supo ser la pareja de Luis Cerminara, quien fuera el cuarto miembro fundador de la agrupación.

El "discurso público" y el "discurso oculto": las astucias de los teatreros para sobrevivir al régimen

El período pre-golpe de Estado fue la época convulsionada y efervescente de los años 60, con Jorge Pacheco Areco en la presidencia (1967-1972) y la instauración de las Medidas Prontas de Seguridad (MPS) a través de un estado de sitio interno, y de la restricción de las libertades de los ciudadanos; fueron medidas impuestas que buscaron asegurar el orden interno.

En el contexto del surgimiento de la guerrilla política urbana MLN-T (Movimiento de Liberación Nacional- Tupamaros) y el afán del gobierno de re-establecer el orden interno, el campo cultural se pronuncia a través del arte y en contra de la violencia política de Estado; es así como los teatreros optan por una militancia política sin "empuñar armas" como ellos mismos afirmarían.

En el año 1968 El Galpón estrena la obra *Libertad, Libertad* en su sala ubicada en Mercedes y Carlos Roxlo. Esta obra se estrena en plena instauración de las Medidas Prontas de Seguridad.[46] Es una pieza que tuvo varias fechas de realización: en 1968, en 1971 y en 1974 en el exterior, dado que para esa fecha ya había ocurrido el golpe de Estado y se había proscripto al Partido Comunista, por lo que la seguridad de la mayoría de los teatreros de El Galpón se vio comprometida, ya que estaban afiliados a dicho partido.

El libreto de la obra *Libertad, Libertad* es de autoría de los brasileros MillorFernándes y Arturo Rangel, del Grupo Opinión de San Pablo, grupo teatral de los años 60, que realizó teatro de protesta y de resistencia,[47] bajo la dirección de Augusto Boal.

---

[46] La instauración de Medidas Prontas de Seguridad (MPS) en el año 1968 sirvió para sedimentar el camino de implementación del golpe de Estado. Las MPS permitieron la detención y registro de ciudadanos que fueran considerados "peligrosos", entre otras acciones. Es decir, sirvieron como un mecanismo para mantener el orden interno y el control social (Franco e Iglesias, 2011).

[47] Enciclopedia Itaú Cultural (2010), link:http://www.itaucultural.org.br/aplicExternas/enciclopedia_teatro/.

Como lo indica el propio programa de la obra, la preocupación por los cambios que se estaban viviendo en el mundo en aquella época llevó a El Galpón a buscar textos que reflejaran dicho proceso. Hechos como los de la guerra de Vietnam, la revolución cubana y las diferentes guerrillas que venían emergiendo en diferentes puntos del resto del continente son hechos que no pueden ser pasados por alto para una agrupación que tiene como quehacer teatral la militancia y toma como bandera la exposición crítica de los problemas de su tiempo. Los textos y canciones que se retomaron se adaptaron a la realidad que vivía el país, pasando a ser un trabajo colectivo acerca de la "libertad uruguaya".

Basada en el programa de la obra y en diferentes fuentes primarias consultadas en el archivo de la institución, cabe destacar que el fuerte principal de esta obra no era la estética en sí misma, sino la reunión que esta generaba; la obra se transformaba en un "acto político" de protesta donde lo que se decía y cantaba tenía un rol central, aspectos que seguían las propuestas del propio Boal. Las vestimentas eran sencillas; un grupo de cinco teatreros pertenecientes al elenco estable de El Galpón, actuaban en una especie de coro, cantaban e interpretaban los textos y canciones políticas los cuales habían seleccionado y sobre los cuales habían trabajado.

Esta obra ponía en escena la responsabilidad histórica que los teatreros tenían con los hechos que estaban sucediendo en aquella época y la responsabilidad que buscaban transmitir a la sociedad uruguaya con respecto a lo que pasaba. Ya que como dice en el programa de la pieza, la obra buscaba ser un ejemplo para futuras obras, "obras que se busquen encarar en un Uruguay donde la libertad comienza a encontrarse solo materializada en estatuas".[48]

Obras como *Libertad, Libertad* les permitieron a los teatreros de El Galpón calar profundamente en la emocionalidad y en el compromiso de la sociedad uruguaya, ya que esta pieza, al igual que la clásica *Fuenteovejuna* del español Lope De Vega -también realizada por la institución en el año 1969- tuvieron entre noventa y cien mil espectadores y se mantuvieron cuatro temporadas en cartelera. La versión de *Fuenteovejuna* se realizó para

---

[48] Archivo de la Institución teatral El Galpón, folleto/programa de la obra *Libertad, Libertad*, presentada en Juan Lacaze en el año 1971.

el vigésimo cumpleaños del teatro y fue una adaptación libre a cargo de Antonio Larreta y Dervy Vilas, quienes utilizaron como herramienta diferentes "Métodos brechtianos" como recursos de puesta en escena. Antonio Larreta era otro hombre de teatro; perteneció a la agrupación teatral independiente disuelta en la dictadura, "Club de Teatro".

Estas son dos obras que pertenecen a lo que Roger Mirza denominó como el "sistema teatral de los años sesenta" (2007), caracterizado por un teatro militante de alto compromiso social y político, donde los elementos que definen al teatro en su sentido más convencional se modifican. Como lo afirma Lorena Verzero "muchas veces no hay texto dramático, la creación es colectiva, las nociones de puesta en escena y de espacio escénico se alteran, las relaciones con el espacio de recepción se transforman, etc." (Verzero, 2013, 40). En este teatro militante hay fuertes elementos de índole social, político, ideológico que se buscan transmitir y que tienen su origen en el teatro de Bertolt Brecht. En *Libertad, Libertad* específicamente se buscó generar una congregación de la comunidad en torno a la realidad política que se manifestaba en las canciones y textos: "Ahora más que nunca es preciso cantar (…) si otros quieren cantar, cantemos juntos, que sea un canto libre y sin mordaza para los que no tienen prejuicios". Esta es una de las frases con las que comienza la obra, la cual recorre hechos que habían pasado en Uruguay y en América Latina, como el asesinato de Líber Arce -el primer estudiante muerto en una manifestación en Uruguay- y la conformación de la guerrilla uruguaya MLN-Tupamaros.

La adaptación de Larreta es considerada como fiel al rigor ideológico de la obra original, además de haber tenido una buena radicación en el contexto uruguayo[49] y en el resto de América Latina, donde se vivía una época de violencia estatal. Según las conversaciones con los teatreros y teatreras, esta obra fue un éxito dado que se mantuvo cuatro temporadas en cartelera y fue considerada por la dictadura como una obra subversiva, argumento que se utilizó para legitimar -mediante un decreto oficial- el cierre del teatro en el año 1976.

---

[49] Archivo de la institución teatral El Galpón, recorte de prensa "Siempre en el mejor de los caminos" de Gerardo Fernández, sin fecha/ sin medio de prensa.

Por su parte, Antonio Larreta y Dervy Vilas realizaron cambios contundentes en su libre adaptación de *Fuenteovejuna*, suprimieron aquello que para la época en Uruguay no era interesante poner en escena, reestructuraron y reorganizaron algunas escenas con el fin de que fuera funcional a los objetivos políticos que buscaba tener la obra.[50] En su adaptación libre, el pueblo tiene mayor protagonismo. El paradigma Brechtiano se hizo presente debido a que no es la obra la que impone las soluciones; se busca que los espectadores se comprometan y lo hagan y, por este motivo, al finalizar la obra se pone en escena el final de la adaptación de Vilas y Larreta y luego el final original de la obra de Lope de Vega: el pueblo pide la absolución al Rey por haber tomado la justicia por mano propia frente a los abusos de poder del comendador.

El recurso brechtiano utilizado en esta adaptación consiste en plantear una estructura de hechos, no importa donde sucedan estos. Lo que sugiere esta estructura son hechos que el espectador puede estar viviendo sin haberse dado cuenta y que lo posicionan frente a una crítica de la realidad social. Se trata de métodos de acción a través de los cuales el dramaturgo y teatrista busca educar y hacer pensar al espectador (Weideli, 1969; Cuadernos de arte dramático, 1953; Mumford, 2009).

En la crítica teatral publicada en este período (1968- 1973) se destaca la realizada por Gerardo Fernández quien ubicaba estas producciones bajo este paradigma teatral: siendo otra pieza *Operación masacre*, basada en la novela de Rodolfo Walsh, versión de Jorge Curi y Mercedes Rein realizada por el TCM en el año de 1973; *Fuenteovejuna*, dirigida por Antonio Larreta y adaptada por Larreta y Dervy Vilas; *Los Fusiles de la patria vieja*, versión libre de *Los Fusiles de la Madre Carrar* de Bertolt Brecht dirigida por Omar Grasso en el año 1971, con un elenco de teatreros de diversas agrupaciones teatrales independientes; *La Resistible Ascensión de Arturo Ui* de Bertolt Brecht, realizada en el año 1972 y dirigida por Rubén Yáñez para el teatro El Galpón; *Los días de la comuna de París* de Bertolt Brecht, dirigido por Omar Grasso en el Teatro Circular en 1972.[51] Estas piezas lograron

---

[50]Ibídem.

[51] Fernández, Gerardo, "De la más alta y noble estirpe", semanario *MARCHA*, 27 de julio de 1973, página 25, versión digital.

ser exponentes del teatro Brechtiano y de sus métodos, aquí las y los teatreros desempeñan una función didáctica, dado que lo que importa es que representen ciertos hechos y los presenten en escena de manera que los propios espectadores puedan formarse una opinión acerca de lo que presencian (Cuadernos de Arte Dramático, 1953). Tal como lo planteó Rubén Yáñez en su relato de vida relevado por la autora: "hacer Brecht no era hacer un teatro panfletario, ni embanderado", tenía un anclaje en que ellos eran teatreros, pero también eran intelectuales:

> Brecht fue importante para el repertorio del teatro El Galpón, ya que era un teatro de crítica social que Brecht llamó *teatro épico*. En este teatro se buscaba desarrollar un diálogo entre un discurso público, que es lo que se presenta en escena, y el discurso "oculto", que es el trato de la realidad a través de una crítica social, a través del distanciamiento, donde los teatreros se alejan de sus personajes; esto era lo que le permitía al público posicionarse frente a lo que estaban viendo (Mumford, 2009:16).

La idea aquí no era dotar a los individuos de soluciones, sino poner en escena una interpretación de la realidad, para así otorgarle a los espectadores las herramientas para buscar soluciones mediante la acción (Cuadernos de Arte Dramático, 1953). En este sentido, Rubén Yánez continúa relatando su visión retrospectiva de la influencia de Bertolt Brecht en el teatro independiente uruguayo: "la forma en que se busca desenmascarar las contradicciones sociales, posicionar al espectador frente a eso para que la realidad pueda ser transformada a través del accionar de los propios individuos que son representados en escena".[52]

Este proceso genera un juego dialéctico entre dos aspectos que surgen de la teoría del antropólogo James Scott (1990) y han sido categorías utilizadas en esta investigación, los "discursos ocultos" y los "discursos públicos". Los "discursos ocultos", están vinculados a las conductas políticas de los dominados o de quienes están bajo formas de opresión y de represión, en este caso las y los teatreros vinculados al campo teatral

---

[52] Para profundizar en torno a las obras o piezas realizadas ver http://bertoltbrecht.org.uy/.

independiente. Estos "discursos ocultos" están vinculados a prácticas, escenificaciones, decisiones en torno al repertorio, que son actitudes estratégicas de adaptación al contexto de violencia estatal, y que terminan escenificando ciertas "críticas" al poder, en este caso se hacen "públicos" de cierta forma, pero mediante un proceso didáctico y artístico, adaptando los discursos al contexto, es decir, generando cierta "funcionalidad". Es una *astucia,* más que un acto de resistencia, en el sentido de que las puestas en escena seleccionadas eran correspondidas con el momento histórico que vivía la sociedad uruguaya, donde había cosas que no se podían "decir" directamente.

Los teatreros y las teatreras no juegan un papel de subalternos o de dominados, en el sentido de que aunque estén siendo controlados y vigilados por el régimen, tienen agencia y pueden encontrar las formas de evadir y resistir a la imposición cultural hegemónica (Ortner, 2006; Scott, 1990), esto lo lograron poniendo en escena de forma estratégica los repertorios teatrales elegidos con base en un relacionamiento entre lo que Scott denomina "discursos ocultos" (*hiddentranscripts*) y "discursos públicos" (*publictranscripts*). Dado que el teatro se politizó durante el primer bloque (1968-1973), primó un claro mensaje político e ideológico con relación a la gestación e institucionalización de la violencia política estatal y las condiciones en que vivía la población en esa época. De otra parte, a partir del segundo bloque identificado (1973-1985) y con la instauración del golpe de Estado, las condiciones de "poner en escena" las obras cambiaron. El teatro independiente ya no podía contradecir públicamente el establecimiento autoritario que se había asentado, mucho menos cuando la represión contra la población se fue acrecentando.

En este bloque primaron los "discursos ocultos", es decir, aquellos que ocurrían fuera de escena o detrás de escena, o inclusive en escena, pero que estaban "disfrazados" mediante metáforas o alegorías. Además, no solo eran discursos, sino que también involucraban acciones cotidianas. Es una forma de analizar las relaciones de poder establecidas entre el régimen dictatorial y el campo teatral independiente en condiciones de represión.

El campo teatral independiente se configuró como un campo alternativo al "consenso cultural" y a las políticas culturales que el régimen buscó consolidar, ya que no solamente la violencia fue una herramienta de consolidación del mismo, si no que la cultura era igual de importante. En este contexto, el quehacer teatral independiente se estableció como un campo contra-hegemónico, contra-cultural, el cual buscaba ser un espacio de socialización y de reunión en momentos en los que la población no tenía otras "vías de escape" en términos nativos.

Dado que este artículo se desprende de la investigación realizada para la tesis doctoral, que se centró en probar que el teatro independiente se configuró y resignificó como forma de resistencia para la época estudiada, podemos afirmar -basándonos en Scott y su libro *Domination and theartsofresistance: HiddenTranscripts* del año 1990- que las relaciones de dominación y de imposición involucran a su vez, relaciones de resis-tencia y disidencia política, es decir, que se configuró una contra-hegemonía. Es una relación dialéctica entre los dominadores, que aparentan unidad, y los subordinados o dominados, quienes "aparentan consentimiento". Esta relación está entretejida en "discursos ocultos" (*hiddentranscripts*) de quienes hacen resistencia, estos discursos se producen en contexto de represión y control específicos y nos permiten analizar de cierta forma el impacto de la dominación y el control estatal en el comportamiento del campo cultural independiente. Los "discursos ocultos" tienen que ver con aquello que no se puede decir abiertamente, ni hacer en la "cara del poder" según el autor, lo cual en esta investigación involucra ciertos accionares o prácticas solidarias de los teatreros en su cotidianidad durante la dictadura. Dichas prácticas implicaron formas de relacionamiento entre vecinos, por ejemplo, un guiño de ojos, un gesto con la mano, acciones cotidianas que buscaron ser adaptadas a las expectativas de los poderosos y terminaron transformándose en *astucias*. Y a su vez, en el ámbito teatral, involucró el uso de metáforas o alegorías en escena para referirse a situaciones que se emparentan con la realidad que se vivía. Scott nos servirá aquí con el fin de caracterizar o distinguir ciertos actos que pueden ser identificados como de resistencia, actos que involucran motivaciones, estrategias o astucias, tanto en la cotidianeidad, como dentro de las salas de teatro de las agrupaciones teatrales independientes mencionadas. Aquellas formas de actuar, sentir, pensar en los márgenes del autoritarismo en este caso, esas formas de estar que oscilan entre el "disfraz" y la "vigilancia" a decir de Scott.

Los aportes de Scott adquieren cierta relevancia, en esa distinción discursiva, que se significa y materializa en prácticas, estrategias y acciones. Los "discursos públicos" en esa relación dialéctica con el poder, operan reforzando el "discurso dominante", es decir, no lo contradicen en público y menos cuando la represión va acrecentándose y, por otro lado, están los "discursos ocultos", que son aquellos que ocurren fuera de escena o detrás de escena, o inclusive son puestos en escena pero están "disfrazados", siendo estos no solo discursos, sino acciones previstas o imprevistas, estrategias pensadas, luces o sombras, entre otros. Lo interesante aquí es la relación entre ambos, entre lo "público" y lo "oculto" y ver cómo "lo oculto" toma expresión pública de alguna forma.

Esto se analizó en la investigación, mediante el escenario etnográfico abordado desde diferentes dimensiones: desde las propias cotidianidades de los teatreros y las teatreras, desde sus militancias político-partidarias y desde sus quehaceres teatrales, donde emergieron diferentes estrategias, motivaciones, formas de pensar y accionares que se expresan en "lo privado" y salen a "lo público" o viceversa.

En la investigación, se incorporaron los significados que directa o indirectamente realizan los teatreros y teatreras de "lo público" y "lo privado", entendiendo esta última categoría más allá del ámbito doméstico propiamente dicho, sino también como lo íntimo. Es decir, la construcción del campo cultural y de los mundos de vida de los teatreros y teatreras bajo un régimen dictatorial como en este caso, nos permite distinguir: accionares, experiencias, prácticas y astucias, que se generan en un ámbito público y en otro privado o íntimo. La política o la militancia son dos componentes de la vida de los teatreros y teatreras que se vuelven al ámbito privado o íntimo, debido a que, quienes están siendo buscados o perseguidos, van a tener que pasar a estar clandestinos, por ejemplo, y sobre política solamente se podrá hablar con quienes pertenezcan a un núcleo más cercano, familiar y confiable, a puertas cerradas, por ende esto no puede estar posicionado en un ámbito público, haciendo un paralelismo con el campo teatral.

Siguiendo los lineamientos de Scott en torno a las resistencias y astucias, que es lo que nos interesa aquí, lo público estaría marcado de cierta manera por los "discursos públicos", acciones y prácticas que se realizan al descubierto, y que se realizan hasta donde el régimen permite o habilita, aquí posiciono el quehacer teatral. El accionar político de los teatreros está ubicado en un ámbito privado, que llegaría a ser hasta subterráneo, dado que ellos y ellas nunca terminan de definirlo, ni de confirmarlo, ni siquiera hoy en día, es autocensurado.

Aquí debemos destacar que, así como analizamos las resistencias, debemos asociarlas a diferentes espacios de la ciudad de Montevideo, como ser las salas de teatro de los grupos estudiados y otras salas utilizadas por estos, las fábricas ocupadas al momento de la Huelga General realizada en contra de la instauración del régimen dictatorial (fábrica de jabones Bao, la fábrica de cubiertas FUNSA, entre otras) a donde llevan las piezas teatrales, algunos boliches (bares a lo montevideano) y cafés donde se reunían a discutir sobre teatro, política y sobre la vida en general, incluso los propios espacios del exilio, por ende, estos espacios también se modifican y re-significan a raíz de estas relaciones de dominación.

Para el segundo bloque histórico que va del año de 1973 a 1985, los teatreros y teatreras, como se señaló, utilizaron diferentes recursos para poder poner en escena lo que antes se podía decir abiertamente y ya no.

Como por ejemplo en la obra uruguaya *Los Fusiles de la Patria Vieja* que fue una adaptación del director Omar Grasso. Según el programa de mano, la obra narra el desembarco de los Treinta y Tres orientales el 19 de abril de 1825 en la playa de la Agraciada, en el Departamento de Soriano y la declaración de la Independencia por parte de los representantes de los pueblos, quienes constituyeron el Gobierno patrio de la Provincia Oriental (hoy Uruguay). Del relato de Walter Reyno[53] emerge el hecho de que la obra tuvo un gran impacto en lo que podría haber sido el futuro del Teatro Circular *ad portas* del régimen dictatorial, con la presencia del agente de inteligencia Abayubá Centeno alias "Alen Castro", quien se caracterizó por rondar por los espectáculos y los teatros, ya que era el

---

[53] Este relato surge de la entrevista realizada por la autora durante el año 2013.

encargado de vigilar y censurar tanto a los teatreros y teatreras como a los libretos de las obras.

La obra adaptada por Grasso buscó generar reflexión en el público, en la sociedad uruguaya, acerca del contexto histórico, objetivo para el cual se consulta al antropólogo Daniel Vidart y al historiador Reyes Abadie, según el programa de mano, para respetar los hechos históricos puestos en escena. Si bien la obra trata sobre un hecho histórico en particular, sobre la liberación e independencia del territorio oriental, fue una obra emblemática ya que estableció un posicionamiento de los teatreros frente al enfrentamiento armado; se fomentaba el agarrar el fusil y el levantamiento del pueblo frente a la opresión. No en vano esta obra la realizaron en los comités políticos del Frente Amplio (única fuerza de izquierda en Uruguay) para el momento de su conformación como Partido Político. Generó que se estableciera mayor vigilancia sobre el Teatro Circular.

Apuntes sobre la resistencia teatral

Las resistencias y astucias están configuradas por el *habitus* dado por el "ser teatrero comunista". Es decir, la producción teatral que realizaban grupos como El Galpón o el Teatro Circular (principalmente El Galpón) estuvo emparentada no solo con la formación artística que los teatreros y teatreras fueron adquiriendo a lo largo de su profesionalización, sino por su pertenencia a la izquierda, especialmente al "ser de izquierda", que en el caso de los galponeros está fuertemente determinada por el "ser comunista".

Las resistencias del teatro independiente son resistencias que involucran sutilezas, en el sentido de que el repertorio durante este segundo bloque, fue un repertorio de arte marcado por la clausura del teatro El Galpón (en el año 1976) y la fractura del campo independiente. Este repertorio va a incluir obras de Arthur Miller, de Molière y de Carlo Goldoni. El repertorio también va a incluir obras del teatro uruguayo, ya que la dramaturgia de autor nacional tenía un papel fundamental. Se destacan las obras de Jacobo Langser con *La gotera* y *Esperando la carroza*; *Doña*

Teatro independiente: grupos, espacios, prácticas

Ramona de Víctor Manuel Leites; *Campamento* y *El combate de la tapera* de Mari Vázquez.

Las decisiones acerca del repertorio se realizaban colectivamente, por ende, esto determinará que las resistencias también sean configuradas por el colectivo, considerando que estas son formas "disfrazadas" de disenso frente al régimen establecido, es decir, son decisiones que llevan a los teatreros y teatreras a realizar ciertos "actos carismáticos" donde se dejan entrever los "discursos ocultos" en los márgenes del poder (Scott, 1990, 20).

En este segundo bloque (1973-1985) las estrategias que utilizaron las agrupaciones teatrales independientes no surtieron el mismo efecto que en el primero. Se dió una fuerte modificación del lenguaje y los recursos y procedimientos utilizados por las agrupaciones en vistas al fortalecimiento de la represión y la vigilancia. Las estrategias pasaron a ser otras, ya que los teatreros y teatreras habían sido buscados en sus residencias familiares, habían pasado un tiempo detenidos en la Dirección Nacional de Información e Inteligencia (D.N.I.I.) de la policía y habían sido torturados en dicho edificio. MiryamGleijer y Luis Fourcade, por ejemplo, dos galponeros que fueron citados junto con el resto de la agrupación, terminaron presos todo el período. Mientras que aquellos galponeros que habían sido citados por segunda vez a la Dirección Nacional de Información e Inteligencia, se reunieron, y decidieron asilarse en la embajada de México.

Es menester destacar que, adhiriendo a algunos planteos tomados de antropólogascomo Sherry Ortner y Abu-Lughod, aquí no se pretende romantizar el concepto de resistencia. Particularmente, son de interés las reflexiones de Abu-Lughod cuando plantea que la resistencia no solo surge debido a imposiciones de poder, sino que puede ser vista y analizada como un cierto diagnóstico del poder (1990). Es decir, y por esto también ha sido importante la definición de los bloques históricos en los cuales se desarrolla el quehacer teatral independiente, debido a que las producciones del campo artístico responden a las formas de relacionamiento que este campo ha tenido con el Estado, materializado en la represión y la vigilancia, antes, durante y luego del régimen.

Los teatreros y teatreras de El Galpón, siempre estuvieron "en la mira" de los agentes represores del Estado debido a su vinculación con el Partido Comunista. Al respecto cabe destacar -siguiendo los planteamientos de la autora Marisa Silva Schultze en su libro *Aquellos Comunistas* (2009)-, que el Partido Comunista: "fue el partido legal más numeroso de la izquierda uruguaya hasta 1973, con un peso fundamental en el movimiento sindical, en el movimiento estudiantil y en la gestación y desarrollo del Frente Amplio en los dos años anteriores al Golpe de Estado" (Schultze, 2009, 28)

El concepto de resistencia en sí mismo termina siendo un significante vacío, si no tenemos en cuenta que está asociada a estrategias, prácticas, puestas en escena, acciones, textualidades, formas de construir el campo cultural independiente, formas de militancia político-partidaria. En este caso el concepto que esta investigación consideró se ajusta a este análisis es el de *astucias,* entendiendo que hay un ajuste entre lenguaje, gestos, luces, sombras, figuras, que se ponen en escena que se corresponden con lo permitido, y lo que el régimen a través de sus oficiales de inteligencia espera que el campo cultural independiente diga, haga, escenifique.

Reflexiones finales

El análisis de las resistencias, o más bien las astucias, no solo visibilizó diferentes niveles de las mismas, sino que también intentó dar cuenta de su articulación, configuración y sus tonalidades. Si bien el régimen vigilaba todos los aspectos de la vida diaria, también se enfrentaba a ciertos "bloqueos", a ciertas restricciones, desde el campo cultural, en este caso, por ejemplo, en sus intentos porque los ciudadanos se adhirieran al consenso cultural y político que se quería imponer (Kershaw& Sierra, 2003).

Aquí es necesario tener en cuenta las ambivalencias y ambigüedades de las resistencias bajo una forma de dominación como un régimen dictatorial, ya que debemos considerar las intrincadas redes de articulación y desarticulación que se generan en el contexto represivo. No solo en términos de la interacción del movimiento teatral independiente y el autoritarismo, sino al interior de las redes de articulación establecidas dentro del propio movimiento teatral independiente. Allí también hay complejidades y tensiones en las formas de actuar y de definir el quehacer teatral, las que a su vez supieron muchas veces generar desencuentros entre los teatreros y sus formas políticas de acción.

Las *astucias* que desarrollaron los teatreros estuvieron enmarcadas en las diferentes situaciones o niveles interrelacionados de la cotidianeidad como fueron: *la cárcel, el exilio y el ámbito público*. Esto, a su vez, estaba enmarcado en los bloques analizados, caracterizados y determinados por el auge de un teatro mayoritariamente político y militante en el período que va del año 1968 a 1973 y el cambio en los recursos discursivos y dramatúrgicos, debido a la instauración del golpe de estado y el quiebre de la escena teatral (1976), que se sucedieron durante los años 1973 a 1985.

Es así como las resistencias desarrolladas por las agrupaciones y las astucias van de la mano de la configuración de *habitus* (Bourdieu y Wacquant, 2008) dado por el "ser teatrero comunista". Es decir, la producción teatral que realizaban grupos como El Galpón o el Teatro Circular, se encontró enmarcada y emparentada no solo con la formación artística que los teatreros fueron adquiriendo a lo largo de su profesionalización, sino con su pertenencia a la izquierda y al partido comunista.

Es así que las *astucias* involucran sutilezas, estrategias, recursos y prácticas que definen algunas formas de resistencia de agrupaciones teatrales independientes uruguayas.

Bibliografía

Abu-Lughod, lila. "The Romance of Resistance: Tracing Transformations of Power Through Bedouin Women". *American Ethnologist,* vol. 17, no. 1, 1990, p. 41-55.

Bourdieu, Pierre y Wacquant Loïc.*Una invitación a la sociología reflexiva.* 2da edición. Siglo XXI Editores, 2008.

Cuadernos de Arte Dramático. Suplementos de Estudio: Documentación. Investigación. Bertolt Brecht: para un teatro épico. Centro de Estudios de Arte Dramático. Editorial Raigal, 1953.

Demasi, Carlos y Marchesi, Aldo, et al. *La dictadura Cívico-Militar: Uruguay 1973-1985.* EBO, 2009.

El Galpón publicación inédita. *"El Galpón": Un teatro independiente uruguayo y su función en el exilio.* Edición de las 2000 funciones en el exilio. Octubre de 1983.

Escenarios de dos Mundos: Inventario Teatral de Iberoamérica. Volumen 4. Editorial Técnicas gráficas, 1988.

Franco, Marina & Iglesias, Mariana. "El Estado de Excepción en Uruguay y Argentina. Reflexiones teóricas, históricas e historiográficas". *Revista de Historia comparada,* vol. 5, no. 1, 2011, pp. 91-115.

Girotti, Bettina y Scaraffuni, Luciana (coord) Dossier: Resistencias Artísticas en America Latina. *Revista Contemporánea,* vol. 15, no. 2, 2021.

Kershaw, Ian. *La Dictadura Nazi. Problemas y perspectivas de interpretación.* Siglo XXI editores, 2003.

Mirza, Roger. *La Escena Bajo Vigilancia: Teatro, Dictadura y Resistencia. Un microsistema teatral emergente bajo la dictadura en el Uruguay.*Ediciones de la Banda Oriental, 2007.

Mumford, Meg. *Bertolt Brecht. Routledge Performance Practitioners.* Kindle Edition, 2009.

Ortner, Sherry. *Anthropology and Social Theory. Culture, Power and the acting subject.* Duke University Press. Kindle Edition, 2006.

Pignataro Calero, Jorge. *El Teatro Independiente Uruguayo. Premio FUTI 1967.*Bolsilibros ARCA, 1968.

Pignataro Calero, Jorge. *La aventura del teatroindependienteuruguayo*.Ed. Cal y Canto, 1997.

---. *Diccionario Biográfico del Teatro Uruguayo. Actores y Técnicos (1940-2010).* [s.n].

Rolland, Romain. *El Teatro del Pueblo. Ensayo de Estética de un Teatro Nuevo.*Editorial Quetzal, 1952.

Scott, James. *Dominations and the Arts of Resistance. Hidden Transcripts.* Yale University Press, 1990.

Silva Schultze, Marisa. *Aquellos Comunistas (1955-1973).* Editorial Taurus, 2009.

Verzero, Lorena. *Teatro militante. Radicalización artística y política en los años 70.* Biblos, 2013.

Yáñez, Rubén. *Hoy es siempre todavía. Medio siglo en el teatro, la enseñanza y otros trabajos.* Cal y Canto, 1996.

La Guerra de Malvinas en el teatro independiente: *Laureles* (1983) de Teatro Rambla

Ricardo Dubatti

Los textos dramáticos argentinos producidos desde comienzos de la década de 1980 trazan una cartografía de la memoria que nos habla de la historia reciente. Tanto Posguerra como Postdictadura imponen un quiebre y arrastran una continuidad con los hechos del pasado en tanto son, simultáneamente, "lo que viene después de" pero también "lo que ocurre como resultado de". Tal doble condición se manifiesta a través de procesos vigentes porque no han dejado de ocurrir. Así, el pasado deviene "irrevocable" (Bevernage), regresa de forma persistente y se transforma en presencia constante, leído desde el presente y proyectado hacia el futuro. Dicha memoria posiciona a la Postdictadura como una etapa novedosa de la historia argentina (Cattaruzza, 82-83).

A pesar de haber ocurrido hace 41 años[54], la Guerra de Malvinas (2 de abril – 14 de junio de 1982) sigue siendo un hecho sensible para la sociedad argentina. Esto se debe a que operó como acontecimiento "dilemático" (Rozitchner) que imponía la necesidad de una elección —aunque ninguna de las opciones era plenamente satisfactoria— entre dos perfiles que marcaban dos sentidos de lo político y de lo cultural radicalmente diferentes: el anti-colonialismo de la Cuestión Malvinas y la cruda violencia para-estatal del régimen *de facto*. Si bien ambos ejes no carecían de puntos de contacto, es sin dudas el peso histórico específico de cada uno y su aparente total oposición lo que dificulta aún hoy trazar interpretaciones que cruzan miradas entre ambas perspectivas.

Dicho dilema se paraba sobre los hombros de un sólido basamento simbólico, de fuerte índole nacionalista (como observan Gamerro; Guber; Lorenz; entre otros) y desarrollado durante un tiempo extenso que

---

[54] El presente artículo incluye algunas revisiones y actualizaciones menores sobre el texto originalmente presentado en la Jornada. Tales retoques no alteran el sentido de lo propuesto en su momento, sino que buscan remitir a información más precisa.

excede ampliamente al de la dictadura cívico-militar, donde la educación (Bottazzi) y la construcción de una identidad o subjetividad argentina (Mancuso, 2011) habían sido determinantes. De allí se desprende la huella que deja la Guerra a nivel cultural en la Argentina, que pone en crisis muchas de las "verdades objetivas" (Escudero, 26) sobre las que se asumía la noción de lo nacional y de lo político.

En tanto lo simbólico se revela como un aspecto crucial para la construcción de la Guerra de Malvinas, los estudios desde el arte ofrecen un campo más que propicio para explorar los símbolos, las imágenes y los imaginarios que siguen vigentes en nuestro presente. Al mismo tiempo, el teatro es un acontecimiento convivial, producto del salto ontológico y de los procesos de elaboración de *poiesis* que ocurren cuando (por lo menos) un actor y un espectador se encuentran en convivio en unas coordenadas espaciales y en un tiempo dado (J. Dubatti, 2009). Esto plantea una relación singular con la memoria y con los cuerpos en escena.

Si el teatro es ver *espectros*, es decir, cosas y situaciones ya vistas antes (Carlson), se ofrece en la Posguerra como valioso "vehículo de la memoria" (Jelin) y como ámbito para apropiaciones simbólicas. Roger Chartier afirma que las representaciones son "prácticas que, diversamente, se apoderan de los bienes simbólicos, produciendo así usos y significaciones diferenciadas" (50). Tales apropiaciones formulan metáforas epistemológicas (Eco, 1984) que permiten no solo volver la mirada hacia el pasado sino también establecer *nuevas* perspectivas sobre los hechos ocurridos. Indagar las representaciones teatrales implica pensar lo simbólico desde la respiración única del convivio teatral, con sus potencialidades y sus limitaciones inherentes.

En el presente trabajo[55] examino de qué maneras el grupo Teatro Rambla, radicado en la ciudad de La Plata, construye a través de *Laureles*

---

[55] La investigación de la cual se desprendía el trabajo presentado fue realizada con una beca doctoral del Conicet, titulada "Representaciones de la Guerra de Malvinas (1982) y sus consecuencias socioculturales en el teatro argentino (1982-2007): poéticas dramáticas, historia y memoria", con dirección de Hugo Mancuso y co-dirección de Mauricio Tossi. Tal investigación dio como resultado una tesis publicada de manera íntegra por Eudeba en 2022. Continúo hoy desarrollando estos ejes teórico-temáticos con una beca posdoctoral de Conicet, esta vez sobre el recorte 2008-2022.

una mirada sobre la guerra de manera casi inmediata a su finalización. Para ello propongo partir de las coordenadas teóricas del Teatro Comparado y la Poética Comparada como las presenta J. Dubatti (2008, 2009).

Hablar lo inmediato

Dentro del corpus que relevo, *Laureles* se ubica en el Grupo I, que reúne las piezas que refieren explícitamente a la Guerra de Malvinas (R. Dubatti, 2022) y que buscan construir una perspectiva memorialista direccionada, unívoca. Su objetivo era aportar a la visibilización de los afectos sociales y de los horrores que giraban en torno al campo de batalla, hecho que coloca a *Laureles* en diálogo directo con otras micropoéticas de los primeros diez años de Posguerra, también atravesadas por la necesidad de hablar de aquello sobre lo que socialmente se prefería callar[56].

Teatro Rambla estrena la pieza en octubre de 1983, a poco más de un año de la guerra[57]. El contexto político y social presentaba unas condiciones complejas ya que, si bien las elecciones se hallaban cerca y se perfilaba el retorno de la democracia, la presencia de las Fuerzas Militares aún constituía una amenaza real que motivaba cierto grado de mesura y de auto-censura. Es por ello que los dos autores –Mónica Greco y José Luis de las Heras– optan por estrenar el espectáculo bajo pseudónimos.

Tal precaución respondía a su vez a que la compañía se había formado a finales de la década de 1970 bajo la perspectiva de construir un teatro que retomara abiertamente diversos recursos del teatro político.

---

[56] Tómense los casos de *El fusil de madera* (1983, provincia de Buenos Aires), de Duilio Lanzoni, *El corazón en Madryn* (1985, provincia de Neuquén), de Carlos "Tata" Herrera, *Gurka (un frío como el agua, seco)* (1988, Ciudad de Buenos Aires), de Vicente Zito Lema o *Malvinas. Canto al sentimiento de un pueblo* (1992, provincia de Santa Fe), de Osvaldo Buzzo y Néstor Zapata. Pese a situarse en territorios y tiempos diversos, todos ellos comparten una misma motivación marcada por la lucha contra los silencios sociales y políticos de la primera década de posguerra.

[57] Ficha artístico-técnica: Actores: Diego Ferrando, Marcelo Linares, Roberto Consolo, Gustavo Boggia, Adriana García, MaritéLucarena, Alejandra Rómoli, Mónica Zapatería, Sandra Argüero, Carolina Alberdi y Laura Cucchetti. Dirección: José Luís de las Heras. Vestuario: Chony de las Heras. Diseño de espacio: Carlos Zelubowski. Diseño sonoro: Benjamín Compson. La obra se estrena y hace funciones en la sala de la compañía, en Calle 2, entre 48 y 49.

Observan los especialistas Gustavo Radice y Natalia Di Sarli (2009):

> [l]a elección de sus textos -Susana Torres Molina, Eduardo Pavlovsky- marca las líneas de una de la micropoéticas que, sin ser partidistas, buscaron sus referentes dentro de los conflictos del campo de poder. En la constante preocupación por establecer un vínculo entre las prácticas sociales y el teatro, las producciones del Teatro Rambla intentaron instituir un teatro de corte político que ahondó en el conflicto del individuo y su relación con el campo de poder. (1)

A la influencia de los autores mencionados y de directores como Antonin Artaud, Bertolt Brecht y Erwin Piscator debemos agregar el lugar de Teatro Rambla dentro de la cartografía teatral independiente de La Plata.

Al analizar las dos miradas teatrales predominantes en el lapso que corresponde a 1983 y 1986, Radice y Di Sarli (2018) perciben una labor que apelaba "a la puesta en conciencia de lo sucedido en los años de la dictadura [...] a partir de un teatro de denuncia de corte más explícito en su referente" (2). En este perfil se inscribía el trabajo de Teatro Rambla, delineando una poética de corte "realista-expresionista" (2009, 1) en clara oposición tanto a la línea que privilegiaba un teatro fundamentalmente experimental —centrado en lo visual y lo corporal— como a la producción teatral platense de la década previa —que priorizaba la metáfora y la oblicuidad—. Como se verá, *Laureles* se inscribe en tales coordenadas.

Teatro Rambla concibe así al arte escénico como hecho estético y como acto político, es decir, como vehículo imaginar, pero también para intervenir sobre la realidad social a través de una toma de conciencia del espectador. José Luís de las Heras, co-autor y director de la pieza, explica en una nota para *El Día*:

> Podemos pecar de pretenciosos, pero si a partir de la obra se empieza a tomar conciencia de que los chicos están mal y que ya están acá, con ideas claras de lo que quieren y sin olvidar el horror de todo aquello, quizás podamos revertir esa falta de gratitud de la sociedad, que pese a los vivas del retorno ya se

olvidó de ellos. (...) Hacer un arte que no se agote en sí mismo o en un mero gusto estético, sino el arte transformador que busca el bien. (6)

Semejante deseo de hablar de lo que no se hablaba respondía a dos grandes factores. En principio, a cierta incertidumbre sobre qué pasaría con las Fuerzas Militares una vez restituida la democracia, si serían juzgadas o quedarían impunes. Por otra parte, a la "desmalvinización". El término -acuñado por el sociólogo Alain Rouquié en 1983- refiere a las diversas omisiones -sociales, militares, políticas, históricas, económicas, etc.- que se producen con respecto a Malvinas[58]. Hacia 1983 ya circulaba un cierto recelo social sobre Malvinas, orientado por una Junta Militar que intentaba suavizar el impacto de la fallida gesta.

Teatro Rambla va a leer Malvinas desde un ángulo social que permita pensar la relación general de la sociedad argentina con el conflicto bélico. Sin embargo, al mismo tiempo, la guerra va a ser situada desde unas coordenadas geográficas específicas y cercanas para el público del espectáculo, aquellas de la ciudad de La Plata. En la nota de *El Día* antes citada, se señala que

> para La Plata, el hecho adquiere particular significación dentro del contexto de todo el país, porque precisamente muchos de los ex combatientes de Malvinas son hijos de nuestra ciudad, y algunos de ellos regaron generosamente con su sangre ese suelo insular tan caro al sentimiento nacional (6)

Si bien la cita carga una nítida impronta nacionalista, no deja de

---

[58] Aunque a lo largo del tiempo el término ha conservado cierta matriz vinculada al "silencio" sobre Malvinas, la "desmalvinización" ha sido leída desde enfoques diversos -diplomacia, soberanía, reconocimiento a los ex combatientes, historia, etc.-, lo que complejiza su interpretación. En 2018 (momento de escritura original de este trabajo) el Área de Estudios Nuestroamericanos del Centro Cultural de la Cooperación "Floreal Gorini" ofrecía un ciclo de paneles sobre Malvinas donde se señalaba un tercer proceso de "desmalvinización" impulsado por el gobierno del entonces presidente Mauricio Macri (2015-2019). A su vez, en un comunicado fechado el 18 de septiembre, los trabajadores del Museo Malvinas e Islas del Atlántico Sur retomaban el concepto en la misma dirección.

ser relevante la puesta en relación de La Plata con Malvinas. Sin pretensión de ser exhaustivo, es posible señalar por lo menos dos ejes que remiten a tal conexión. Por un lado, al día de la fecha, una de las organizaciones sociales vinculadas a la guerra que cuenta con mayor visibilidad es el Centro de Ex Combatientes Islas Malvinas (CECIM) de La Plata, fundado en 1983. Por otra parte, se trata de una de las ciudades argentinas que más conscriptos (es decir, soldados civiles) proveyó y donde la sociedad se presentó más organizada durante el conflicto (como se narra en el valioso libro de Dálmiro Bustos).

Tal nexo va a realizarse no solo a través de la descripción de la ciudad en una escena de la pieza sino también a través de la experiencia de los ex combatientes. Comenta León Forner -pseudónimo de Mónica Greco- en la misma nota de *El Día*:

> nuestros primeros contactos fueron con los soldados ex combatiente del CECIM y allí fuimos a buscar esos elementos que no figuran en la crónica periodística. No queríamos estadísticas, sino sanciones, buscábamos los fantasmas de los soldados en la trinchera. (6)

Veamos entonces cómo son traídos a escena esos "fantasmas" y cómo Greco y de las Heras proponían invocarlos con el fin de que el espectador tomara una nueva conciencia de su inquietante presencia.

Expresionismo, teatralismo y referentes reales en la trinchera

Laureles se construye desde la mirada de Marcelo, un joven conscripto que se encuentra en las islas mientras el combate va llegando a sus últimos momentos. A través de su subjetividad se van a hacer presentes diferentes personajes, principalmente amigos y familiares. Desde este cruce de figuras diversas el texto configura un protagonista que funciona como referente arquetípico, en tanto la historia de Marcelo podría ser la de cualquier conscripto de la Guerra de Malvinas y de cualquier familia de un soldado.

El texto dramático ha sido publicado en 2020 a partir de un documento mecanografiado conservado por la compañía, con correcciones y acotaciones en birome[59]. Si bien el texto mecanografiado no explicita una separación formal en escenas, al momento de realizar la edición del mismo se optó por una división en 16 escenas, basadas sobre las anotaciones posteriores realizadas sobre una primera versión del texto dramático. Para el presente análisis de la pieza se empleará el original mecanografiado, pero tomando provecho de la división posterior en escenas de la edición 2020.

A nivel estructural, *Laureles* se articula en torno a dos escenas marco que engloban a las otras catorce, dotándolas de un contexto y de una referencialidad con las que dialogan y cobran un sentido específico, acotado. Como se dijo, es Marcelo quien, en la primera escena, se acomoda en "*una trinchera abandonada*" (Greco y de las Heras, 1983, 2) y quien piensa en torno a qué estará ocurriendo en su casa en La Plata. Será a partir de su subjetividad que se proyectan las diferentes escenas intermedias, donde se suceden sueños, recuerdos, delirios, fantasías, etc. Todas estas proyecciones incluyen la participación de diferentes figuras de la vida cotidiana: docentes, padres, amigos, compañeros de escuela, su hermana, su novia, su primer amor y también la Patria misma.

A nivel macropoético, el Teatro Rambla trabaja, como se vio con Radice y Di Sarli (2009), una estética "realista-expresionista" (1). En el caso de la micropoética de *Laureles*, encontramos una poética fusionada (J. Dubatti, 2009) que retoma y entrelaza procedimientos del expresionismo y el teatralismo, incorporando a su vez una ilusión de contigüidad basada en lo territorial y en el uso de información fáctica de los hechos de la guerra.[60]

El expresionismo es aquella "poética teatral que trabaja con la objetivación escénica de los contenidos de la conciencia (anímicos, emocionales, imaginarios, memorialistas, oníricos, psicológicos, patológicos, etc.)

---

[59] Agradezco a Gustavo Radice por el acceso a este documento y por el contacto con la compañía.

[60] En mi tesis de doctorado sitúo a la poética de *Laureles* en un marco macropoético aún mayor, a saber, el del realismo crítico, que abarca al teatralismo y al expresionismo e incluye otros procedimientos. Como este trabajo representaba un primer acercamiento a la obra analizada, respeto los recorridos teóricos y conceptuales propuestos originalmente.

y, por extensión, con la objetivación escénica de la visión subjetiva" (J. Dubatti, 2008, 1). En otras palabras, lo que vamos a ver materializado en escena es justamente la proyección de una subjetividad, de una manera de ver y entender el mundo que va a responder a un agente externo (típicamente el autor o el director) o interno (el protagonista u otros personajes que se encuentra dentro del universo poético), que representan, respectivamente, un expresionismo de mundo o de personaje (aunque en ocasiones pueden confundirse).

Algunos de los procedimientos canónicos del expresionismo son: a) un espacio neutro; b) la imposición de un fuerte contraste en relación a la visión objetivista del realismo, en particular mediante yuxtaposiciones como sueño/realidad, vida/muerte, etc.; c) la dinamización de las formas, con personajes en proceso, a la manera del *Stationendrama*; d) la disgregación de lo percibido y lo vivenciado, sobre la ruptura del principio de causalidad; finalmente, e) el despliegue de un "espacio total complejo, caracterizado por la convergencia de lo diverso y lo contradictorio, que permite la coincidencia de lo externo y lo interno, de lo real y lo simbólico, con amplia fluidez entre sus límites" (Tossi, 20-21).

Si bien no analizaré en profundidad los procedimientos mencionados, estos aparecen de manera nítida en el caso analizado. *Laureles* se compone como una poética expresionista de personaje, que responde a la visión del mundo de Marcelo. Tal recurso se refuerza a través de la intervención del soldado en los ámbitos que él imagina / recuerda, como en las escenas con Mabel, la criada. A su vez las didascalias apuntalan esto, como ocurre en la escena de la clase de inglés, donde se observa que el joven visita "*lo que fue* su *división*" (6; énfasis mío). Por otra parte, las cartas exteriorizan las impresiones del joven, tanto hacia el interior de la poíesis como hacia afuera, y colocan al espectador ante aquello que se esconde en los sobrevivientes y que se ha perdido con los caídos.

A través de la objetivación de lo subjetivo vienen a escena toda clase de actividades mentales que Marcelo realiza: recordar –la escuela, las relaciones con Marisa y con Mabel–, fantasear –el *striptease* que realiza la Patria– e incluso delirar y / o tener pesadillas –los amigos que discuten la intimidad de Marisa y el joven. Dichas yuxtaposiciones entre lo real y lo imaginario ocurren en un espacio (casi) completamente vacío –la única escenografía es la "trinchera abandonada"–, compartimentado en "ámbitos" a través del uso de la luz. Al compartir un único espacio, memorias, recuerdos, sueños y pesadillas se solapan y se liminalizan, imposibilitando para el espectador definir qué es real, qué ocurrió (o le ocurre) a Marcelo, y qué no[61].

Las fluctuaciones de tiempos, espacios y ritmos se conectan a su vez con el empleo de escenas breves, que se traduce como variante del drama de estaciones y su "ritmización". Las vivencias de Marcelo configuran un recorrido por algunos de los ejes más típicos de la vida de un joven de clase media durante la época de la guerra, incluyendo la música y la sexualidad. Sin embargo, tales vivencias se encuentran desestabilizadas por una causalidad alterada, producto de la excepcionalidad de la guerra – no solo por la violencia de la batalla sino también, como resalta Marcelo, por las reglas sociales trastocadas– y de la fragilidad emocional del joven. El resultado es un "espacio total complejo" que introduce el teatralismo como procedimiento auto-reflexivo.

Patrice Pavis inscribe en su *Diccionario de la Performance y del Teatro Contemporáneo* su preferencia por el término "autorreflexividad" y observa que tal forma de construir su auto-referencialidad remite a tres líneas básicas de referencialidad: aquella interna a la ficción de la obra, aquella vinculada a su construcción y aquella tocante a su temática (48). John Gassner sí hablará de teatralismo para remitir a la segunda de estas líneas, la más abstracta de las tres, que busca "teatralizar de nuevo la escena" (126) con la subsecuente ambición de desafiar al naturalismo y su artificiosa ilusión de contigüidad entre vida y arte.[62]

Con la autorreferencialidad y el alejamiento del realismo, Jorge Dubatti (2008) sugiere dos campos procedimentales fundamentales para

---

[61] No es menor que *Laureles* sugiera apenas en dos momentos (las escenas de la carta del 28 de junio y el final) que Marcelo puede haber fallecido en la guerra. Tales referencias, tardías en el desarrollo de la obra, afianzan la dificultad para cerrar el sentido de la pieza. En sintonía con ello, hay un efecto de extrañeza cuando Marcelo toca el piano con Paty, en tanto no podemos estar seguros si se trata de un sueño, de un delirio o de una visita espectral.

[62] Si bien esto es cierto en la mayoría de los casos, en *Laureles*, sin embargo, no se anulará la ilusión de contigüidad. Esta reaparecerá a través del uso recurrente de imágenes que formulan referencias a los hechos históricos.

el efecto teatralista. Por un lado, aquél vinculado con

> la autorreferencialidad (visual, auditiva, lingüística, etc.), la autoseñalización del teatro como convención, tanto en el ángulo convivial y presentacional del acontecimiento (hablarle al público presente, referirse a la presencia en la sala, nombrar las partes de la obra o explicitar las convenciones, referir al autor o al elenco, etc.), como en el dramático ficcional o representacional (los personajes que hablan de sí mismos en tanto personajes, o se refieren a las características de la pieza, o de su autor, se emplean apartes, congelamientos, soliloquios o monólogos, etc.). (1)

Por el otro, "el teatro dentro del teatro o metateatro: la inscripción de procedimientos teatrales en la ficción dramática (por ejemplo, la representación de obras dentro de la obra, la referencia a lecturas teatrales o asistencias al teatro, el hecho de que el personaje sea un actor o un dramaturgo, etc.)" (1). Veremos entonces cómo se incorpora el teatralismo.

Los procedimientos del teatralismo que he señalado están presentes de manera más sutil que los expresionistas, pero no por ello son menos significativos para la construcción de sentido de la pieza. Por ejemplo, tómese la escena en la que Marcelo juega con el Niño y este le recrimina la incongruencia de un San Martín peleando contra alemanes y japoneses con escopeta pone en evidencia el juego y la construcción convencionalizada de la escena. Simultáneamente, el humor y la ironía generan un efecto de distanciamiento de la "seriedad" de la guerra y del nacionalismo, como ocurre durante el *striptease* de la Patria.

La luz ocupa un lugar preponderante también en este sentido, ya que los diversos "ámbitos" transforman el espacio teatral de manera casi inmediata y de acuerdo a las necesidades de la acción dramática, desplegando un trabajo poético dinámico y abierto, que apoya las yuxtaposiciones y contraste. Se puede pasar así de las islas al cuarto de Mabel o al salón de clase, lo que a su vez facilita la mostración de un espectro amplio de la sociedad, con numerosos ejes temáticos y actores sociales que forman parte de un entramado simbólico amplio, complejo y no siempre completamente consistente o estable (al igual que los procesos mentales que atraviesa el joven soldado).

Como se anticipó, la figura de Marcelo se articula como la de un personaje arquetipo. Si bien se cuenta su vida marcada por las características y las experiencias de la geografía platense, representa de manera general ciertos rasgos que aparecen extensibles a la representación más convencional del "joven" o del "ex combatiente". La presencia de un personaje alegórico como la Patria y la denominación que se emplea para los personajes de acuerdo a los roles que cumplen -"Novia", "Amigo", "Alumno", etc.- potencian este efecto de distanciamiento y actúan como indicios fundamentales para que el espectador recuerde que se encuentra ante un dispositivo convencionalizado, lúdico y teatral.

Sin embargo, a pesar del rechazo hacia el realismo por parte de los recursos teatralistas, lo real reaparece a través de las recurrentes referencias a la Guerra de Malvinas. Afirma De Toro que "la complejidad del referente teatral está determinada por la multiplicidad referencial que existe en el espectáculo teatral" (155) y disecciona tres tipos de referentes específicamente para la puesta en escena: a) aquella que tiene por referente el texto que escenifica; b) aquella que es su propio referente; y c) aquella que mira al mundo exterior. A través de este último, "referente real" (156), se modifica el estatuto de ficción, ya que "el hecho de que una realidad histórica/actual sea transformada en ficción sufre alteraciones que no impiden que esa realidad sea considerada como real" (157).

Así, mientras Pavis señalaba una auto-referencialidad centrípeta del espectáculo, centrada en la autoconsciencia y en la interioridad de un dispositivo que reconoce su carácter de constructo, De Toro observa otra centrífuga, que empuja hacia afuera, que conecta interior y exterior. La abstracción de los procedimientos da lugar entonces a los contenidos, generando una peculiar dialéctica que se distancia del realismo y su pretensión de objetividad, pero al mismo tiempo invita a montar una ilusión de contigüidad similar a aquella del realismo, aunque abierta a la presencia de procedimientos diferentes en yuxtaposición.

Para lograr el efecto de toma de conciencia, el espectador debe conectar su experiencia con la escena a partir de este referente real, que se produce a través de la incorporación de referencias históricas. Así, encontramos tanto datos fácticos y documentos históricos –por ejemplo, el comunicado 154 de la Junta Militar que abre el espectáculo, extraído de archivo y reproducido *in extenso*– como el uso recurrente de algunas imágenes o *topics* (Eco, 1993) –las bufandas, el viento, el hambre, el "pie de trinchera", las limitaciones logísticas, las experiencias de muchos de los jóvenes antes y después de la guerra, etc.–. Por último, cabe destacar que el contexto inmediato de La Plata implicaba la presencia de un público que reconocía las referencias a su propia ciudad y a las propias experiencias de la guerra, ya fuera porque las habían vivido en carne propia o porque las habían visto pasar a su alrededor.

Al mismo tiempo, Greco y de las Heras toman algunas referencias que abren el espectro hacia el marco de la dictadura, donde la Guerra aparece posicionada. Se agregan así imágenes y topics que reenvían a un marco de violencia aún mayor, el de la violencia política para-estatal de la dictadura cívico-militar. El relato de la maestra secuestrada en la escuela por leerle "libros raros" a sus alumnos extiende el espectro a aquellos que vivenciaron situaciones similares de violencia, pero que no necesariamente fueron a las islas. Se piensa entonces una violencia que fue posible porque ya estaba circulando de antemano en la sociedad argentina.

Ver lo invisibilizado

Tras comentar los procedimientos, me gustaría observar algunos de los contenidos de la pieza. El expresionismo de personaje se asocia al contenido de la pieza a través de dos imágenes poéticas: el viento y los pozos de zorro. También me gustaría observar cómo *Laureles* retoma el valor del arte como herramienta de reflexión.

El viento ocupa un motivo recurrente en la obra. Resuena en la radio durante la transición entre la escena de la clase de inglés y la primera de Mabel. Reaparece luego antes de la aparición de la Patria y al final de la segunda escena de Mabel (Greco y de las Heras, 1983, 14; anotación posterior en birome). Vuelve a escena antes de que los padres interpelen al hijo, que se transforman en *"viento y truenos luego de que se vayan"* (17; anotación posterior en birome). Finalmente, el viento hace que el joven se sienta "llamado" a volver a las islas en la escena con Paty (28) y queda soplando luego de que la música inglesa ahogue sus gritos en el cierre de la obra (32).

Opera así a lo largo de la pieza como síntoma de los silencios y los abandonos, haciéndose presente cada vez que el protagonista se siente dejado de lado por alguno de sus conocidos o por la patria misma. A su vez se presenta como trauma, como memoria de lo inevitable de su situación, como acontecimiento que se vuelve carne y se interioriza. En ambos casos funciona como una presencia ahuecada, que evidencia a partir de su aparición que hay un espacio vacío, una zona de vacancia que percibe Marcelo en su entorno. Finalmente, se presenta como llamado, como indicio de un deber, que es conservar su posición, defender su trinchera, su territorio.

El pozo de zorro y las cartas a su vez operan como refuerzo simbólico de la relación entre la subjetividad del protagonista y el espacio escénico. El pozo de zorro aparece en principio como metáfora de una interioridad abierta, "abandonada" al igual que Marcelo. Simultáneamente, resuena como herida abierta y como tumba abierta o entierro en vida. Cuando reaparece la Patria, Marcelo piensa que se trata de su madre y recuerda la sensación placentera de estar en el vientre materno. No es casual entonces el nexo femenino entre madre y Patria, conectado a través del contraste entre la "protección" del vientre de la madre y el abandono en las trincheras.

La presencia de procedimientos del teatralismo sugiere concebir el teatro como trabajo, lo que modifica las operaciones de interpretación del ángulo espectatorial. En principio, si la obra se evidencia como teatro, renuncia a construir una apariencia de realidad objetiva característica de la dramaticidad (Gassner). No obstante, allí radica su potencial como "vehículo de la memoria" (Jelin). La tensión constante entre lo real –los datos fácticos, la experiencia de los combatientes, la referencia a la vida cotidiana de los jóvenes de la época– y lo irreal de la guerra –los valores trastocados, la violencia de los bombardeos constantes, vivir en un pozo de zorro y, como sugieren muchos ex combatientes, la capacidad de *acostumbrarse* a todo eso– apunta a que el espectador cobre conciencia de las condiciones en las que se encontraban los ex combatientes al momento en que el espectáculo es estrenado.

Así, la pieza busca confrontar esas contradicciones y no titubea en pensar la guerra desde un doble carácter "patético": como un acto que representa sufrimiento y dolor, pero también como sinsentido, como hecho vacío de contenido. En este aspecto, la obra podría ser considerada dentro de las piezas de "lamento" de Blanco, Imperatore y Kohan, donde el acento está puesto en los aspectos negativos de la guerra. En consonancia con estos tres autores, en *Laureles* el enemigo no es necesariamente el ejército británico, que nunca aparece ante el espectador (aunque sí lo escuchamos a partir de música inglesa en la última escena). Por el contrario, el énfasis está puesto en la sociedad argentina, con sus contradicciones, miedos, costumbres y tradiciones, preguntándose cómo fue posible la Guerra, cómo pudo ocurrir culturalmente hablando.

Laureles toma una posición fuertemente crítica hacia la concepción nacionalista de la guerra. Es de especial interés la escena de la clase de literatura del secundario, que opera como una suerte de puesta en abismo. Allí la profesora analiza un texto que cuestiona los valores morales de la guerra, donde se ponen en tela de juicio conceptos como Independencia, Democracia y valentía. Por si fuera poco, los alumnos proceden a contestar preguntas que se superponen con el trabajo del espectador como intérprete de los hechos –ficticios y no ficticios– de la guerra. Uno de los alumnos finalmente señala la clave de lectura para Marcelo –que ingresa al aula en el preciso momento que se enuncia–: no es lo mismo querer ir a la guerra a defender esos valores morales, que ser obligado.

Esta experiencia impuesta subraya el sinsentido de la guerra y se asocia con la velocidad con la que se ven obligados a crecer los jóvenes. Sin embargo, el arte y memoria aparecen conectados. Marcelo le comenta a su hermana Paty que nunca llegó a componer nada y que eso es lo que siempre quiso hacer. Cuando finalmente está escribiendo una parte, el soldado se detiene a escuchar el viento y deja de tocar debido a que lo "llaman". Marcelo le encarga a Paty que termine de escribirla y que "no se olvide nunca" (28). En la carta de la escena siguiente, el Soldado narra que va a estar muerto pronto y explica que quiere "estar en la boca de ustedes para siempre" (29), reforzando la noción del acto de habla como un acto de memoria. La espera del protagonista a que lleguen los ingleses eventualmente se transforma en la espera para ser buscado. El arte posibilita mantener con vida la memoria de los silenciados, los que ya no quieren o no pueden hablar.

Finalmente, el nombre de la pieza propone una clave de lectura que condensa simbólicamente la crítica de la guerra que propone Teatro Rambla. Su sentido se explicita en la escena final, donde la Patria reaparece con una rama de laureles. Retirarse por donde viene la música inglesa al tiempo que descubre su torso y el joven dice con sus últimas fuerzas "no te vayas... No me dejes solo" (33) opera como una última puntada de sentido de la pieza. El carácter explícito de esta última escena busca garantizar la lectura que interesa a la compañía: pensar desde el presente del teatro la ausencia de los jóvenes, su abandono experimentado por parte de "la Patria", tanto en cuanto a las Fuerzas Militares como a los civiles.

De esta manera, el brevísimo —y superficial— ritual de reconocimiento del heroísmo a través de los laureles se anula por el manto negro. El heroísmo de los jóvenes enviados a la guerra queda en suspenso cuando aquellos que impulsaron la aventura —tanto militares como civiles, es significativo el rol de los padres de Marcelo, que le reclaman que vaya a combatir porque le va a hacer bien— permiten que sus esfuerzos sean inútiles mediante un manto de muerte pero, especialmente, de olvido. Así, recordar es una forma de restituir el valor de aquellos que ya no están.

A modo de conclusión

A través de *Laureles* Teatro Rambla propone un teatro que apunta al espectador para volver a poner ante la mirada aquello que no se puede o no se quiere ver. Hablar de lo que no se habla implica atacar lo no "decible" (Mancuso, 2010, 226-227), generar una modificación en el mundo. El teatro, como acontecimiento convivial, se vuelve un potente "vehículo de la memoria", capaz de estimular la activación de los "trabajos de la memoria" como modo de desafío a las memorias entendidas como pura acumulación archivística (Jelin). Laureles construye un dispositivo teatral que problematiza los alcances de lo dicho y lo no dicho y propone no solo hablar sino también activar la memoria, ponerla en actividad.

Volver sobre la historia reciente —por inmediata que sea—, tratar de comprenderla para poder entender el presente y el futuro, significa reconocer a la historia como aprendizaje universal y como acto vinculante. Para ello es necesario no solo hablar de los hechos, sino también de las omisiones y los silencios de la historia. *Laureles* habla de la guerra para que la guerra no pueda olvidarse, para que el encuentro convivial se transforme en un reconocimiento del horror, pero también del verdadero heroísmo de los jóvenes que arriesgaron su vida por la Argentina. Es únicamente a través de una memoria activa que el ritual del final de la pieza puede empezar a transformarse en un acto de redención y no de olvido.

Bibliografía

Bevernage, Berber. *Historia, memoria y violencia estatal*. Prometeo, 2014.

Blanco, Oscar, Adriana Imperatore y Martín Kohan. "Transhumantes de neblina, no las hemos de encontrar. De cómo la literatura cuenta la guerra de Malvinas". *Espacios*, no. 13, diciembre de 1993, pp. 82-86.

Bottazzi, Florencia. "'Los chicos de la guerra' y los chicos y las guerras. Los manuales escolares y la disputa de sentido en torno a enseñar Malvinas en la escuela". *Actas de las II Jornadas de la Cuestión Malvinas*. Universidad Nacional de La Plata, 2021, pp. 1-9.

Bustos, Dálmiro. *El otro frente de la guerra. Los padres de las Malvinas*. Ramos Americana, 1982.

Carlson, Marvin. *The Haunted Stage. The Theatre as Memory Machine*. Universityof Michigan Press, 2001.

Cattaruzza, Alejandro. "Dimensiones políticas y cuestiones historiográficas en las investigaciones históricas sobre la memoria". *Storiografia*, no. 16, 2012, pp. 71-91.

Chartier, Roger. *El mundo como representación. Estudios sobre historia cultural*. Gedisa, 1992.

De Toro, Fernando. *Semiótica del teatro. Del texto a la puesta en escena*. Paso de Gato, 2014.

Dubatti, Jorge. "Teórico X para la Cátedra Historia del Teatro Universal", Carrera de Artes, FFyL, UBA. Unidad Poéticas de Modernización, formas del realismo en el siglo XX, 2008. Disponible en el blog de cátedra historiadelteatrouniversal.blogspot.com.ar

---. *Concepciones de teatro: poéticas teatrales y bases epistemológicas*. Atuel, 2009.

Dubatti, Ricardo. *Nadar en diagonal. Representaciones de la Guerra de Malvinas (1982) y sus consecuencias socioculturales en el teatro argentino (1982-2007)*. Eudeba, 2022.

Eco, Umberto. *Obra abierta*. Planeta-Agostini, 1984.

---. *Lector in Fabula. La cooperación interpretativa en el texto narrativo*. Lumen, 1993.

El Día. "Los 'Laureles' que no pudimos conseguir", no. 219, 9 de noviembre de 1983, pp. 6-8.

Escudero, Lucrecia. *Malvinas: el gran relato. Fuentes y rumores en la información de guerra*. Gedisa, 1997.

Gamerro, Carlos. "Pequeña entrevista a Carlos Gamerro, de Marcelo López". *No Retornable*, 2008. Disponible en línea: http://www.no-retornable.com.ar/v2/dossier/gamerro.html

Gassner, John. *Teatro moderno*, Letras, 1967.

Greco, Monica y José Luis de las Heras. "Laureles". Original mecanografiado facilitado por los autores, 1983, pp. 1-32.

---. "Laureles", Dubatti, Ricardo (comp.). *La guerra de Malvinas en el teatro argentino*. Instituto Nacional del Teatro / Ediciones del CCC, 2020, pp. 134-170.

Guber, Rosana. *¿Por qué Malvinas? De la causa nacional a la guerra absurda*. FCE, 2001.

Jelin, Elizabeth. *Los trabajos de la memoria*. Siglo XXI, 2002.

Lorenz, Federico. *Las guerras por Malvinas*. Edhasa, 2012.

Mancuso, Hugo. *De lo decible. Entre semiótica y filosofía: Peirce, Gramsci, Wittgenstein*. Editorial SB, 2010.

---. "Constelaciones textuales y responsivas entre anarquismo y nacionalismo del centenario a la posguerra", F. Mallimaci y H. Cuchetti (comps.). *Nacionalistas y nacionalismos. Debates y escenarios en América Latina y Europa*. Gorla, 2011, pp. 63-84.

Radice, Gustavo y Natalia Di Sarli. "La tendencia del Teatro Político: El Taller de Teatro Rambla". *Blog Teatro y Cultura de LaPlata Argentina*, 27 de mayo de 2009. [Consultado 24/11/23] Recuperado de: http://blogteatrolaplata.blogspot.com/2009/05/la-tendencia-del-teatro-politico-el.html

---. "Teatro platense en la postdictadtura. La emergencia de lo político en la primera etapa de la democracia". *Afuera. Estudios de crítica cultural*, pp. 1-5, 2018. [Consultado el 23/11/2023] Recuperado de: http://www.revistaafuera.com/NumAnteriores/print.php?page=05.Artesescenicas.Radice.Sarli.htm

Rozitchner, León. *Las Malvinas: de la guerra "sucia" a la guerra "limpia"*. Biblioteca Nacional, 2015.

Tossi, Mauricio. "Coordenadas dramatúrgicas (o el esbozo de un estudio preliminar)". *Antología de teatro rionegrino en postdictadura.* Editorial UNRN, 2015, pp. 9-46.

Teatro independiente uruguayo: dos instituciones fundamentales en su desarrollo Teatro El Galpón y Teatro Circular

Juan Estrades

"Lo único que puede matar al teatro será una sociedad distópica, donde las personas no se puedan encontrar..."

Aderbal Freire-Filho

La génesis del teatro independiente uruguayo

En un contexto teatral donde el autor dramático que muchas veces es director e incluso actor, relativizando la oposición binaria entre dramaturgia de autor y dramaturgia de actor/director, con la particularidad que muchos directores realizan una escritura interactiva con los actores en la búsqueda creativa sobre el escenario, analizaremos lo que ha sucedido con dos grandes Instituciones teatrales independientes como lo son El Teatro El Galpón y el Teatro Circular en el comienzo del milenio del siglo XXI.

Pero antes, brevemente, veamos cuál fue el origen del teatro independiente y el nacimiento de esas dos instituciones.

En Montevideo al igual que en Buenos Aires nace el teatro independiente inspirado en el pensador francés Romain Rolland. La primera institución teatral que defenderá los principios de un teatro para el pueblo por el pueblo será el Teatro del Pueblo fundado en el año 1937. Un grupo de soñadores y jóvenes entusiastas, desinteresados, que sin reparar en sacrificios con un generoso espíritu humanista y conducidos por Manuel Domínguez Santamaría llevarán adelante principios básicos como lo serán el carácter social y también estético. Como expresa Aldo Roque se transformó en una verdadera escuela por el alumno, para el alumno, bajo la orientación del profesor, donde cada ensayo era una clase donde se recogían todas las enseñanzas impartidas. Ya no alcanzaba con divertir exclusivamente sino como expresaba José Marial en el año 1955, recogido por

Pignataro, "el teatro independiente crea su teoría artística y en su contenido involucra nociones y conceptos que van del aspecto de su conducta hasta una integración ética en función de su actividad dramática" (Pignataro, 1997, 56).

Sin duda el teatro independiente al igual que en Buenos Aires crea una nueva modalidad de hacer y conceptualizar el teatro que en palabras de Jorge Dubatti "implicó cambios en materia de poéticas, formas de organización grupal, vínculos de gestión con el público, militancia artística y política con teorías estéticas propias" (Dubatti, 2012, 81).

En 1947 se funda la Federación de Teatros Independientes del Uruguay (FUTI), integrada por dieciocho instituciones teatrales llevadas por el mismo ideal y las mismas necesidades, con problemas similares que vieron en la ayuda mutua una manera de salir adelante y concretar el sueño de una estabilidad institucional. Sin duda fue una etapa de afianzamiento.

Así al Teatro del Pueblo se agregaron otros elencos vocacionales como Teatro Universal, Tespis, Teatro Experimental y Teatro Polémico Popular que tendrían una muy corta vida y terminarían por disolverse, pero cuya importancia fue sustancial por cuanto, como expresó Juan Carlos Legido, "fueron los iniciadores de un movimiento cultural de alcances insospechados" (Legido, 1968, 79). Y otros que perduraron en el tiempo como Teatro Universitario, El Tinglado, El Galpón, Teatro Libre, Teatro Circular, La Barraca, Taller de Teatro, La Farsa, Club de Teatro y La Máscara en Montevideo y una cantidad parecida en el interior. Muchos de estos elencos con salas propias.

Ya en el año 1956 el crítico Martínez Moreno expresaba en el Semanario Brecha "el teatro independiente ha adquirido comparativamente la mayor importancia que haya tenido desde su iniciación. La cantidad de elencos, la diversidad de programas, una mayor asiduidad de sus espectáculos, un hábito hecho en su público" (Martínez, 1997, 68).

Diez años después, en 1957, el movimiento teatral trató de proyectarse como expresa Andrés Castillo "en tres sentidos: el exterior, el interior y el barrio" (Castillo, 1989, T.4, 176). En el primer caso con giras internacionales en Buenos Aires y San Pablo, en el segundo caso en el año 1963 con un gran encuentro de Teatros del Interior que llenaba una urgencia impostergable e imprescindible. Y el trabajo en los barrios se hizo con una enorme carpa que fue un testimonio de una época que se traslada ampliando la difusión del teatro en ámbitos muchas veces marginales. Esa carpa tenía una capacidad de 400 butacas.

Al decir de Jorge Abbondanza en este período "se otorgó al movimiento un centro operativo entre cuyos postulados figuró la independencia de toda sujeción comercial y toda injerencia estatal limitativa; la búsqueda de una línea de buen teatro a través de la experimentación y elevación institucional; la promoción de valores humanos con lenguaje de raíz y destinos nacionales… y la popularización del teatro como instrumento de cultura…" (Abbondanza 1989, T4, 201). Fue un momento de creación y desafíos sobre todo en la crisis de su crecimiento avasallante que buscaba un estilo propio con madurez de lenguaje, competitivo en el medio y de calidad. Como expresa Dubatti "la iniciativa independiente" se desarrolla en nuevas dinámicas en el medio teatral que van contra "tres grandes enemigos: el actor cabeza de compañía, el empresario comercial, el Estado" (Dubatti, 2012, 82).

Teatro El Galpón

El Teatro El Galpón es uno de los teatros independientes de mayor continuidad de Uruguay pese a ser disuelto y perseguido en el año 1973 con la dictadura militar. Fundado en 1949 pasó los peores momentos sin renunciar a sus principios que los mantuvo en el exterior cuando la mayor parte del elenco se exilió en México. Como expresa Roger Mirza, "integrante desde su fundación de la Federación de teatro Independientes, El Galpón, se rige por sus mismos principios y fines: democracia interna en la organización y toma de decisiones, defensa de un teatro de arte, no sometido a fines de lucro ni interés particular o de grupo, comercial de cualquier orden que tiene como objetivo la promoción de la cultura como factor de liberación de la conciencia individual y colectiva" (Mirza, 1989, T4, 208).

Su origen parte de una fusión. Los integrantes del joven elenco teatral La Isla dirigido por Atahualpa del Cioppo resuelven juntarse con los integrantes del Teatro del Pueblo para crear una nueva Institución que llevará por nombre Teatro El Galpón.

Teatro independiente: grupos, espacios, prácticas

Uno de los pioneros del teatro Juan Manuel Tenuta dirá de esos comienzos "era un galpón con adoquines donde la empresa de demoliciones Zunino guardaba toda clase de materiales. La alquilamos el 2 de septiembre de 1949 y entramos juntos los dos elencos, al lugar... Un predio de unos 40 metros de largo por 20 de ancho. Decidimos que no teníamos forma de pagar albañiles, aunque contábamos con un buen Arquitecto Florio Parpagnoli que nos haría los planos... Con nuestras manos teníamos que hacer un declive, un escenario, los camarines, los baños y la iluminación, todo" (Tenuta, 1995, 60-61). Y se pusieron manos a la obra trabajando de noche con un número de horas para cada uno, ya estipuladas, era sin duda todo un amor al arte.

Para destacar, en este período, la figura de Atahualpa del Cioppo descrita por Juan Carlos Legido como "un maestro para las nuevas generaciones especie de Stanislavski figura inconfundible y querida, bonachona y pícara, gran dialéctico, formidable conversador, siempre amplio y ponderado en el juicio, de una modestia conmovedora" (Legido, 1968, 81). Bajo su dirección pasaron puestas en escena memorables como *El círculo de tiza Caucasiano* que triunfara en Buenos Aires como mejor espectáculo en 1959, *Las tres hermanas de Chejov*, *La Brujas de Salem*, *El enemigo del pueblo*, *Así es si os parece*, *Los testimonios*.

En el año 1959 Ugo Ulive presenta un doble programa de Discépolo con las obras *Babilonia* y *Stefano*, que reflejan la adaptabilidad del elenco que pasa sin dificultades del grotesco criollo al teatro épico de Brecht o a los juegos especulares de Pirandello en *Así es si os parece*. También irá como expresa Roger Mirza "del expresionismo satírico con elementos absurdos de *Tango* en Mrozek (1967) dirección de Curi a un texto uruguayo como *Los caballos* de Mauricio Rosencof con puesta en escena de Ugo Ulive (1967) o la modernidad de la propuesta de *Los Testimonios* de Weiss" con dirección de A. del Cioppo" (Mirza, 1989, 209).

A esta altura el Teatro El Galpón es un elenco de enorme peso en las carteleras montevideanas. En ese momento el grupo teatral se enmarcó en un nuevo desafío conseguir una nueva sala propia, sueño que hará realidad el 9 de enero de 1969.

Los integrantes del elenco del Teatro El Galpón tenían ideas claras en relación a un teatro como un instrumento, según expresa Dubatti, "para transformar la sociedad y dignificarla, al servicio del progreso, la educación, la moral, la política y la ciencia" (Dubatti, 2012, 83).

Teatro El Galpón en el nuevo milenio

El año 2000 significó el cambio de milenio y trajo consigo una serie de desafíos.

Cubrir los aspectos económicos más acuciantes, así como crecer del punto de vista edilicio sin perder la calidad en la selección y las puestas en escena. Han pasado setenta y tres años desde la fundación, unos cincuenta años donde el grupo tuvo que padecer una dictadura demole-dora, exilio y vuelta a la democracia. Todo está a la vista.

El Teatro El Galpón ha puesto en los primeros doce años del nuevo milenio, setenta y ocho obras cuyo repertorio fue elegido sin una línea determinada según se desprende del análisis y la reflexión de algunos de los más importantes integrantes del elenco. En un intento de aproximarnos a ese repertorio iremos tomando algunos años con sus puestas en escena, a modo de ejemplo.

En el año 2000-2001 se pusieron en escena diez obras: *Tréboles en la cara*, de Alberto Paredes con una temática referida a los tiempos de la dictadura en un quiebre de la unidad familiar; *Un mundo de Cyranos*, con una versión libre de la obra Cyrano de Bergerac de Edmundo Rostand, una comedia heroica que personifica a un personaje pendenciero de abultada nariz, descripción de un mundo de desplazados o incompren-didos que persiguen y merece tener su lugar en la sociedad que los discrimina; una historia romántica de amor, desencuentros e incomprensión; *Extraña pareja*, una comedia del siglo XX donde se recrean situaciones cotidianas con humor armando y desarmando secuencias para inventar y desarrollar criaturas con alguna marca insólita; *Hay que deshacer la casa*, de EgorFriedler con dirección de Juan C. Moretti, una historia de dos hermanos que pretenden arreglar los problemas en un amargo ajuste de cuentas, dicotomía sobre el escenario de amor-odio, libertad engañosa, pasado-presente, sumisión complaciente, miedo a lo desconocido; *La gata sobre el tejado de zinc caliente*, de Tennesse Williams con dirección de Aguilera (un clásico) en una propuesta de entretenimiento alegre y desprejuiciado que nos lleva a un teatro de descripción y testimonio con personajes que tienen una individualidad bien definida, relieve y están vivos, drama familiar que apunta sobre el sentido y los valores de la existencia humana en medio de un conflicto matrimonial con ribetes homosexuales, en un teatro psicológico que resume 60 años en el transcurso de un día, tragedia del hombre en la doble frustración moral y física, en una imposible búsqueda que pretende compensar sus fracasos con un miserable montón de ilusiones temática que gobierna el teatro de Tennesse Williams.

También se pondrá en escena *El sueño y la vigilia*, de Juan Carlos Gené con dirección de Nelly Goitiño, un ambiente, un tiempo que se termina, una ilusión que renace en un nuevo amanecer, dos actores que juegan en los planos de la realidad y el sueño en época de vejez sorpren-didos en el límite de las vidas de sus personajes, donde todo es posible inclusive vencer a la muerte aunque termine con la obra; *Desde la lona*, de Mauricio Kartún, una obra que se encuadra, tomando las apreciaciones de Osvaldo Pellettieri, en un teatro de "resemantización de lo finisecular o neosainete" (2001, 34) en cuanto a la apelación de lo caricaturesco, lo sentimental y al principio constructivo de la reiteración, un grotesco que pretende transmitir una reflexión sobre los valores y la utopía de los años 60. En esta obra de realismo reflexivo se incluye un final esperanzado en las potencialidades vitales de los marginados y desplazados de la sociedad con recreación de la lengua vulgar, del habla de la gente basada en elipsis de verbos, preposiciones y artículos de la oración; y finalmente en este período *En honor al mérito*, de Margarita Musto, obra sobre el asesinato de Zelmar Michellini en un teatro de denuncia, desde la intimidad de dos mujeres, armado en torno a las actas y conversaciones de la autora con Haydee Trías sobreviviente de varios atentados.

En el período 2002-2004 destacaremos varias obras del repertorio. Con la particularidad que estarán insertas en una cartelera teatral montevideana con 69 obras de diferentes estilos y tendencias teatrales.

Piedras y pájaros (2002), de Marina Rodríguez con dirección de Dante Alfonso. Sin duda que la originalidad de la obra se traduce en la carta como vínculo que adquiere corporeidad. A partir de la correspondencia entre la bisabuela asturiana y sus hijos en América, la carta pretende dar con el destinatario elegido para mostrar las aristas del desarraigo, de la incomunicación, del embellecimiento de la realidad para hacer menos duro el dolor de la distancia. Historia de emigrantes construida por cartas que funciona en la realidad y no solo en la imaginación. Emigrantes gallegos en contracorriente hacia España, que apuestan a un mundo nuevo con incertidumbres y fantasmas de un pasado en el presente. Se recorre en esta obra una línea intimista e imaginativa de la dramaturgia.

Las cartas que no llegaron (2003), de Mauricio Rosencof con adaptación de texto narrativo al dramático por Raquel Diana y dirección de César Campodónico fue una obra de enorme impacto en el público. No exenta de riesgos en la adaptación que diera con el núcleo dramático que se encontró en el personaje que nunca le pudo decir "Te quiero" a su padre desde la prisión donde lo visitarán sus recuerdos. Un desafío bien resuelto sin actos, sin escenografía. Simplemente una botella, una soga y un doble telón de gasa, tras el cual se realizan las escenas del campo de concentración.

Vacas gordas (2004), de Estela Golovchencko con dirección de Cesar Campodónico es una puesta en escena de otra autora uruguaya, en la recreación de varios períodos sociales y económicos que atravesó Uruguay. En una escritura emocionante, graciosa y profunda a la vez con una estructura dramática que juega con las metáforas y el diálogo en un lenguaje muy cercano al público.

Las Brutas (2002), del autor chileno Juan Radrigán, dirigida por Mary Vázquez donde por medio de una estructura dramática muy bien constituida con diálogo conciso, directo y sin dialectismos inoperantes repasa un hecho real de un triple suicidio sobre tres campesinas marginadas en el interior de Copiapó. Los hechos se desarrollarán en una tierra inhóspita y hostil que se tragarán a los protagonistas en su soledad. El juego ciudad–campo que termina en un conflicto que explotará en tragedia. Más que un pasatiempo se cuestiona más allá del tiempo real de exhibición.

Modisto de Señoras, una obra de Feydeau, clásico del teatro francés del siglo XIX, un maestro del vodevil con personajes al borde de la caricatura, conformando un género que, vigente aún, sintetiza risa y humor. Dirigida por J. Denevi esta comedia alocada pero no insustancial mostrará una visión de la sociedad entre bromas y réplicas agudas donde subyace una feroz crítica. Partiendo de una situación trivial llevará a los personajes al vértigo de la puesta en escena con una intriga compleja creada por los mismos personajes en un triángulo amoroso lleno de enredos y equivocaciones. Esta obra de Feydeau, se dice que la primera a los 24 años, atrapa a un público que se descarga en cada situación planteada.

En la misma línea será la puesta en escena de *El Avaro*, de Moliere puesta en escena que bajo la dirección de J. Curi donde en aparente comedia que invita a la risa permanente deja paso al drama de la infelicidad doméstica y familiar, en un ambiente del siglo XIX esta versión de la obra incurrirá en una época de afirmación de una sociedad burguesa y una economía capitalista que nos acerca a nuestros tiempos.

Otro clásico de la dramaturgia galponera, *Galileo Galilei* (2004), de Bertolt Brecht, será la tercera puesta del Teatro El Galpón en 40 años (las anteriores fueron en el 1964 y 1982) para muchos una vuelta a los orígenes del teatro en sus planteos de reorientación de su repertorio, una vuelta como expresaba Gerardo Fernández al "feliz casamiento Brecht-El Galpón" con siete producciones brechtianas diferentes y tres reestrenos a lo largo de varias décadas. Lectura escénica de Walter Guido su director, mediante el montaje que escapa a la estructura del drama tradicional, en la yuxtaposición de episodios independientes polarizando las influencias de las fuerzas morales en contraposición, es decir, conductas psicológicas y actitudes humanas. Drama histórico que se distancia con destino al presente.

Dardo Delgado un integrante del elenco histórico del teatro El Galpón nos deslizaba en un diálogo mantenido en esos días que no ha sido fácil en estos tiempos armar un repertorio. Muchas corrientes se atraviesan a la hora de decidir desde un teatro francés de los años 90 al teatro retórico de los largos monólogos al teatro alemán o noruego contemporáneo con propuestas agresivas y polémicas para el público. Subyace siempre la idea de poner en escena obras "cuanto más sucias mejor" en todo el sentido del término. El teatro de reflexión o diversión ha pasado a ser el teatro del impacto, del golpe de la alteración que viene de la modernidad de la imagen y su impresión. No se escapa a la tentación de mostrar obras cuyo tema sean personajes "reventados" que hacen reaccionar al espectador según el grado de degradación de la gente." Se ha sentido en ese vínculo espectador-director-autor que el público tiene como una necesidad -

expresó Delgado- de ver las miserias de los demás, pero sin autocrítica, sin verse involucrado, sin verse inserto en esa representación, sin llevarse nada, sin análisis, sin revolverse incómodo en la butaca solo viendo como una película lo que se representa sintiéndose lejos" (entrevista personal, 2013).

Allí el desafío fue ir más allá de la percepción de muchos autores cuyas ideas manifestadas en las obras no son suficientemente potentes si no tenemos el horror frente a los ojos. Son interesantes las reflexiones de Javier Daulte con motivo del estreno de *La felicidad* en el teatro El Galpón: "Todo gran actor sabe a dónde termina su actuación más allá de sus miedos o inseguridades. Allí está lo apasionante. Donde el teatro no puede cambiar el mundo, pero sí puede generar más teatro".

Delgado manifiesta sus miedos "de caer en la búsqueda en los dos extremos, por un lado, de lo que está a la moda únicamente y por otro lado al mismo tiempo solo hacer un teatro para entretener" (entrevista personal, 2013). Pero por sobre todas las cosas el mayor temor en estos tiempos es quedarse sin maestros. Incluso el mismo abandono de algunos directores por ser "viejos". Pero también como planteo está el peligro de textos que resbalan en la actuación a cierta dureza retórica en el decir. Actores que siempre hacen los mismos papeles y donde muchas veces la sintaxis no está redondeada a propósito para confundir al espectador. Incluso donde el actor no tiene un movimiento con los personajes de tal manera que se produzca un antagonismo o enfrentamiento con el espacio. "Vuelvo a Atahualpa del Cioppo -dirá Delgado- al expresar que el teatro es la vidriera de conductas humanas donde uno puede seleccionar cual es la conducta que le interesa, pero no necesariamente en la degradación" (entrevista personal, 2013).

Sin embargo, un estudio en el período ha determinado la presencia de obras de identidad nacional como *Montevideanas e Inodoro Pereyra* desde el mismo momento que se ha puesto en escena, obras de contenido ideológico-político como *Las Cartas que no llegaron* y *Galileo Galilei* y los clásicos como *El avaro*, o las obras de Miller, tanto *Muerte de un viajante* (2006) como *El Precio* (2012), en el planteo del cuestionamiento al sistema que destruye al hombre y a la sociedad con intenso contenido psicológico. La discusión está abierta y la búsqueda también. Luego de un estudio que el actor y director Dardo Delgado realizó se llega a la conclusión que en estos años –desde 1996 hasta 2006– existieron tres centros de interés o corrientes de mayor repercusión en el medio: los clásicos, lo ideológico y la identidad. Su fundamento está en el número de espectadores para cada uno de los espectáculos: *El avaro* de Molière (2000-01-02), 28153 espectadores con 107 funciones; *Galileo Galilei*, 2004, 17200 espectadores con 58 funciones; *Las cartas que nunca llegaron* (2003-04-05) con 16102 espectadores y 117 funciones; *Montevideanas*, 2005-06 con 30818 espec-tadores y 114 funciones; *Vacas gordas*, 2004-05-06 con 19185 espectadores y 120 funciones; *Gotán*, 1996-2000 con 28121 espectadores y 107 funciones. Con dos obras que arrastran éxitos del milenio anterior como son el *Lazarillo*, 1995/96/97 con 13280 espectadores y 121 funciones e *Inodoro Pereyra*, 1996-97-98 con 29153 espectadores y 188 funciones.

Un mojón muy importante del punto de vista económico en ese momento fue la creación del Programa de Fortalecimiento de las Artes con fondos municipales que distribuyó recursos mediante una selección por concursos anuales y que abarcó también a la danza y espectáculos musicales. Congelados en el período 2015 al 2019 durante el gobierno municipal de Daniel Martínez revela las variaciones y dificultades de las artes. Gracias a gestiones realizadas fue compensado con un subsidio que el Parlamento uruguayo otorgó a FUTI en 2016.

En los años 2017-2018 fue sustancial la aparición del director brasilero Aderbal Freire-Junior que trabajó intensamente con el grupo El Galpón como expresa Carlos María Domínguez "marcando una fuerte influencia en la concepción menos realista de los espectáculos; una suerte de deconstrucción del espacio escénico y la teatralidad que impactó en el medio montevideano" (Domínguez, 2020, 198). Montando dos espectáculos en el año 2017 que marcaron la cartelera uruguaya: *Incendios* del dramaturgo WajdiMouawad y una puesta en escena de *Arturo UI* de Bertolt Brecht con dirección de Villanueva Cosse. También se sumó en el 2018 *La palabra progreso en boca de mi madre sonaba tremendamente falsa*, del dramaturgo rumano MateiVisniec.

Entre los años 2013 y 2020 se representaron 47 obras en tres salas en el mismo edificio de la calle 18 de Julio denominadas Atahualpa, César Campodónico y la sala O. La pandemia puso un punto y aparte obligado con la consiguiente incertidumbre y llevó al desafío creativo de los teatristas para poder representar en el aislamiento y el encierro.

Teatro Circular

A principios de 1954 el director Eduardo Malet concibió la idea de organizar un teatro en un espacio que era el subsuelo del Ateneo de Montevideo, pero la concepción no era de un teatro como los demás, sino que impulsó la construcción de un teatro "circular" de inspiración norteamericana idea recogida en un viaje de este director a EE.UU. Y así con mucho sacrificio se inaugura el 16 de diciembre de 1954 una sala con 175 localidades cuya característica además de una escena redonda rodeada por el público eran sus sillas de madera y mimbre. Acompañaron esta aventura Hugo Mazza, Gloria Levy, Salomón Melamed, Manuel Campos y Eduardo Prous quienes harían realidad este ambicioso proyecto. Un teatro muy especial dado que rompía el esquema tradicional de un teatro a la "italiana" con el público a centímetros de la actuación, sin telón, con la entradas y salidas de los actores junto al espectador y dándoles la espalda muchas veces durante la actuación, como expresa Jorge Pignataro "derribando en suma, la cuarta pared, pero ofreciendo en cambio, considerables dosis de inmediatez, naturalidad y frescura que convocaron nuevos y entusiastas espectadores" (Pignataro, 1997, 61), una cercanía que rompía con alejamiento de los actores en un teatro de declamación y gestos lejanos.

En los primeros años del Teatro Circular se pusieron en escena doce obras de las cuales hay que destacar su primer gran éxito: *El caso de Isabel Collins* de Elsa Schelley, con dirección de Hugo Mazza y protagonizada por Alma Claudio que en año 1959 fue representada por la actriz Thelma Biral.

Así, sobre los años 60 se irá consolidando un teatro con una continuidad de espectáculos exitosos. Algunos de ellos que marcaron época como el caso de *El jardín de los cerezos* de Chejov con más de trescientas representaciones (Florencio 1967) *Lorenzaccio* de Alfred Musset (Florencio 1968) con dirección ambos de Omar Grasso quien buscaba según sus propias palabras "una coherencia estética" y también *Arlecchino, servidor de dos patrones* de Carlo Goldoni (Florencio 1970) con dirección de Villanueva Cosse.

Todo se redondea en esa época con la fundación de la Escuela de Arte Dramático del Teatro Circular, como expresa Luis Vidal, "con los docentes mejores del medio se fue preparando generación tras generación, artistas en todos los rubros bajo la consigna de que un actor o una actriz debe ser, ante todo," un hombre o una mujer de teatro" (Vidal, 2004, 4).

Una educación basada en la búsqueda.

En los años setenta se fundará en el mismo lugar una segunda sala más pequeña no circular, pero de la misma cercanía con un espacio adaptado a cada función.

Es interesante conocer el pensamiento y el sentimiento de algunos de los protagonistas de esa época, recogidos por la periodista Fernanda Muslera: "En los años sesenta y setenta los perfiles de cada institución estaban más definidos, comenta Isabel Legarra actriz del teatro Circular por 14 años, El Galpón hacía un teatro más político, El Circular uno más de investigación y la Comedia Nacional un teatro más clásico. Después estaba también el concepto, en el teatro independiente se vive para el teatro y en la Comedia se vive del teatro" (Muslera, 2018, 573).

En relación a otra actriz formada en la escuela del teatro Circular Gloria Demassi dirá sobre su vinculación artística y afectiva con el Teatro: "Fueron años muy intensos, de mucho gusto, con compañeros de teatro formidables, donde aprendí que el teatro era el escenario, pero además el mundo exterior para el que trabajábamos. Porque además de hacer teatro había que limpiar, hacíamos la boletería, acomodábamos a la gente. En el Circular fui formada en ese temple de lo que significa el teatro dentro de una sociedad" (Muslera, 2018, 576).

Así también el Teatro Circular se transformó en un lugar de resistencia, la programación, durante la dictadura, estaba en función de lo que en ese momento necesitaba el público. Un gesto, una palabra y una guiñada bastaban para establecer una conexión profunda.

"Ejercían un trabajo desalineado –tomando palabras de María Fukelman para el teatro independiente argentino– en medio de un contexto alienado… en una atmósfera donde se estimulaba el individualismo y se inculcaba el miedo a la otredad, se arman grupos que se necesitan, se construyen vínculos colectivos, se fomenta el nosotros por sobre el yo, importa el otro" (Fukelman, 2017, 15).

Teatro Circular en el nuevo milenio

En relación al Teatro Circular desde finales de los años 90 ha perfilado un tipo de teatro ecléctico, donde hay una disposición para la investigación, la discusión de las temáticas e inclinación para desplegar contemporáneamente las más variadas corrientes teatrales. Línea que se ha consolidado en este milenio. Espectáculos que se retroalimentan con la búsqueda de diferentes públicos en contacto con la vulgar realidad y al mismo tiempo con la investigación estética. Un teatro en palabras de Paola Venditto que va de lo realista moderno portadora de crítica social, teatro fundado en procedimientos y posturas ideológicas más allá del contexto social y político como referente y el asignado por la fragmentación, la presentación de personajes sin verosimilitud realista y apelando a los sentidos múltiples que van impactando en el escenario y en el espectáculo. "Un teatro que es capaz de generar su propia dinámica no solo en la búsqueda consensuada por la asamblea de los compañeros de la temática sino también en la propuesta estética" (Venditto, entrevista personal, 2013). Por eso la programación abarcará un espectro muy amplio, tanto, que ninguna tendencia queda afuera, salvo la pueda implicar falta de rigor, compromiso y pasión.

Así encontramos obras que van de *Terror y miseria del tercer Reich*, de B. Brecht (2000), un clásico universal coexistiendo con *Episodios de la vida posmoderna* (2000), de Raquel Viana, hasta *Hay barullo en el resorte* de Juseca (2013), un clásico rioplatense junto a *Ellos*, de Fletcher (2013).

Esta diversidad está planteada en el mismo elenco a la hora de elegir el repertorio. Este pasará por sus manos en la elección una vez que se eligió el director. El procedimiento realizado en todos estos años ha sido justamente en primera instancia la elección y posterior invitación de un director para dirigir el elenco quién traerá la propuesta de una o varias obras para representar y también elegirá un mínimo de 50% de los actores del elenco del teatro agregando -si fuera necesario- invitados que él mismo convoque. Una vez en la mesa, Director y obras, la Asamblea de los actores del Teatro discutirá y optará entre lo propuesto, no sin antes haber tenido una primera instancia de discusión y votación sobre qué director elegir. "En este caso -expresa Venditto- vuelve a manifestarse lo ecléctico de los criterios con la votación de directores jóvenes con un tipo de teatro de impacto y diferente como Gabriel Calderón o por aquellos viejos directores que han hecho historia en la Institución como Jorge Curi" (Venditto, entrevista personal, 2013).

Así, a modo de ejemplo, pasaron obras y directores tomando algunos espectáculos en diferentes años como *El hombre de la esquina rosada* (2000), de J. L. Borges, relato adaptado al teatro y dirigido por Walter Reyno (en su segunda incursión en el teatro en ese momento, la primera había sido *Danza de Verano* de autor irlandés) a ritmo de sainete con tango, milonga, taitas y compadritos a la conquista de mujeres y honores. *Escenas de la vida posmoderna* (2000), de Raquel Viana con dirección de Juan Carlos Moretti con una estética más vanguardista en el manejo de un lenguaje absurdo y veta humorística sin lógica lineal tomando trozos de textos de Courtoisie, Swift, Sarlo y Caroll, en un contexto de shoppings, zapping y economía de consumo. Obra que sube al escenario con varios premios nacionales e invitaciones internacionales. *De qué hablamos cuando hablamos de amor* (2000), de Raymond Carver un especialista en retratar la sociedad norteamericana de los años 70 y 80 del siglo pasado en la versión y dirección de Horacio Buscaglia. En este caso, un texto que va desgranando las experiencias amorosas de tres parejas en un ambiente de incomprensiones y desahogos.

Horacio Buscaglia será un director que tendrá un papel importante en la puesta en escena de varias obras a lo largo de los primeros años de este milenio, con propuestas propias de su trabajo en la escena uruguaya con versiones especialmente preparadas, adaptaciones de textos de diversa índole con una excepcional creación intuitiva utilizando textos como pretextos para su transformación.

En 2001, *Para abrir la noche sobre un texto*, de Lawrence Kasdan cuestionamiento al pasado y proyección al futuro de un grupo de amigos que ha vivido la dictadura con cuentas pendientes y personales con cuestionamientos que pretenden abrir preguntas.

En 2002, *Memoria para armar*, sobre textos de ex presas políticas en la misma línea de las preguntas que quieren cerrar un vacío.

En 2004, *Cabaret Electoral* con una propuesta que buscará en clave de humor hechos políticos nacionales para un público uruguayo que entenderá estos acontecimientos complementados con música y videos del momento.

Otro director que el Teatro Circular ha convocado en estos años ha sido Sergio Lazzo quién en el 2001 dirigió dos obras: *Interiores* de W. Allen, un drama sobre la acción del tiempo en una familia, y también una obra de W. Speranza, *Revelaciones*, otro drama familiar esta vez en la relación entre madre e hija que generan una atmósfera de intimidad especialidad de este director.

Sin pasar por alto la dirección de algunas obras por actores que fueron parte del mismo elenco como Patricia Yosi con *Monogamia* (2001), de M.A. de la Parra, *Conciertoaniversario*, de Rovner (2003), una obra que retrata al hombre de nuestro tiempo en pura apariencia y representación. Una comedia que refleja un pesimismo que aleja al hombre de la ilusión mostrando la fragilidad de la especie humana y *Onetti en el espejo* de Hiber Conteris (2005).

También Álvaro Correa tendrá varias puestas en escena en estos años: una versión adaptada de *Los Cómicos*, de Shakespeare (2001) y dos puestas en escena de Marc Michel Bouchard en el 2005, *Historia de la oca*, una historia entre un niño y un ave que marcará lo inevitable de una realidad encausada, nada puede cambiarse todo está determinado y *El pintor de Madonas*, una trama compleja que deja múltiples interrogantes, donde lo religioso sobrevuela todo el desarrollo de la acción impugnándolo. En ambos casos Correa fiel al texto y a Bouchard irá generando una distancia con el espectador para consolidar la idea del autor de un teatro filosófico sobre el escenario. Más cercano en el tiempo pondrá en escena *Neva* (2010), una obra de Guillermo Calderón que desarrolla una historia que bordea un "teatro comprometido" con un llamado a la reflexión y a la responsabilidad y *Nunca estuviste tan adorable* (2012), de Javier Daulte, una comedia de época que abarca 20 años (se salteará el autor los años 60) entre el 50 y el 70 cuyos protagonistas serán una familia (seguramente del autor). En triunfos y fracasos ubicados en una ficción, con diálogos agudos y divertidos, que golpean al presente. Todo lo que sucede nunca sucede en una ironía que lleva al final de la obra. Todo se altera transformando pasado en presente y futuro en lo que nunca sucedió. En palabras de Daulte, quien para definir su trabajo establece tres ítems fundamentales: "1) naturalismo en el tratamiento actoral y escénico 2) la inclusión de una trama inverosímil 3) la escena innecesaria (una incluida una en cada obra)" (Dubatti, 2005, 188).

La dirección de Juan Graña la veremos en tres obras diferentes: *Qué problema*, obra de su autoría; *Pabellón* (2004), de Álvaro Dell'Acqua, obra que marca el vínculo entre alineados, enfermeros y psiquiatras un juego entre los supuestamente cuerdos y los dementes con un juicio a la sociedad, donde la frontera entre lo normal y lo anormal de nuestra psiquis es discutida; y *Conversación Nocturna* (2005), de Daniel Veronese, obra determinada en el período de escritura individual sin intervención de un equipo teatral de acuerdo al modelo de escritura "literaria" con una temática que toca la creación y los correlatos entre el objeto creado y su creador (Dubatti, 2005, 220). En relación a esta obra Veronese dirá para esclarecer el significado de su dramaturgia "Me gusta la idea de un teatro que no atienda súplicas ni ruegos, un teatro seco y fatal inhumano pero inevitable. Un teatro que no puedo eludir. Teatro inexorable. Teatro azote. Teatro de una realidad desvelada, degradada pero verdad al fin...". Aunque su teatro no significará promover el pesimismo sino advertir de un mundo que vendrá como expresa Dubatti "de allí el sentido constructivo, de fundación de subjetividad alternativa" (Dubatti, 2005, 223).

También Daniel Veronese estará presente en el Teatro Circular con otra obra emblemática como *Mujeres soñaron caballos* (2003), con dirección de María Azambuya, un texto realista en apariencia donde el autor marca ciertos presagios simbolizados en parte por los caballos que marcarán lo desconocido y lo oculto. Un cruce de diálogos desencontrados entre parejas invitadas a inaugurar un apartamento en un edificio antiguo que llevarán al abismo del desenlace de la obra.

Pero también pasaron por el escenario del Teatro Circular directores jóvenes invitados como Gabriel Calderón con la puesta en escena de *Las buenas muertes* (2004), también autor de esta obra que nos muestra el desafío permanente que este dramaturgo genera en el público y en la crítica. El golpe, la agresión, la polémica. La vida y la muerte en la vejez. Dos años después pondrá en escena junto con Martín Inthamoussú en la dirección *Morir* (2006), de Sergi Belbel en siete episodios unidos por una idea común la muerte como episodio trivial. Obra desarrollada en dos planos: en la galería y en la platea que ayudó al clima de la representación sórdida pero creíble, quizás muy ácida. Pero así buscada por los directores.

Dos excelentes actrices también llenarán el espacio teatral del Teatro Circular: María Varela y Nelly Coitiño.

María Varela vinculada al elenco estable del teatro desde 1976 que inicia su actividad como directora teatral en el año 2000 con la puesta en escena de un autor clásico del teatro universal como Bertold Brecht con la obra *Terrores y Miserias del III Reich*. Seguirá con otro autor clásico de la modernidad como Federico García Lorca con la obra *La casa de Bernarda Alba* (2002), un drama rural donde se exploran temas como la opresión, la represión sexual y la lucha por el poder en una sociedad patriarcal. En el mismo año dará un salto a un autor y director fijándose en la puesta en escena, Peter Brook, en la obra *El hombre que confundió a su mujer con un sombrero* (2002), caso clínico harto peculiar del neurólogo Oliver Sacks.

Años después pondrá en escena *Cigarros* (2007), de Paúl Auster, donde realizó una inteligente y fluida adaptación de la novela Humo. Allí diversos personajes cruzan sus historias alrededor de una cigarrería. Está vez su dirección marcó un ritmo de movimiento escénico y desempeño de los actores en sus desplazamientos y clima dramático. *Inventarios* (2009), de Philippe Minyana llevará a la escena un salto por medio de los personajes de la obra de lo cotidiano a lo doloroso, de las bromas (hay una veta de humor en la versión) a la angustia, de lo luminoso a lo oscuro de la vida.

Con la obra *El tiempo y los Conway*, de John Priestley (2010), la directora María Varela desarrollará el tema de la recuperación del ayer. Una obra que entrecruzará 10 personajes con vida y actividades propias. La obra de Priestley está inspirada en las teorías de J. W. Dume que experimentó con sueños precognitivos estableciendo que todos los tiem-pos son simultáneos y experimentados secuencialmente por percepción mental. Aquí no solo se juega con el concepto de tiempo dramático, sino que muestra que pasado, presente y futuro se superponen para ofrecer al espectador una reflexión sobre el comportamiento humano, sus consecuencias y la responsabilidad de sus actos y decisiones.

La otra actriz que comienza a dirigir en el año 1982 invitada por el teatro Circular será Nelly Coitiño que trasmitirá su idea al elenco de ubicar la idea central del texto para luego extraerle al máximo sus jugos escénicos siguiendo a Artaud en relación a un lenguaje a partir de ideas y visiones que se transformen en cosas. Pondrá en escena *Toque de queda*, de C. Gorostiza, donde tratará de llevar la obra casi metafísica a un realismo de un lenguaje rioplatense en busca de lo universal. Una familia que puede ser una sociedad entera adormecida por las circunstancias que no le permiten ver más allá del presente.

Para finalizar dos puestas en escena dirigidas una por Alberto Zimberg: *El rey se muere* (2011), de Eugène Ionesco, teatro del absurdo, una obra con humor y delirio en una comedia del disparate y *La Colección* (2012), de Harold Pinter con traducción, versión y dirección de Alberto Zimberg, una puesta que apuntaba a la estética en la concepción de la obra como un todo.

En un somero análisis, para terminar, encontraremos que en relación a las poéticas nos encontraremos con puestas escena con una estética realista a veces portadora de una crítica social, hasta un teatro fundado en procedimientos y posturas ideológicas que llevan a la fragmentación, a la presentación de personajes sin verosimilitud realista y con una permanente apelación a la manifestación de sentidos múltiples en obras de Daniel Veronese, Rafael Sprengelburd, Alejandro Tantanian y Javier Daulte.

La estructura de intriga, por otra parte, será sostenida en muchos casos por una tesis realista, manifestada en un texto dramático cerrado y autosuficiente y dentro de un teatro comprometido ideológicamente. Teatro, éste, que por las obras representadas sigue siendo importante, y que será respetado por el director, quién llevará la obra, próxima muchas veces a la utopía social o individual, a la manifestación de los momentos de verdad del proceso social definida en hechos teatrales. Obras que serán autosuficientes, como expresa O. Pellettieri, con una puesta en escena que funciona como un todo homogéneo, en donde predomina la noción de totalidad, con una teatralidad visible y un desarrollo coherente que le permitirá al público obtener sus conclusiones, primando una idea "absolutamente comunicacional objetivista de la relación público- espectáculo".

Junto a las manifestaciones teatrales antes descritas coexistirá también un teatro de desintegración que como expresa Pellettieri será la continuidad estético-ideológica del absurdo, con un lenguaje teatral abstracto que propicia la disolución del personaje como ente psicológico sin pretender demostrar nada en un texto a referencial donde el personaje solo dice el discurso, desconstruído y psicológicamente desintegrado, en la prolongación de la tradición irracionalista-pesimista del grotesco. Con un universo sin ilusión y sobre todo atravesado por una carencia sustancial de afectos y de pasiones en una intriga fragmentada, inconclusa, compleja (Pellettieri, 2001, 227-239).

Pero el teatro independiente sigue proponiendo a sus espectadores en estos últimos años bajo ciertos estados de ánimo, amores y despechos, envidias y frustraciones, risas y lágrimas, angustias y solaz, reflexión y entretenimiento, así como provocación cachetada y desafío.

En el año 2021, la Federación Uruguaya de Teatros Independientes (F.U.T.I.) nucleaba a 29 elencos, manteniendo desde el año 1947 los principios de libertad, independencia y solidaridad, creada con fines artísticos y sin fines de lucro.

La compleja situación económica vivida por la mayoría de los elencos independientes llevó a impulsar una Ley Nacional de Teatros Independientes a nivel de gobierno. Esa Ley 19821 fue aprobada poco antes que terminara la legislatura del segundo gobierno del presidente Tabaré Vázquez. En el texto se reconoció al teatro independiente como patrimonio y se creó el Instituto de Artes Escénicas con participación de FUTI, Sociedad de Actores Uruguayos (SUA), la Asociación de Teatros del Interior (ATI) y el Poder Ejecutivo, pero no fue presupuestada.

El 13 de marzo de 2020 el gobierno de Lacalle Pou decretó la alerta sanitaria y suspendió los espectáculos públicos por el arribo de un nuevo enemigo del teatro el Covid 19. Fue un largo camino de soledades y reinvenciones.

Pero también desde ese momento el gobierno de Lacalle tiene la ley en "estudio" sin una respuesta que permita una reglamentación y presupuestación que la haga viable.

Nos queda luego de este despliegue de puestas en escena por estas dos Instituciones una reflexión: "El teatro es el arte de la transformación del espectador, como fenómeno teatral transmite ideologías, sensibiliza, provoca, pone en crisis, interroga. El teatro no puede desaparecer porque es el único arte donde la humanidad se enfrenta a sí misma."

Estaremos de acuerdo o no con lo anterior, cita que corresponde a Arthur Miller, pero es cierto que el teatro es como el agua, aunque le impidas el paso continúa fluyendo por otras vías.

Bibliografía

Abbondanza, Jorge. "El teatro independiente" en *Escenarios de Dos Mundos. Inventario teatral de Iberoamérica. Tomo 4* (201-202). Técnicas gráficas forma S.A., 1989.

Castillo, Andrés. "1793-1973 De la Casa de Comedias al Teatro Independiente" en *Escenarios de Dos Mundos. Inventario teatral de Iberoamérica. Tomo 4* (201-202). Técnicas gráficas forma S.A., 1989.

Domínguez, Carlos María. *Dura, fuerte y alocada. La historia del Teatro El Galpón*. Ediciones de la Banda Oriental, 2020.

Dubatti, Jorge. *El teatro sabe*. Atuel, 2005.

---. *Cien años de teatro argentino. Desde 1910 a nuestros días*. Biblos, 2012.

Fukelman, María. "Programa para investigación del teatro independiente" en Ansaldo, Paula, Fukelman, María, Girotti, Bettina y Trombetta, Jimena (comp.). *Teatro Independiente. Historia y Actualidad*. Ediciones CCC, 2017.

Legido, Juan Carlos. *Teatro Uruguayo*. Arca, 1968.

Martínez Moreno, Carlos. "Los independientes, los profesionales y el público" en *Semanario Marcha*, 28 de diciembre de 1956, p. 19.

Mirza, Roger. "El Galpón: cuatro décadas de ejemplar trayectoria" en *Escenarios de Dos Mundos. Inventario teatral de Iberoamérica. Tomo 4* (208-211). Técnicas gráficas forma S.A., 1989.

Muslera, Fernanda. *Sin Maquillaje*. Aguilar, 2018.

Pellettieri, Osvaldo. "Las nuevas formas del teatro argentino del 2000" en *Historia del teatro argentino*. Galerna, 2001.

Pignataro, Jorge. *La aventura del teatro independiente uruguayo*. Cal y Canto, 1997.

Tenuta, Juan Manuel – Héctor Puyo. *Antes que me olvide*. Banda Oriental, 1995.

Revistas

Capítulo Oriental. 1968. El Teatro Actual. Centro Editor de América Latina.

El Uruguay de nuestro Tiempo. 1983. "Las artes del espectáculo. 1958-1983". Ed. Mosca Hnos.

40 años Teatro Circular. 1994. Papelería LiventaPapelex SRL|

50 años Teatro Circular. 2004. Gerardo Mantero.

Entrevistas

Dardo Delgado. Integrante del Teatro El Galpón. Inédita. 2013.
Paola Venditto. Integrante del Teatro El Circular. Inédita. 2013.

La obra nos muestra la mirada

María Alejandra Botto Fiora

En el Centro Cultural de la Cooperación Floreal Gorini, durante el año 2017 pusieron una obra llamada: *Mirá!* de Marcelo Katz. Una obra llena de poesía, ingenio y belleza. En octubre de 2018 volvieron a montarla en el Espacio Aguirre, esta vez a la gorra.

Si abordamos la obra desde el eje de su modo de producción deducimos que se trata de una obra de teatro independiente.

Se creó colectivamente en ensayos, a partir de una idea de Marcelo Katz, en *Espacio Aguirre*, escuela de Clown. La búsqueda del grupo, entre los cuales se contaban 15 personas: iluminador, músico, hacedores de objetos desopilantes y Clowns, apuntaba a la invención colectiva. Podríamos situarlos como artistas-investigadores que hicieron de esas reuniones, un laboratorio artístico. Es congruente que se estrenara en el Centro Cultural de la Cooperación, como anticipé, ya que es un centro que no solo produce arte sino también pensamiento sobre el arte (Dubatti, 2017). Lo que sostiene el trabajo es la decisión voluntaria del trabajo creativo. Su objetivo no es de lucro, aunque pudiera obtenerse un reconocimiento económico por su trabajo, sino el hecho de poner en marcha una profunda y lúdica investigación sobre la mirada. Es algo que interroga a cualquier teatrero, pero es desde esta propuesta independiente que se aborda la cuestión La alta calidad estética es indudable y se deduce al verla que es uno de los objetivos prioritarios del grupo. "Para hacer teatro independiente se necesita un grupo de gente que se encuentre a ensayar, que encuentre un lugar en su agenda para esto, y que lo haga por algo que no sea una retribución económica" dice María Fukelman en su texto "Programa para la investigación del Teatro independiente". Este es el caso de los integrantes de: *Mirá!*

Son 10 clowns que utilizan diversos materiales para desarrollar su exploración. Entre ellos hay una cámara, de modo que el público puede ver una escena y un detalle de ella misma ampliado en una pantalla. Por ejemplo: hay un actor que juega con agua dentro de un balde mientras otra actriz filma un detalle de esos movimientos. En la pantalla se ve lo que ella filma. Dos realidades diferentes en la misma realidad. La cámara hace las veces de lupa y también de cincel, recortando algo que es imposible apreciar desde la butaca. Una misma experiencia se desdobla.

Hay muchos desdoblamientos y multiplicaciones. En una mesita, con varios objetos, un barco de madera se irá llenando de personajes: muñequitos pequeños que son figuritas de cada Clown, serán llevados a navegar por el aire, por los propios actores que, titiriteros de ellos mismos, tendrán escala de juguete, escala humana y escala fílmica en la pantalla, a la vez. ¿Qué miro? ¿La imagen reflejada o la que se refleja? Es un juego, un invento que pone a pasear la mirada.

El título de la obra ¿Es un llamado, es una exigencia, es una súplica, es una advertencia, es un reto? Quién sabe. Falta el tono, que precisaría su significación. Seguramente es una condensación de todas las significaciones posibles que la obra se encarga de desplegar. La cuestión es que en un momento el Clown Agustín Saiegh se planta ante el público y da una consigna: "¡No importa lo que haga no me miren!". Dice: "Ahora por ejemplo voy a caminar para allá, pero no me miren". Su pedido resulta imposible de cumplir. Apenas empieza a moverse, las cabezas de los espectadores luchan por hacerle caso sin conseguirlo del todo, porque no solo el movimiento en la escena atrae la atención, automáticamente, sino que, cuando el actor va cayendo fuera del campo visual del espectador, éste ya no sabe si se está perdiendo de ver algo importante o no. ¡No mires!, es mucho más difícil de obedecer que ¡Mirá! La escena resulta cómica claramente, y las risas no tardan en producirse. Entiendo que en estas risas hay una satisfacción que revela algo estructural inconsciente que sabemos sin saberlo.

Todo esto me hizo reflexionar acerca del trabajo de investigación que realizamos en el marco de nuestro grupo de Arte y psicoanálisis en el Instituto de Artes del Espectáculo de la Facultad de Filosofía y Letras de la UBA. Estudiamos allí la sublimación como modo de satisfacción pulsional en el acto creativo. Encuentro en esta obra un buen ejemplo de sublimación con respecto a la mirada como objeto pulsional. Se trata de la pulsión escópica. ¿Quién mira? ¿Qué mira?

En el reportaje que le hacen en el programa *Parece que viene bien* en Radio 1110 el 4 de noviembre de 2017, Marcelo Katz dice que como los Clowns no tienen cuarta pared, la mirada del público va determinando en cierta forma, lo que ellos van haciendo; ésta fue una razón para que decidiera ponerla en escena. Pero ¿Qué mirada? ¿Dónde está la mirada?

El psicoanalista Jacques Lacan nos descubre que, a diferencia de lo que habitualmente creemos, la mirada no está en el espectador sino en el cuadro.[63] Un ejemplo interesante lo encontramos en el famoso *"La ronda de noche"* de Rembrandt Van Rijn que se encuentra en el museo Nacional de Amsterdam. Es probable que el verdadero nombre del cuadro fuera *"La compañía militar del capitán Frans BanninckCocq y el teniente Willem van Ruytenburch"* dado que, cuando fue restaurada, se pudo comprobar que era de día, por un rayo de luz que entra por la ventana. Esos elementos iluminados atraen la atención hacia esos puntos. Llaman a mirar ahí. Pero lo sorprendente es que, entre dos personajes, a la izquierda de la composición, se asoma un ojo que mira hacia arriba: se dice que es el propio Rembrandt retratado. ¿Acaso para poder pintar, el pintor tiene que tener un ojo en la tela?[64]

Ojo, mirada, visión, imagen, son términos para articular. Nos damos cuenta de que no son equivalentes y no son evidentes las relaciones que mantienen entre sí. Para introducir el asunto podemos conjeturar que el artista sabe de algún modo —y ese ojo es el testimonio en el cuadro— que para poder realizarlo tiene que dejarse tomar por un movimiento que va desde la tela misma hacia el exterior para tomar perspectiva, y luego volver nuevamente a ubicarse desde la tela para considerar la pintura en conjunto: la mirada dibuja un movimiento tal que adentro y afuera de la tela conforman un nuevo espacio continuo, que el hecho de pintar hace necesario crear.

En el caso de la obra: *Mirá*, el cuadro es kinético, se mueve: el actor caminando, o haciendo alguna morisqueta. Pavadas o disparates,

---

[63] J. Lacan. 2012. 212. *Homenaje hecho a Marguerite Duras, del arrebato de Lol V Stein.* 'Enseño que la visión se escinde entre la imagen y la mirada, que el primer modelo de la mirada es la mancha de la que deriva el radar que ofrece el corte del ojo a la extensión". *Otros Escritos.* Buenos Aires. Paidós.

[64] Ver al final del trabajo dos detalles del cuadro.

dicen ellos mismos: o sea, cosa seria. Imposible sustraerse al atractivo, la atención escópica se va con su movimiento. ¿El espectador mira al clown o el clown al espectador? Es el Clown el que nos mira. Los espectadores caemos en el campo de su demanda: ¡No miren! Y quedamos retenidos ahí por el magnetismo de lo que no tenemos que mirar.

Las escenas del Clown son cuadros en construcción. Si vamos a un museo, podríamos decir que al cuadro que no nos mira, no lo vemos. Y cambiando de referencia, si advertimos que hay un insecto, por ejemplo, subiendo por la pared, él ya no parará de mirarnos: aunque sea con el rabillo del ojo, no podremos dejar de seguirlo por temor o por curiosidad. Es común decir que a las cosas que están siempre ahí ya no las vemos: y es que han dejado de mirarnos.

El artista siempre precede al psicoanalista, dice Lacan junto con Freud. El artista le abre la vía. Y eso es lo que pasó conmigo al asistir a esta obra. Los artistas cuentan con este saber que el psicoanálisis teoriza. Saben cómo mirarnos para atraparnos y creemos que somos nosotros quienes los miramos a ellos. Incluso dándonos la orden contraria, porque tienen un saber sobre la mirada como objeto pulsional. Ya mencioné a la pulsión sin decir nada sobre ella. ¿De qué se trata?

Freud nos dejó un trabajo llamado *"Las pulsiones y sus destinos"* donde muestra que hay una satisfacción que se organiza alrededor de los agujeros del cuerpo ¿Por qué razón sucede esto? A diferencia de lo que sucede en los animales, los que hablamos, no contamos con un saber instintual que nos prescriba cómo vivir y reproducirnos, qué hacer con nuestros residuos y nuestros restos, cómo tratarnos con nuestros congé-neres. El lenguaje desvía lo que podría haber sido una satisfacción natural. Por el habla, las necesidades se sexualizan y se transforman en demandas. Fuimos cuidados y cuidamos a nuestra descendencia con saberes que son construcciones de lenguaje. No hay modo de salirse del lenguaje y por esta razón el asunto de lo acuciante de las necesidades desde el inicio de la vida será resuelto según teorías que aportará otro y que varían según las épocas. Actualmente suele ser la ciencia la que provee ese saber que sustituye como puede al saber instintual, que no poseemos. Antiguamente habrán sido las matronas, las abuelas, los chamanes. Siempre textos y habla. El resultado es que *no se sabe acabadamente de la satisfacción*. Podemos decir que en ese corpus que es el lenguaje, el saber sobre la satisfacción está agujereado. Y esto se hace cuerpo en los orificios del propio cuerpo, so-portes de las demandas. Ese goce justo que no hay, que se presenta como faltando, se va a recuperar en parte alrededor de esos agujeros, pero siempre en más o en menos. Exceso o defecto, el goce obtenido siempre deja que desear.

Son conocidas la pulsión oral y anal. Su satisfacción depende de una estructura gramatical en la cual el verbo cambia de modo: comer, ser comido o hacerse comer por ejemplo en el caso de la pulsión oral. Las metáforas sexuales que se derivan de esto son hasta obvias: es habitual en Buenos Aires al menos, la expresión "estar comiéndose a alguien" o hablar de alguien deseable como de un bombón; esto a su vez se extiende hasta su cara de angustia en la voz pasiva del verbo, en frases tales como "ser chupado o vampirizado" por alguien cuya satisfacción oral se cumpliría a expensas de aquel que enuncia esa frase. Vemos que esa satisfacción, a la que llamamos goce, no necesariamente coincide con el placer. No solo es un problema su propia satisfacción para el sujeto, sino que también lo es cómo está implicado él, en la satisfacción del otro. El cachorro humano capta que, los otros de los que él depende, desean. Si desean es porque algo les falta. Y es un enigma el deseo del Otro y su satisfacción ¿Qué quiere de mí? ¿Cómo se satisface conmigo? ¿Qué soy en su satisfacción? El Otro,[65] al que Lacan escribe con mayúscula, es ese lugar donde el deseo es captado por el sujeto, deseo cuya satisfacción es enigmática y por ende angustiante. Lacan utiliza una letra, la a minúscula, para escribir en álgebra, el borde de ese agujero. Y los objetos de la pulsión, especies de ese objeto *a*, recuperan algo de ese goce imposible: oral, anal, escópico para la mirada e invocante para la voz. Cada uno es un dialecto pulsional, como mos-tramos en el caso del oral, según los modos del verbo.

Si bien Freud no menciona a la mirada como un objeto, sí estudia en el texto al que aludimos, al exhibicionismo y al voyeurismo, a los que

---

[65] El Otro es el campo del habla en el lenguaje, trabajado por la letra. Es un lugar que constituye al sujeto sin ser un alguien. Los defensores de la fe proponen allí al Dios todo saber.

ubica en el campo de las perversiones. La mirada y la voz, como objetos pulsionales, son adjuntados por Lacan posteriormente.

Para explicar el funcionamiento de cada uno de estos objetos pulsionales Lacan recurrió a una disciplina matemática llamada Topología de superficies. En esta geometría, las superficies no son estudiadas según categorías métricas sino según otros invariantes. Para poder distinguir los objetos entre sí, no se tiene en cuenta la medida: por ejemplo, el diámetro de una circunferencia, o los ángulos de un triángulo. Una superficie topológica puede deformarse, achatarse, estirarse, darse vuelta, y mientras no se la corte ni se la rompa se la considerará siempre la misma. Hay diversas invariantes para caracterizarlas. Mencionamos acá algunos, como la dimensión, el número de borde, el número de caras. Por ejemplo: si puedo pasar de una cara a la otra de una superficie sin cruzar ningún borde se la llama no orientable, unilátera, o monocroma, porque si la pinto, con un solo color la recorro totalmente. La banda de Moebius es de estetipo.

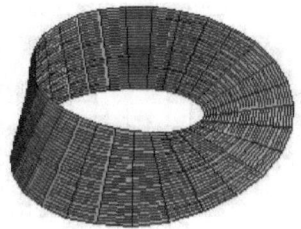

El funcionamiento de la mirada corresponde a una superficie moebiana, que genera un agujero no intuitivo para la imaginación. Se llama plano proyectivo y como tal es irrepresentable en 3 D, pero podemos tener alguna imagen en los gorros que llevan los obispos, también llama-dos mitra o crosscap. Matemáticamente se trata de una esfera que se cierra auto-atravesándose, de modo tal que el adentro y el afuera quedan en continuidad. Sin cruzar ningún borde, ni tener que romper la superficie, puedo recorrerla toda.

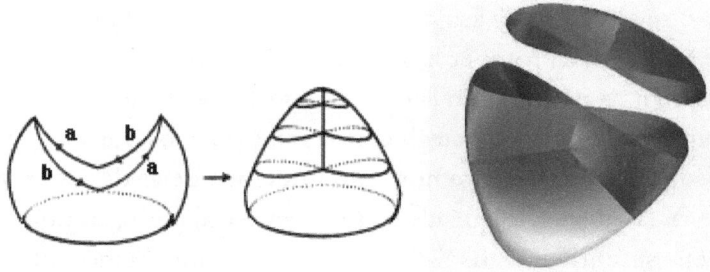

Por eso orientarse allí no es nada fácil. Mirar, ser mirado y darse a mirar; quién mira y quién se da a ver: en cada caso hay algo que se sustrae. "Tú no me ves desde donde te miro" enuncia Lacan en su seminario "De otro al otro".[66] Y ya estamos en el plano proyectivo. ¿Cómo es la estructura de la pulsión escópica, cómo funciona el agujero mirada?

La angustia que produce la satisfacción del Otro, por no saberse, se resuelve mediante distintas estrategias: por ejemplo, exhibicionismo y voyeurismo. No hablaremos de ello en detalle, pero ambas estrategias intentan taponar ese lugar desde donde proviene la angustia, poniendo en evidencia que el objeto de satisfacción, mirada en este caso, es íntimo y es exterior; que ese Otro al que quiere completar con ella, lo afecta, lo implica, le concierne. En el reportaje que cito anteriormente, la periodista le pregunta a Katz si el tema de la mirada le surgió como reflexión ante lo que ocurre en las redes sociales, a lo que ella llama voyeurismo. Y Katz responde que no lo cree. Dice no frecuentarlas prácticamente y no encuentra como fuente de su interés una pregunta por el voyeurismo. La obra, efectivamente, no transmite nada de eso.

Constatamos así que el arte puede ofrecer otra estrategia con respecto a esta enigmática satisfacción escópica: ni taponarla como en la perversión, ni reprimirla como en la neurosis (de la que no hemos hablado en esta ocasión). El arte puede recrearla. Se llama sublimación de la pulsión. Es lo que hacen tanto Rembrandt como Marcelo Katz y su grupo. Rembrandt, quien se hace aparecer como un ojo que asoma desde la tela que está pintando. El ojo, no es la mirada. Lo que muestra Rembrandt es

---

[66] J. Lacan. De un Otro al otro. 18 de junio de 1969. Paidós.

que, para producir la mirada en su obra, tiene que estar en un espacio crosscap, si se puede decir así: por fuera de la tela y entrando en ella, sin pasar por un borde ni romper la superficie. En nuestro caso es el Clown el que nos invita a no mirar en la obra que se llama: *Mirá!* Nos hace hacer la experiencia del crosscap. Saiegh crea la mirada en los bordes de nuestro campo visual, donde ya no vemos y no podemos dejar de mirar, incluso no viendo. Y la satisfacción reside en recorrer ese agujero, en donde adentro y afuera se entrecruzan. Satisfacción que como hemos observado, puede ser inquietante y angustiosa, como así también jubilosa cuando el arte la pone en escena.

Detalle de "La ronda de noche", de Rembrandt (1642)

"La ronda de noche", de Rembrandt (1642)

Bibliografía

Dubatti, Jorge. *Una colección para el área de Investigaciones en Ciencias del Arte.* Buenos Aires. Ediciones del CCC. 2017.
Freud, Sigmund. *Obras completas.* Madrid. Biblioteca Nueva. 1974.
Fukelman, María. *Programa para la investigación del teatro independiente. Teatro independiente. Historia y actualidad.* Buenos Aires. Ediciones del CCC. 2017.
Lacan, Jacques. *Homenaje hecho a Marguerite Duras, del arrebato de Lol V Stein. Otros Escritos.* Buenos Aires. Paidós. 2012.
---. *De un Otro al otro.* Buenos Aires. Paidós. 2011.
Sontag, Susan. *Sobre la fotografía.* México. Alfaguara. 2006.
Vappereau, Jean Michel. *Estofa.* Buenos Aires. Kliné. 1997.
Radio 1110 "Parece que viene bien", 4/11/2017.

La comedia negra de Buenos Aires

Rocío Villar

La comedia negra de Buenos Aires fue fundada en 1987 por las hermanas afroargentinas Carmen y Susana Platero. Su principal objetivo, luego de convertirse en Asociación Civil, fue el de trabajar en pos del reconocimiento de los afrodescendientes dentro y fuera del campo teatral. Hasta ese momento no existían compañías formadas por afrodescendientes y las pocas actrices y actores afro debían conformarse con interpretar papeles secundarios de personajes casi siempre ligados a la servidumbre. Lo que sucedía en el plano teatral porteño era una muestra significativa de la representación que la Nación Argentina tenía de sí misma, la cual se había construido sobre el imaginario cultural de Nación blanca y europea, sosteniendo que todos los afrodescendientes habían desaparecido luego de las epidemias y guerras del S XIX.

"La "desaparición afroargentina" forma parte del proceso de construcción estatal-nacional que se afianzó a fines del siglo XIX y que se sustentaba en la ideología del "progreso" y la europeidad/blanquidad para alcanzar la "modernidad/civilización" como país. Para ello se pusieron en práctica políticas y dispositivos específicos de producción de homogeneidad nacional y ocultamiento o marginación de diversidad, entre los que destacan el llamamiento a la inmigración europea o las formas que tomaron la narración histórica oficial, las mediciones censales, el servicio militar y la educación inicial obligatorios, entre otros. Se impuso así el ocultamiento y el olvido de todo elemento cultural de matriz africana, que fue sepultado o resignificado (el caso del tango es paradig-mático), construyendo un cerrado discurso de sentido común de "blanquidad" que fue inquebrantable hasta hace pocos años y en el que está implicada la que se suele denominar "invisibilidad" afro (Geler Lea, 2014, 82). Por estos motivos, el estudio de La comedia Negra de Buenos Aires es de relevancia no solo para la historiografía teatral, que en la mayoría de los casos pareciera desconocerla, sino para visibilizar, por medio de la representación, la presencia afro en el país y contribuir a evidenciar el aporte de dicha cultura como parte fundamental del patrimonio social y cultural Nacional.

De igual modo que no puede pensarse el surgimiento de La comedia Negra por fuera del contexto sociocultural argentino, particularmente, por fuera del campo teatral porteño, tampoco puede pensarse por fuera de la historia personal de las hermanas Platero. Como afrodescendientes tuvieron que desentrañar su propia narración histórica familiar para comprender de dónde venían y quienes eran, solamente después de eso tuvieron en claro qué era lo que querían contar.

La familia Platero, al igual que muchas familias afrodescendientes, vivían en la Zona de San Telmo, al sur de la Capital Porteña. Su abuelo, Tomás Braulio Platero, pudo estudiar y graduarse de escribano convirtiéndose en uno de los primeros profesionales afrodescendientes. Se destacó por haber sido uno de los fundadores de la Unión Cívica Radical y presiden-te de la Sociedad de Socorros Mutuos La Protectora, una sociedad benefactora que ayudaba a la comunidad afrodescendiente[67].

Carmen Platero estudió cuatro años la carrera de actuación en la Escuela de Teatro de La Plata, dependiente del gobierno de la provincia de Buenos Aires. Allí estuvo en contacto con los grandes maestros de teatro Augusto Fernández y Carlos Gandolfo. También se formó con directores teatrales focalizando en el perfeccionamiento actoral y el aná-lisis del texto teatral. Sin embargo, pese a toda su formación, a la hora de conseguir papeles en las compañías se encontraba con que nunca iba a poder representar roles protagónicos. Años más tarde viaja a Buenos Aires para presentarse ante el grupo de Teatro Fray Mocho, Compañía independiente ligada a la investigación teatral. "Fui a pedir trabajo, eran comunistas y me dijeron: 'Acá hay que empezar de abajo'. Me dieron una cajita

---

[67] "La Protectora fue un adecuado fin para la progresión de las organizaciones sociales afroargentinas del siglo XIX. De sólido éxito, se granjeó la aprobación general de casi todos los sectores de la opinión negra. (...) La Protectora satisfacía el doble prerrequisito para una organización social afroargentina exitosa: no sólo proveía pronta y regularmente de ayuda económica a sus miembros, sino que también servía como fuente de orgullo y pundonor para la comunidad" (George Reid Andrews, 1989).

con dulces y me hicieron vender entre función y función. Yo pensé: 'Seis años me preparé, no voy a vender caramelos'" (Platero, 2017).

Finalmente decide que lo mejor es hacer unipersonales, realiza obras en las que cantaba tangos, candombes y milongas al tiempo que alternaba con el recitado de poesías. Mientras representaba su espectáculo "Tango con voz de mujer" la convoca el director y dramaturgo Patricio Esteve para que formara parte de una obra que estaba por dirigir. La actriz cuenta en una entrevista que Esteve le dijo: "Mirá, mucho no me gustó [Tango con voz de mujer], pero me gustó tu trabajo. ¿Vos no querés protagonizar una obra que vamos a montar acá?" (Platero, 2017). Final-mente ella asume como protagonista y el 8 de abril de 1972 en el teatro La Fábula, se estrena "La gran histeria nacional",[68] permaneciendo en cartel hasta el 17 de diciembre de ese año.

De alguna manera el espíritu de revisión histórico político presente en la obra de Esteve, aunque abordara otra temática, influyó en las hermanas Platero quienes comenzaron a sentir la necesidad de revisar su propia historia que era también la de muchos afrodescendientes. Fue así como Carmen y Susana, que era una gran cantante, empezaron a darse cuenta que la historia de su cultura y de su comunidad no aparecía en los manuales escolares, que en realidad no estaba siendo contada y que era necesario poder representarla para hacerla visible. Trabajaron en varios proyectos que tenían como objetivo principal denunciar la discriminación, el racismo y la exclusión de su cultura. El primero de ellos se iba a llamar "Afroamérica 70", era un proyecto que partía de fragmentos de distintos textos de escritores afrodescendendientes. Lo presentaron ante la Dirección de Cultura de la Nación y fue aprobado, pero cuando les dieron el libreto comprobaron que no había autores afroargentinos, que todos los autores como Nicolas Guillén, Nicomedes Santa Cruz, Páez Villaró y

---

[68] La gran histeria nacional es una magnífica revisión de la "historia oficial" argentina a través de la parodia del discurso histórico liberal, especialmente de la Historia de Grosso, con una fuerte función crítica. La estructura se divide en cuadros, cada uno toma un acontecimiento puntual de nuestra historia, al estilo de la revista criolla. Esto lo lleva a configurar un texto abierto a modificaciones y reescrituras. (Amalia Iniesta Cámara, 2016).

Rubén Carámbula eran de otros países, pero que ningún argentino. Fue así que decidieron que era necesario contar esa historia que nadie estaba contando, para ello trabajaron durante varios años recolectando material, archivos y documentos. Consultaron el Archivo General de la Nación y otras fuentes donde pudieron hallar aquello de lo que nadie hablaba.

"Queríamos denunciar la negritud y la esclavitud argentina, entonces nos fuimos a buscar actas de venta, actas de liberación, episodios históricos de Córdoba, de Buenos Aires, cómo era la esclavitud, cómo marcaban a los esclavos, dónde los remataban. Hicimos un espectáculo con diferentes situaciones, como cuadros, pero con voz y canto. Era una historia contada y cantada de la negritud argentina, desde la colonia hasta ese momento actual" (Platero, 2017).

Finalmente logran armar una obra "CalungaAndumba", que además de escribirla y dirigirla la acompañaban con música en vivo tocando el piano y haciendo percusión. Calunga es la diosa del mar, de origen bantú; Andumba una onomatopeya afrorrioplatense que incita al movimiento. Esta obra de registro histórico y testimonial ponía en escena la esclavitud y la afrodescendencia en Argentina intercalando documentos extraídos del Archivo General de la Nación. Si bien la obra fue estrenada en 1976 en los teatros de San Telmo y continuada en el teatro del ICRS, (Instituto de Cultura Religiosa Superior) alcanza mayor repercusión hacia 1987, momento en que se funda la compañía y que coincide con el retorno al régimen democrático del país luego de la dictadura cívico-militar 1976/1983.

Para entender la relevancia que tuvo el estreno de "Calunga Andumba" como obra que denunciaba no solo la discriminación racial de la comunidad africana sino también la invisibilización de dicha comunidad como parte integrante de la sociedad argentina, es necesario comprender como fue el ingreso de los africanos al país.

La investigadora Marta Maffia señala que pueden considerarse tres grandes momentos históricos fundamentales en el ingreso de las comunidades africanas. Un primer momento data del siglo XVI, consoli-dándose en los siglos XVII y XVIII, se trataría del ingreso de africanos esclavizados destinados a servir de mano de obra de los colonos europeos en América.

En una entrevista Carmen Platero mencionó que mientras se documen-taban para tener material para su obra comprobaron que su cuarta abuela, María Clara de la Rosa, había sido rematada como esclava en Montevideo en 1771. Por tales motivos, este movimiento no puede catalogarse de inmigratorio, tal como denominamos a las inmigraciones españolas o italianas.[69]

El segundo momento histórico comienza a fines del siglo XIX y se extiende hasta mediados del siglo XX. Se refiere a las inmigraciones provenientes de las Islas de Cabo Verde, ya no se trataría de esclavos vendidos y comprados, pero si de otra forma de dominación ya que los inmigrantes que llegan al país lo hacen en búsqueda de mejores condiciones de vida que las que tienen en su país de origen bajo la administración colonial portuguesa. Este grupo se asentó principalmente en las zonas ribereñas del Río de la Plata, en las localidades de Dock Sud, La Boca y Ensenada Y, por último, habría un tercer movimiento durante la década de 1990, vinculado con causas económicas y persecuciones políticas por las cuales llegaron al país inmigrantes de Senegal, Nigeria, Malí, Sierra Leona, Liberia, Ghana y Congo. En todos los casos lo que prevalece es una relación de desigualdad, de exclusión y dominación mediante la cual se segrega a las comunidades afro y se las estigmatiza.

La obra fue bien recibida por la crítica que elogió la propuesta, pero la dictadura cívico militar que irrumpió ese año la censuró y no volvieron a presentarla. Ambas hermanas se exiliaron. Susana viajó a África y Carmen a Europa y luego a Puerto rico donde siguió trabajando como actriz y profesora de teatro. Con la vuelta de la democracia en 1983, las dos regresaron al país y recomenzaron juntas su proyecto teatral creyendo

---

[69] Mientras que la inmigración supone el traslado voluntario de una persona o grupos de personas de su territorio de origen hacia otro distinto, el término de afrodescendencia es un concepto político que se refiere específicamente a la descendencia de africanos esclavizados, es decir llegados al país para ser vendidos en contra su vo-luntad. Este concepto tiene apenas 19 años y surge de la Declaración de Santiago y Durmand, organizado por la OEA (Organización de los Estados Americanos), en el Congreso que dio origen a ese término, en el cual se enmarcó la Conferencia Mundial contra el Racismo, la Discriminación Racial, la Xenofobia y las Formas Conexas de Intolerancia, celebrada del 5 al 7 de diciembre de 2000 en Santiago de Chile.

que tenía que ir un paso más allá y enmarcarlo dentro de una propuesta más formal, fue así que deciden abrir una convocatoria para fundar un grupo de teatro. En 1987 nace la Comedia Negra de Buenos Aires, una compañía de la que participaron afroargentinos, afrouruguayos, afroperuanos y afrobrasileros. Poco tiempo después de su formación, reestrenaron CalungaAndumba, como corolario de los talleres teatrales que la Comedia Negra había organizado e impartido en la Sociedad de Socorros Mutuos Unión Caboverdeana de Dock Sud, dirigidos a la población afrodescendiente, en la que participaron diez intérpretes.

La Comedia se formó con actores afrodescendientes: Los uruguayos Pepe Gares, encargado de la parte musical, Betty Delgado y Miguel Ríos, de Argentina Walter Barboza, Susana y Carmen, un bailarín y actor de Perú, y una bailarina y actriz de Brasil. Tuvieron su acta fun-dacional, con fecha del 19 de febrero de 1987, en la cual dejaban plas-mada la necesidad de:

1- Rescatar el acervo cultural previo y posterior a la esclavitud
2- Poner de manifiesto la participación de los africanos y sus descendientes en la historia épica, cultural y artística
3- Desmitificar el pintoresquismo negro abordando el repertorio universal.

El acta iba acompañada de un anexo en el cual se constataba que junto a la creación de la Comedia se fundaba la Escuela y Talleres de máscaras, escenografía y vestuario, utilería e instrumentos de percusión. Susana y Carmen Platero firmaron el acta invocando la figura de Martin Luther King.

La obra no contaba con apoyo estatal y la sala de San Telmo en la que fue estrenada era muy chica. En ese momento esa zona no formaba parte del circuito teatral como lo es en la actualidad, la mayoría de los espectadores se movían por la zona del centro de Capital Federal, siendo la Av. Corrientes el lugar donde todos querían estar. Por este motivo Carmen Platero tuvo que salir a buscar otra sala y finalmente consiguió que le dieran una sala al 5200 de Córdoba, un lugar al que nadie asistía. Si bien los primeros días se llenó, al poco tiempo el público dejó de ir y como consecuencia la obra dejó de presentarse.

La Comedia Negra terminó disolviéndose, aunque marco un antes y un después dentro de la visibilización de la comunidad afro al ser la primera organización del país que tenía por objetivo mantener viva la cultura y el lazo con África al mismo tiempo que se integraban a la sociedad y ponía de manifiesto su identidad de afroargentina.

Treinta años después del estreno de Calunga Andumba, la Compañía teatral TES, Teatro en Sepia, dirigida por la actriz afrocubana Alejandra Egido, vuelve a poner en escena la obra ya que consideran que sigue siendo necesario quebrar la indiferencia histórica y el olvido de la presencia de esclavos y sus descendientes en la Argentina. La obra se reestrena en el Teatro Empire y luego será declarada de interés cultural por la Ciudad Autónoma de Buenos Aires.

En los últimos años se dictaron distintas leyes tendientes a enmendar la invisibilización por parte del Estado Argentino de la afrodescendencia en el país. Entre ellas se destacan la Ley N.° 26.852 (2013) que declara el 8 de noviembre como el Día Nacional de los Afroargentinos y de la Cultura Afro. La fecha, en homenaje a María Remedios del Valle, a quien el general Manuel Belgrano le confirió el grado de capitana por su papel en la Batalla de Huaqui.

En lo que respecta al campo teatral el 14 de noviembre de 2015 el Teatro Nacional Cervantes inauguró la muestra "Comedia Negra de Buenos Aires", con la presencia de argentina de Carmen Platero, quien fue homenajeada. La exposición fueorganizada por el Programa Afrodescendientes, de la Subsecretaría de Promoción de Derechos Culturales y Participación Popular del Ministerio de Cultura de la Nación. En ella, se exhibieron documentos e imágenes de la compañía teatral.

El 8 de noviembre de 2017 Carmen Platero fue declarada ciudadana destacada por el Concejo Deliberante de la Provincia de Buenos Aires y homenajeada en la Cámara de Diputados de la misma provincia, ante la presencia de personalidades de África, Argentina y América Latina.

Bibliografía

Andrews, G. R. *Los afroargentinos de Buenos Aires*. De la Flor, 1989

Cortázar, Alejandro. "África entre 2 orillas", Diario la diaria, 7 de agosto 2017

Estévez, Patricio. "CalungaAndumba o Montserrat en Nigeria" en *Revista Claudia* año XIX, n° 221, noviembre 1976. 18 Revista de música y comentarios de Arte, «Notas», 20 de noviembre de 1976.

Geler, Lea. "Un personaje para la (blanca) nación argentina. El negro Benito, teatro y mundo urbano popular porteño a fines del siglo XIX" en *Boletín Americanista*, n. 63, p. 77-99, 2011b

---. CalungaAndumba: 30 años de teatro y lucha afrodescendiente en Buenos Aires. Lea Geler2 CONICET/Universidad de Buenos Aires. 2012.

---. *Teatro y afrodescendencia en Buenos Aires*, 2014.

---. Guazmán, F, Frigerio, A. *Cartografías afrolatinoamericanas, Perspectivas situadas desde la Argentina*. Biblios, 2016.

Iniesta Cámara, A. "Evocación de Patricio Esteve" en Dubatti, J. (Coord.) *Homenaje a Patricio Esteve, Nuevas orientaciones en teoría y análisis teatral*. Buenos Aires: UBA, Facultad de Filosofía y Letras. 2016.

Maffia, M. "La inmigración caboverdeana hacia la Argentina. Análisis de una alternativa", en *Trabalhos de Antropología e Etnología*. 1986.

Montero, R. Cirio, P.N. *Rita Montero, Memorias de piel morena, Una afroargentina en el espectáculo*. Dunken, 2012.

El Che Guevara representado en el teatro independiente

Jimena Cecilia Trombetta

Introducción

Panorama sobre las obras teatrales en el teatro independiente sobre Ernesto Guevara

La figura de Ernesto Che Guevara fue representada en el teatro independiente[70] desde 1984 con una obra llamada *Ernesto Soldado de América*. Esta fue realizada por Claudio Nadie, quien encarnaba a Guevara, y Aldo Boetto. En la entrevista hecha a Boetto nos mencionaba como la puesta había sido llevada adelante a pesar de las presiones políticas que existían aun habiéndose estrenado en democracia. Cuenta Boetto sobre las amenazas recibidas en la calle tanto a él como a una de las actrices. De esa obra quedan unas pocas críticas, un programa de mano y una fotografía. De aquella fotografía y del testimonio de Boetto, desprendemos una situación de época y una poética que no solo da una marca estilística sino también habla de un modo de producción. La escenografía y el vestuario se conformó en creación colectiva, sin apoyo estatal, sin subsidios. Luego de esa obra apareció en escena *El otro Che* (1989) de Juan Vogelmann con la actuación de Norberto Bonel como el Che de la que solo registramos el programa de mano en Argentores, a partir de ese programa podemos aseverar que se trata de teatro indepen-diente fundamentalmente por las declaraciones del director y autor de la puesta.

Introduciéndonos en los años '90, el registro que encontramos revisando los programas de Argentores fue la creación de Carlos Alsina *Ladran Che!* Esta obra que Alsina escribió por aquella época, se estrenó en el 2000 en Tandil con puesta de Marcelo Jaureguiberry y la actuación de

---

[70] Vale recordar que quedó trunco el estreno de *Del Che en la frontera*, obra de David Viñas que comenzó a escribir en 1979 y que fue editada finalmente en 2016 por el editor alemán Dieter Reichthar. Para más información recomendamos leer David Viñas y el Che: Una obra de teatro desconocida. Revista Transas Letras y Artes en América Latina.

Rubén Maidana en el rol del Che y Gustavo Lazarte en el rol del Quijote. Y *Cuestiones con Ernesto* (1998) de José Pablo Feinmann con dirección de Javier Margulis y Rubens Correa, actuación de Manuel Callau como el Che y Arturo Bonin como Navarro en el Complejo Teatral Margarita Xirgu.

La baja producción sobre la figura del Che, frente al relevamiento que hemos hecho sobre Eva Perón (más de 80 obras desde 1983 a 2014), se debe a que el personaje histórico Guevara no necesitó ser renacionalizado en tanto que siempre fue considerado justamente un soldado de América, una figura pregnante en la historia internacional y especialmente de Cuba. A su vez durante los años '90 comenzaron a cuestionarse los discursos políticos del peronismo, motivo que impulsó visitar la imagen de Eva. Recién a comienzos del siglo XXI la figura del Che fue representada con mayor asiduidad, pero hay que contextualizar el fenómeno en el campo del teatro independiente que de por sí explotó su producción. Si consideramos que, a partir de 2003, las políticas vinculadas con los personajes históricos que defendieron la integración social y la unión de Latinoamérica estuvieron en boga, no es de extrañar que Guevara también pasara a formar parte del escenario.

Dentro de las obras que se registraron en lo que va del siglo XXI en el teatro porteño, hallamos: *Che Guevara Cuadros de la historia* (2004) Pablo Lavía y Mariela Gianico, *El sexo del Che* (2009) Néstor Lacoren que se dio en IFT, *Che el musical argentino* (2009) Pedro Orgambide, *Evita y el Che* (2013) Santiago Garrido que se llevó a escena en La Ranchería, *Tv 60* (2016) Bernardo Cappa en el Teatro Sarmiento, y *El Che y yo* (2018) Raúl Garavaglia[71]. Dentro de ese pequeño corpus nos interesa pensar entre quienes mitificaron la figura del guerrillero y quienes trataron de humani-

---

[71] A su vez encontramos la nota de color, de que, en el Teatro de la Ciudad de La Plata, se llevó a escena con dirección de Renzo Casali L.i.d.l.e. La importancia de llamarse Ernesto en el año 2008. Independientemente de su referencia directa a la pieza de Oscar Wilde, esta puesta mencionaba a Ernesto Che Guevara. Es sabido que Renzo Casali expresaba haber conocido al Che. En la novela de Silvana Casali "Ana escribe la novela de Renzo" ella mencionaba que con esta puesta "recorrieron la Argentina y con la que Renzo terminó de convencerse de que el teatro en el país era inhumano, triste, imposible." (Casali 62). Además, encontramos registro en la época de la creación de Delta Teatro, con la obra escrita y dirigida por Hugo Aristimuño "El ángel de voz dura", que se llevó a escena en Teatro Celta, 2012.

zarlo o evidenciar el mito, anclándose además en mitos previos elaborados en la larga década del '70. Por una cuestión de acopio de material en el primer caso vamos a analizar los trabajos de Lavía-Gianico y Orgambide, y en el segundo caso nos referimos a Garavaglia y Cappa.

Cuando nos referimos a los mitos creados en la larga década del 70, estamos haciendo referencia a la construcción de la imagen por medio de los medios de comunicación y por medio de una creación como la de Andrew Lloyd Weber y Tim Rice: el musical Evita. Pero antes nos interesa recordar a vuelo de pájaro que desde 1969 y hasta 1982, la historia entre Inglaterra y Argentina se caracterizó por retomar las relaciones diplomáticas, establecer acuerdos sobre determinadas transacciones comerciales dentro de las Islas Malvinas, y por quebrantarlos y volver a tensar las relaciones hasta el desenlace de la Guerra. Asimismo, en Argentina los ánimos estaban caldeados en relación al paradero del cuerpo de Eva Perón. En este sentido, la antipatía hacia el musical se amparaba en el tipo de discurso que se construía sobre Eva, pero también en las tensiones políticas entre ambos países. Los seguidores de Evita no podían no ver un sacrilegio en la utilización de la figura desde Londres. A su vez a esta lectura del musical como una provocación se le sumaba el modo de conformar por parte de los creadores de *Evita* la figura de Guevara como ferviente antiperonista, algo que distaba bastante bajo la óptica de los militantes peronistas de izquierda del país. Si bien no se embanderaban con la figura del Che, no se privaban de tener imágenes de aquel dentro de las unidades básicas. Tal como explica José Pablo Feinmann parte de los que venían de la izquierda peronista, los que buscaban una "cuestión nacional" desde la época del onganiato, creían en el marxismo, en las posturas guevaristas y también en "las luchas que se habían dado en la Argentina bajo el federalismo, el yrigoyenismo y el peronismo" (Feinmann, s.f.). Desde esa ideología, que pensaba al Che con los movimientos populares del peronismo, era imposible no considerar que una obra proveniente de uno de los focos de poder, Inglaterra, venía a descontextualizar la historia de Eva y a enemistar dos figuras, que para la lógica intelectual de la Argentina de los 70 eran compatibles y hasta la única salida de lucha. Con un salto temporal podemos observar que el año 2001 vino a mostrar los resultados de las políticas neoliberales que frente a la flexibilización laboral y la alta tasa de desocupación gestó indirectamente nuevas organizaciones que nuclearon a desocupados y otros movimientos. Estos "apelaban a diferentes tradiciones político-ideológicas, tales como la matriz clasista tradicional, la nacional popular (desconectada, en ese momento, del partido peronista)" (Svampa 20).

Luego de este fenómeno social asume Néstor Kirchner en el año 2003 y comienza a formar parte del país la corriente nacional-popular que se empieza a reflejar en diversas expresiones artísticas. A partir del período kirchnerista (2003-2015), el teatro en Buenos Aires comenzó a ser parte de un movimiento cultural e intelectual que revisitó la historia del país y retomó como símbolos de lo nacional y popular diversos personajes históricos. Si bien a partir del año 1997 se había comenzado a repensar la imagen del Che luego del descubrimiento de sus restos, su imagen, y la de Eva, comenzaron a ser visitadas con mayor ahínco en el período posterior al 2003.

Cuando los londinenses, Andrew Lloyd Weber y Tim Rice, crearon el musical *Evita* había aparecido en 1972 un documental realizado por Carlos Pasini- Hansen[72] titulado *Queens of hearts,* en el cual se inspiraron. Cabe observar que el argentino Pasini-Hansen por esos años se encontraba en Inglaterra posibilitando el vínculo con los artistas. El musical de Weber salió a la luz por primera vez mediante un disco en 1975 con la participación de Julie Covington (Evita), Colm Wilkinson (*Che*), Paul Jones (Juan Perón), Barbara Dickson (la amante) y Tony Christie (Agustín Magaldi). Luego sería interpretado en teatro en 1978 con Elaine Paige

---

[72]Carlos Pasini-Hansen se graduó en un Master en Arte (RCA) en 1969. Lo interesante es observar es que este creador argentino trabajó en el Reino Unido y en el extranjero para varias compañías de televisión de la red y del cine. Filmó películas como director, escritor, productor. Dentro de los géneros visitó el drama y el documental. Sus películas han ganado diversos premios internacionales: "Bestof Festival" (Chicago), "Best Network Film" (Chicago), "Gold Camera" (Nueva York), "Blue Ribbon" (Nueva York). A su vez es miembro de la DAC (Directores Argentinos Cinematográficos, en Buenos Aires). Independientemente del tamiz político del documental de Pasini-Hansen y del musical de Andrew Lloyd Weber y Tim Rice, existe un proyecto de Ley pedido por senadores argentinos que declaran la importancia de generar un feriado en el día del fallecimiento de Eva Perón por la importancia de su figura internacionalmente. Un pedido absurdo si se tiene en cuenta que las obras mencionadas claramente cuestionan la figura de Eva más que homenajearla.

como Eva, David Essex en el rol del Che y JossAckland en el de Perón. A partir de allí las representaciones del musical se fueron sumando en diversos países y en una infinidad de años[73]. Algo que dio el puntapié inicial para que en Argentina se crearan musicales sobre Eva y sobre el Che.

El mito que salta a la música

Che, el musical argentino dirigido por Daniel Suárez Marzal se llevó a escena en la Ciudad Cultural Konex. El libro y música estuvo a cargo de Oscar Laiguera y Oscar Mangione. Dentro del elenco las principales figuras fueron Alejandro Paker o Germán Barceló, quienes se turnaron los días de función para encarnar a Ernesto Guevara. A su vez trabajaron Marisol Otero, Roxana Carabajal, Rubén Juárez, Brian Cazeneuve, Marilí Machado, Martín Juan Selle, Tamara Koren, Marco Dimónaco, Ezequiel Salman, Florencia Benítez, Christian Alladio, Alejandro Zanga, Pablo Toyos, Oscar Mangione y elenco. Omar Saravia estuvo como coreógrafo, Sergio Massa en vestuario y escenografía. Manuel Garrido y Nicolás Trovato en iluminación. El diseño de sonido fue propuesto por Norberto Safe.

---

[73]El espectáculo tuvo un enorme éxito tanto en Londres como en Nueva York y Madrid. En la producción estadounidense los intérpretes fueron PattiLuPone (Evita), Mandy Patinkin (el agente especial Gideon en la Serie de televisión *Criminal Minds*, en el papel de *Che*), y Bob Gunton (Perón). En la producción española, estrenada en 1981, los intérpretes fueron Paloma San Basilio (Evita) - con Mía Patterson alternando el papel - y Patxi Andión (*Che*). Luego del éxito mundial del musical comenzó a analizarse la posibilidad de realizar una película. Inicialmente se barajó que el papel de Evita lo interpretara Bárbara Streisand y el de Che Barry Gibb, con dirección de Ken Russell. Finalmente, en 1996 se realizó la película *Evita* con Madonna en el papel principal, Antonio Banderas como el *Che* y Jonathan Pryce como Perón. Exigencias del guión llevaron a Lloyd Webber a componer diversas partes adicionales, como la canción *YouMust Love Me*, que concurrió a los premios Oscar como nominada a mejor canción original. Resultó ganadora. En total, el filme tuvo cinco nominaciones. En 2006 la obra fue repuesta en Londres con la actriz y cantante argentina Elena Roger en el papel de *Evita*. Para mediados de 2008, el director de cine Oliver Stone se encontraba dirigiendo su propio film musical Evita. Luego, el proyecto fue abandonado por el director. Asimismo, podemos recordar la versión japonesa interpretada por AkikoKuno en 1982 y la versión mexicana llevada a escena por Valeria Lynch en 1981.

Che, el musical argentino retoma la imagen de Guevara y traza un recorrido histórico amparado en la investigación que declaran haber realizado durante tres años. La puesta en escena, declaraban los autores, estuvo pensada como un musical teatral moderno, con una mezcla de ritmos como el tango, huayno, carnavalito, valses, guarachas, algunas partituras sinfónicas de rock y salsa de acuerdo al contexto histórico que se buscaba narrar. Esos contextos fueron acompañados de una esceno-grafía de carácter expresionista, y abstracta que se complementaba con la puesta de luces y los efectos (olores entre ellos) a lo que se sumaba una pantalla con imágenes. Las escenas habladas se completaban con coreografías que según los autores debían contribuir al relato argumental. Por su parte, el vestuario reproducía el carácter épico del drama con la vestimenta militar y con elementos que reconstruían de modo mimético una referencia a los registros históricos. Este punto no privó a los creadores de incorporar la licencia poética, histórica y política de hacer dialogar a Eva Perón con la imagen del guerrillero heroico. Sobre cómo elaborar la vida del Che armaron un relato cronológico que comenzaba con su infancia, su juventud, los viajes, la revolución cubana y el intento de revolución en Bolivia. Así declaraban los autores en su blog (https://chemusicalargentino.blogspot.com/2009/03/) sobre el drama musical en seis tiempos la sinopsis estructural. Mencionan que la apertura es un prólogo con una obertura musical que ya perfila lo dramático de la obra. Asimismo, existe un prefacio llevado adelante por el ballet para presentar los personajes que irán asistiendo de modo atemporal para representar la historia. Luego aparecen una musa que organizan las estaciones de la obra. Luego en varias partes del musical existen espacios dramáticos sin música. Cada estación será presentada por esta musa que canta y baila al mismo tiempo que se conoce el argumento y el tiempo. A continuación, citamos textualmente la explicación de los autores sobre cada estación.

> La primera estación es La Niñez y en ella se plantean los hechos más significativos que marcaron para siempre la base de la personalidad de Ernesto Guevara de la Serna; el entorno familiar, sus rasgos sobresalientes y el asma son los elementos protagónicos de este tiempo. La segunda es La Juventud; con la introducción de la musa correspondiente

que en este caso es el mismo Ernesto, se muestran los rasgos más evidentes de una rebeldía profundizada por las características individuales. El recorrido por América Latina es acabadamente conocido por los Diarios de Motocicleta. Es una etapa en la que se manifiestan el vértigo y la búsqueda permanente. El punto sobresaliente podrá ser la Danza de la motocicleta, situación opuesta al romanticismo que pintará el momento de mayor fervor amoroso (no consumado), de Ernesto que culminará con un árido Vals de la distancia. La tercera estación es la Revolución; en este tiempo la aparición de personajes relevantes será el rasgo más notorio puesto que posteriormente a la introducción de la musa correspondiente que en este caso será Fidel Castro, sucederán una serie de encuentros posibles y/u oníricos de Ernesto, ahora el Che, con Evita, Fidel, Gandhi, Camilo y el pueblo, en momentos cantados y/o bailados. Discursos encendidos de Camilo en ritmo caribeño, del Che dirigiéndose a las masas y de Fidel planteando los caminos de la liberación son los puntos centrales de este tiempo en el que se condensa el punto máximo de la personalidad abordada. La cuarta y última es la inmortalidad. Luego de la presentación narrada y cantada por la musa (la misma de la niñez, visiblemente transformada), se van a suceder hechos de la naturaleza dramática que desembocarán en el final conocido. La caracterización de los inevitables protagonistas de esta última estación: Julia Cortés, la joven maestra que lo acompañó en sus últimos momentos en La Higuera y Terán, el verdugo, es esencialmente poética, lo que abre un marco de interpretaciones enriquecidas por las cavilaciones del Che, que posibilitan otras homologaciones. El dramatismo de estas escenas no impide mostrar un panorama rico en danzas (seguramente más introyectivas) y música, aunque más acompañante de los textos. La maestra se erige en el eje comparativo con cualquier persona de ayer o de hoy, alguien que cuenta (diciéndoselo a él, a ella misma o a un interlocutor probable), lo que po-dría haberse esperado de ese ser especial, más con la peculiaridad de haberlo conocido en su hora trágica. No lo culpa ni lo redime, lo descubre y lo da a conocer y de ahí en más, conclusiones que se despren-derán para el público, algunas de las cuales quedarán manifiestas en músicas a modo de Réquiem." (https://chemusicalargentino.blogspot. com/2009/03/)

Los autores se preguntan hacia el final cómo es que Ernesto Guevara, un hombre revolucionario se convierte en una figura mediática y entonces que queda de su legado final y que de esa construcción mítica. El cierre sinfónico, expresan los autores, deja la propuesta abierta para brindar un espacio de debate histórico y estético, en cuanto al uso del ballet, el canto y la orquesta.

El director declaraba para una nota a La Nación como veía en el Che dos fuerzas creativas: la política y la poesía. Y desde allí observaba en Guevara un hombre integral más allá del revolucionario (Pacheco s.f.). La escena entre ellos comienza con una frase que los propone como imágenes compatibles. Dirá Guevara: "la lucha nos hermana". Bajo ese lema se proclamarán ambos como defensores de los valores del pueblo argentino. En este punto a los creadores no les interesó marcar las diferencias ideológicas entre ambos, ni tener en cuenta las complejidades históricas y políticas que presentó el peronismo en los setenta. De aquellos años retomaron el perfil de militancia más llano, y los vincularon tan ima-ginariamente como en aquel entonces se hacía, aunque con algunos matices. La Eva que propiciaban los creadores no llevaba el atuendo que recorría la fotografía de la Eva militante, sino que retomaban de modo similar los diseños de los vestidos Dior, que la unificaba con la característica etérea de una bailarina clásica. Este perfil de Evita como santa se contrapone a la *femme fatale* compuesta por los londinenses. Así señalaba Pablo Gorlero "En remedo a la obra de Tim Rice y Andrew Lloyd Weber se incorporó en una escena al personaje de Evita, que mantiene un diálogo cantado con el Che" (Gorlero 475). Por su parte, Guevara se compone con el clásico uniforme de guerrillero y su histórica boina. En esa unión onírica y expresionista, señalarán los creadores, la escena los llevaba a bailar un tango donde sus dos cuerpos se convierten en una auténtica pareja. Desde lo musical Paker declaraba a Carlos Pacheco para La Nación que la obra había incursionado en los sonidos propios de aquella época, en los destinos que vivió y creció el Che: Rosario, luego Alta Gracia (adonde la familia llevó a Ernesto por sus problemas de asma), Buenos Aires, Cuba, Bolivia. Estos destinos plagados de sonidos específicos entre 1928 y 1965 fueron los que se llevaron a escena. Así el musical ofrecía tangos, milongas, folklore, valsecitos criollos.

En esta última declaración Paker diría "un estilo que rompe con el clásico musical norteamericano" (Pacheco, s.f.). Esto muestra esa intención de renacionalizar, latinoamericanizar a ambas figuras, en un acto de contrahegemonía frente a las producciones extranjeras. Si bien Paker menciona Norteamérica, es claro que la referencia directa es el musical londinense. Y Suárez Marzal agregaba que la intención era dar una visión sobre un "personaje emblemático en la historia argentina" con la intención de repensar a estos seres "hermanarlos para encontrar un camino cruzado que sirva para reflexionar." (Pacheco s.f.)

Como ya hemos visto, no nos resulta extraño observar esta confluencia si tenemos en cuenta que, en el año 2009, a un año del bicentenario, las figuras históricas de Argentina, con el Che incluido a pesar de haber sido una figura más presente en la historia cubana, comenzaron a ser revisitadas históricamente.

Si bien el caso más representativo fue el dado en una sala que podríamos considerar mixta (entre lo independiente y lo comercial), como lo es el caso del Konex, previamente se pudo ver una comedia musical en el Teatro Colonial (2004) y posteriormente en Liberarte (2005). Nos referimos a *Che Guevara Cuadros de la historia* de Pablo Lavía y Mariela Gianico.

Dentro de su estructura se hallaban las siguientes canciones que posteriormente fueron grabadas en un Cd: Requiem, Morir luchando I, Debajo de una estrella I, Debajo de una estrella II, Santa Clara, Hijos lejanos, El sol es una estrella, El sueño de María, Guajira de la sierra, No debía ser así, Calvario, La estrella, El arrepentido, Carta de despedida a los padres - Morir luchando I. Dentro del elenco principal participaron Mauricio Bertorello como el Che Guevara, Verónica Milanesi como Hilda Gadea, Maribel Couso como Celia de la Serna, Mariela Gianico como Julia Cortéz, Jennifer Elías como Vieja María, Nadia Gestal como guerrillera y Pablo Lavía como Félix Rodríguez. A través de las fotografías podemos ver el vestuario que lo destaca al Che como guerrillero, que retoma parte de su vida. Asimismo, los temas musicales remarcan la construcción mítica del guerrillero, donde incluso el imaginario del Che Cristo parece resurgir en Calvario. Independientemente de la expresión de los artistas que en su propuesta remarcan acercarse a la figura desde la historia, el género musical le imprimió a la construcción del personaje un plus mítico que indefectiblemente lo aleja de los hechos históricos y lo acerca a la función poética que prima en la ficción.

Sobre los que lo humanizan

La necesidad de representar al Che de un modo más humano, desvincularlo del rol del guerrillero para darle espacio a su pensamiento, a su sentimiento y sobre todo, despegar su muerte de una composición musical, también fue el deseo de Raúl Garavaglia. *El Che y yo* había comenzado a pensarse en 2012 junto a Miguel Iglesias, dramaturgo y director fallecido. En aquél entonces Iglesias quería narrar los últimos dos días del Che. Garavaglia expresaba la necesidad de completar el perfil de Guevara:

> La idea del abordaje dramatúrgico se vincula básicamente con la sensación de carencia:
> Hay claramente en la bibliografía en general y en el resto de las expresiones artísticas, una ausencia del Che humano. Lo que nos llega, tanto de la literatura como del *merchandising* es un guerrillero modelo super-hombre, invencible, versión superada década tras década. Poco se sabe de su intimidad, de sus sueños truncos, de su aislamiento. Hasta, diría, poco se sabe de sus miedos y sentimientos de frustración. En el llamado *Diario del Che en Bolivia*, escrito por el propio Guevara a medida que se internaba en ese país, se da cuenta de un guerrillero que va anotando aciertos y errores de la estrategia que va diseñando, algunas anécdotas de los integrantes del grupo y observaciones de lugares y lugareños, pero son mínimos los pasajes en los que se pueda deducir su estado anímico, fuera del cansancio lógico y el abatimiento.
> Puntualmente, esta carencia sobre su subjetividad, su intimidad, sobre de qué manera transitó el 8 y 9 de octubre de 1967, nos ofreció la posibilidad de imaginarnos sus sentimientos en las últimas horas de vida (Garavaglia s.f.).

Esta obra que demoró cinco años en ser finalizada y que tuvo un proceso creativo que maduro de sus 120 minutos a 65 minutos finales de duración, también incorporó después del fallecimiento de Iglesias a un nuevo personaje mitológico: Lari Lari. Así, Garavaglia nos comentaba:

Teatro independiente: grupos, espacios, prácticas

Aquella primera idea de que el espectáculo sería un unipersonal, nos privaba de una contrafigura que actuara a modo de *alter-ego*. Hacía falta una voz sonora más que interna, una voz que fuera juez, que provocara al guerrillero, que lo llevara hacia lugares que -nosotros como dramaturgos- queríamos que el Che fuera. Era preciso que esa voz tuviera un cuerpo, no definido, no terrenal, pero que rompiera el espacio y llenara ese vacío que la voz interna solo quedaba suspendida en el aire. Leyendo sobre las creencias de la zona andina y de Bolivia en particular, se nos presenta el Lari Lari, personaje mitológico hoy olvidado por las nuevas generaciones. Hay varias versiones sobre este ser. Nos quedamos con el que dice que se apropia del alma de sus víctimas. Para confundirlas, distraerlas, puede convertirse en allegados a la presa. En la obra, el Lari Lari cree haber capturado a Guevara y el encuentro se produce en la escuelita de La Higuera. Allí lo hostigará, intentara engañarlo haciéndose pasar por varios personajes. Aun mitológico, es el más concreto de los dos porque muestra facetas que simbolizan a la humanidad toda. Lari Lari quiere el alma del Che para ser reconocido nuevamente. Necesita recobrar el prestigio que en otra época había tenido pero, fundamentalmente, quiere que lo recuerden. El mismo título de la obra sugiere la autoría del texto, con lo cual podríamos imaginarnos o equivocarnos si cumplió o no su propósito. Ambos personajes se enfrentan también ideológicamente acerca de la vida y la muerte, el valor de la humanidad, la concreción de los proyectos, la necesidad de reconocer el fracaso, el renunciamiento como tal, etc. Lari Lari, en definitiva, es el Otro Generalizado al modo de George H. Mead y representa a cada uno de nosotros, en tanto espectadores y protagonistas de la historia, en el rol de cuestionadores de la empresa de Guevara, formulando preguntas que nos gustaría hacerle y cuyas respuestas, en su mayoría, solo podemos imaginar (Garavaglia s.f.).

Agregar esa voz, ese alter ego, nos da la pauta de cómo tanto en *Cuestiones con Ernesto* como en *El Che y yo*, hizo falta un interlocutor que lo cuestione para humanizar al personaje. En este último caso, el autor era consciente de que a pesar de humanizarlo podía recurrir a un mito como lo es Lari Lari, porque propone construir al personaje histórico desde la ficción, sabiendo que conforma relato, que prima la ficción, independientemente de recurrir al Diario del Che en Bolivia para algunos pasajes de la puesta. De este modo Laurentino Blanco encarnó al Che y Tomás Claudio como Lari Lari en la puesta que se dio en Korinthios teatro.

En un acto de quiebre absoluto por la búsqueda de quien fue Guevara y de la posibilidad de narrar o no su vida, desde la música, desde el encuentro esotérico o desde un acercamiento al realismo, *Tv 60*[74] (2016) de Bernardo Cappa prefirió tirarlo muerto en la mesa de un almuerzo con Mirtha Legrand. Paula Sabatés (2016) en su nota "La tevé te vuelve un poco psicótico" señalaba:

> "La muerte de las ideologías", sentencia Bernardo Cappa, director y dramaturgo de la pieza teatral en la que esa potente imagen tiene lugar. En TV 60, que se ve en el Teatro Sarmiento del Complejo Teatral de Buenos Aires, el contexto es la madrugada del 28 de junio de 1966, día en que estalló el golpe cívico-militar que encabezó Juan Carlos Onganía. Pero la acción no transcurre en la calle ni en un cuartel militar, sino en un estudio de televisión donde un grupo de actores ensaya la mejor forma de "hacer posible la aceptación de una realidad". Afuera está oscuro y la incertidumbre general llega a los pasillos del canal, mientras el teléfono suena para pedirle al director que, como sea, cuando se lo indiquen tenga un programa listo para dar. (Sabatés s.f.)

En esa entrevista Cappa remarcaba:

> Por ejemplo, con el Che Guevara, nosotros lo pusimos sobre la mesa de Mirtha porque era un cruce de dos cosas que no coincidían y nos parecía que se armaba una imagen pregnante, llena de contradicciones y de significantes confusos y complejos. Buscábamos eso, y esa idea fue la que terminó de constituir la obra. Pero después de estrenar, Macri baja los cuadros del Che y entonces reafirma esa idea de que realmente representa algo. Le da status. Porque si Macri lo repudia, a muchos nos reafirma que eso realmente era bueno. Es una disputa por lo simbólico, el público se emociona y sale conmovido con esa y otras metáforas muy

---

[74] El elenco estuvo conformado por: Carla Appella, Martín Bertani, Brenda Chi, Fernando De Rosa, Sofía García, Diego Gens, Natalia Giardinieri, Aníbal Gulluni, Maia Lancioni, Guido Losantos, Laura Nevole, Dina Pugach, Silvia Villazur y Carla Viola, la obra surgió de una serie de improvisaciones en el marco de una cátedra de la UNA.

brutales. Por eso también perdona ciertas desprolijidades que puede tener la obra en la hechura más específica de lo teatral. (Sabatés s.f.)

Las respuestas de Cappa, nos dan la pauta de como la figura del Che estaba en función de mostrar las manipulaciones mediáticas, y la necesidad de reducir a Guevara a una imagen. Esa es la muerte de la ideología la imagen del Che muerto descontextualizada. Por fuera de su vínculo mítico con Cristo y por fuera de su carácter humano y su producción de pensamiento.

Conclusiones

El teatro independiente se ha ocupado de visitar las figuras históricas y entre ellas al Che. Entre los creadores que se acercaron podemos diferenciar los que lo mitificaron recurriendo a diversos mitos creados alrededor de otras creaciones o de registros fotográficos, los que apuntaron a reconstruir el pensamiento de Guevara y sus sentimientos como hombre, más allá de su perfil guerrillero, y los que directamente lo mostraron como un recurso de imagen a consumir por los mass medias. En cuanto a las salas que acogieron estas obras se pudieron ver desde salas mixtas con capitales proveniente entre subsidios y privados, pero mayormente con modos de producir independiente. Solo pudimos observar un solo caso de artistas que se caracterizaron por una mayor participación dentro del teatro comercial, *Che, el musical argentino*. No obstante, destacamos la importancia de que se haya puesto en Konex y no en calle Corrientes. En este sentido consideramos que el interés de narrar la historia de Guevara, sea desde el ángulo que sea nace desde el ámbito del independiente en tanto que este espacio permite la discusión política y plasmar las posturas de sus creadores por fuera de fórmulas que pretendan convencer al gran público.

Bibliografía

Casali, Susana. *Ana escribe la novela de Renzo*. Producción Literaria de la Facultad de Periodismo y Comunicación Social de la UNLP, 2016.
Dubatti, Jorge. *Teatro matriz, teatro liminal*. Atuel, 2016.
Feinmann, Juan Pablo. "Peronismo, "Ernesto "Che" Guevara, la teoría del foco insurreccional" en *Página 12*, 2008.
Garavaglia, Raúl. (Inédito). *El Che y yo*. Registrado en Derechos de autor. Buenos Aires.
Gorlero, Pablo. *Historia del teatro musical en Buenos Aires*. Tomo II. Editorial Emergentes, 2013.
Pacheco, Carlos, "El hombre más allá del mito". *La Nación*, 14 de abril, 2009.
Sabates, Paula, "La tevé te vuelve un poco psicótico". *Página 12*, 12 de abril 2016.
Svampa, Maristella. "Argentina una década después. Del "que se vayan todos" a la exacerbación de lo nacional-popular" en *Revista Nueva Sociedad* N° 235, septiembre octubre de 2011.
Taibo, Pedro I. *Ernesto Guevara también conocido como el Che*. Planeta, 1996.
Trombetta, Jimena Cecilia. "Otra opción de liminalidad: entre lo dramático y lo no dramático de un personaje histórico en escena" en Dubatti, Jorge (coord.) *Poéticas de liminalidad en el teatro*. Lima: Escuela Nacional Superior de Arte Dramático. 2017.

Por qué hacemos lo que hacemos.
Apuntes sobre deseo, reconocimiento y legitimación en la producción de teatro platense.

Leonardo Basanta
Mariana del Mármol

Qué ganan quienes no ganan dinero del teatro independiente platense

En un trabajo presentado en la primera edición de las Jornadas de estudios sobre Teatro Independiente (Basanta y del Mármol, 2017), abrimos una serie de discusiones acerca del modo en que las nociones de trabajo, amateurismo y profesionalización operan en el hacer teatral independiente de la ciudad de La Plata. Motivados por lecturas sobre el trabajo artístico en el marco del capitalismo contemporáneo (Bolstanski y Chiapello, 1999; Kunst, 2015) analizamos cómo, algunos de los recursos utilizados para reivindicar el propio hacer en términos de trabajo y profesión conllevaban el riesgo de invisibilizar ciertas dimensiones de este hacer que lo inscribían en un régimen de autoexplotación y precariedad.

Estos/as autores/as, argumentaban que, en la sociedad contemporánea, el artista se ha convertido en un prototipo de trabajador flexible y precario y que el aura social que rodea al arte, los vínculos de amistad entre quienes lo realizan y el valor de vida artística en general ocuparían un rol central en los mecanismos del capitalismo postfordista para la explotación de la vida y la producción de valor. Según estas lecturas, el trabajo artístico, no solo parecía estar fracasando en su intento de ser disruptivo respecto del sistema capitalista, sino que resultaba ser funcional al mismo.

En aquella ocasión, nos pareció interesante y necesario resaltar los diversos aspectos en los que estas descripciones del hacer artístico, aún cuando se basaban en la realidad europea de la que participaban sus autores/as, coincidían con las características del hacer teatral independiente en la ciudad de La Plata. Sin embargo, desde un inicio sentimos que había un excedente que se escapaba. Algo que, a pesar de todas las similitudes entre aquellas descripciones y nuestro contexto, no entraba del todo en esa lógica, o quedaba invisibilizado por ella.

La primera vez que leímos a Bohana Kunst una pregunta nos quedó latiendo. ¿Y el deseo? Porque, aunque la nuestra fuera una mirada ingenua (y demolida por la lectura de esta autora), nos parecía que en nuestro hacer el deseo existía y tenía potencia. Y que en esa mirada quedaba afuera. Intentamos encontrarle algún resquicio por donde pudiera ser un valor pero la mirada mercantil y postfordista no dejaba grieta. Cualquier intento de grieta que vimos, era nuevamente tomado como un valor positivo por el mercado (incluso cuando este parecía ser casi inexistente en el caso del teatro platense) y reducida a una ilusión que nuevamente el capitalismo utilizaba en contra nuestra.

Es nuestra intención en este trabajo volver a poner el deseo en el centro. Y aunque sabemos que gran parte de lo señalado por aquellos/as autores/as es verdad y que es muy difícil encontrar rendijas por donde el deseo no sea cooptado por el mercado, utilizado por él, creemos que existe un excedente, un plusvalor en lo que hacemos como teatristas, que aquellas lógicas tienden a invisibilizar.

Para abordar estas cuestiones, pondremos en relación la noción de deseo con las de reconocimiento y legitimación, observando las articulaciones y tensiones que se establecen entre estos términos y el rol de los mismos como motorizadores de la producción teatral independiente de nuestra ciudad. Ya que así como antes resaltamos que el trabajo en el ámbito de la producción teatral platense solo excepcionalmente es remunerado de un modo que no sea simbólico y tampoco garantiza la consecución de otro tipo de derechos, en esta ocasión partimos de la hipótesis de que aún cuando la ganancia no se perciba en términos monetarios, sí hay algo que se gana cuando se trabaja de actuar, dirigir o producir en el ámbito del teatro independiente platense y que eso que se gana tiene que ver con el deseo, el reconocimiento y la legitimación.

Deseo

La primera (y tal vez la más ingenua) la de las respuestas que nos aparecen cuando nos preguntamos por qué hacemos teatro quienes formamos parte del circuito independiente platense es que lo hacemos porque nos gusta, porque es allí a donde nos lleva nuestro deseo, porque nos da placer. Fue por eso que, aunque crudamente afines a la realidad platense, las reflexiones de Bohana Kunst sobre los modos en los que el trabajo artístico resultaba funcional a los mecanismos del capitalismo postfordista, nos parecían estar invisibilizando un aspecto que en nuestra vivencia del hacer teatral (así como en los relatos de nuestros colegas) ocupaba un lugar central.

Revisando distintas conversaciones con teatristas platenses, la referencia al placer aparecía de modo recurrente. Este carácter placentero, vinculado a la libertad, a lo lúdico, a la fantasía genera una atracción tan fuerte que es comparable al consumo de una sustancia -"como si estuviera tomando cualquier éxtasis o una pepa"- permitiendo el ingreso a un universo -"es el lugar en el que yo entro y me pierdo y me vuelvo loca"- altamente deseable. Tan grande es este placer y tan importante en la vida de los/as teatristas que a él refieren que, en sus propias palabras "no te lo paga nada" y vale la pena "gastar la vida allí".

Un problema de este tipo de discursos es que se acercan demasiado a una idea que los/as artistas independientes vienen tratando de erradicar hace varias décadas: aquella según la cual la satisfacción que les provee su hacer artístico es tan grande que dicho hacer no requiere una retribución económica. Seguramente por esto, el deseo se menciona "puertas adentro", pero cuando se trata de conseguir derechos, se elimina del vocabulario o se menciona para denunciar la explotación del deseo que se genera cuando, por ejemplo, se los/as invita a actuar o tocar gratis en bares, o en eventos públicos organizados por la provincia o la municipalidad.

Ahora bien, si bien en muchos casos los/as artistas detectan la autoexplotación, así como la explotación de terceros que no ofrecen una remuneración por su trabajo, la mayor parte de su hacer continúa dándose en estos términos. ¿Por qué sucede esto? ¿Se trata solamente de que el capitalismo es muy efectivo en sus mecanismos? Puede ser que sí y seguramente en gran medida así lo sea, pero en esta ocasión nos gustaría ensayar la hipótesis de que tal vez hay otros mecanismos que están interviniendo, que hay otras cosas que se ganan y que para comprender estas otras ganancias hay que pensar desde otros modelos económicos.

Potlatch

Si contabilizáramos todo lo que invierte un grupo de teatristas platenses en producir una obra (contando las horas y el dinero invertidos en ensayos y reuniones, búsqueda, confección, diseño o terciarización y pago de vestuario y/o escenografía, gestión y difusión de eventos o funciones, entre otras muchas tareas) y lo comparáramos con lo que adquiere mediante el cobro de entradas, en la gran mayoría de los casos los resultados nos hablarían de pérdidas que de ganancias.

¿Cómo puede comprenderse esta erogación de tiempo y dinero? En cierto modo, parece coincidir con aquello que Georges Bataille (1897) conceptualiza en términos de "gasto improductivo". Según este autor, la actividad humana no es enteramente reducible a procesos de producción y conservación, sino que existe una parte importante de la misma representada por actividades (como los lujos, los juegos, las artes y la actividad sexual no genital) que, al menos en condiciones primitivas, tienen su fin en sí mismas. En estas actividades -va a decir Bataille- "el énfasis se sitúa en la pérdida, la cual debe ser lo más grande posible para que adquiera su verdadero sentido" (Ibid: 28), de modo que se guían por una lógica contraria al principio económico de la contabilidad en el que el gasto debe ser compensado por la adquisición.

Entre las prácticas que Bataille menciona como ejemplos de este tipo de actividades se encuentra el Potlatch, un modo de relación económica (un sistema de prestaciones y contraprestaciones diría Marcel Mauss) estudiado en algunos pueblos de la costa noroeste de Norteamérica, basado en el intercambio suntuario y usurario de dones (presentes, fiestas, gestos de cortesía) que llegaba, en muchos casos, a destrucciones espectaculares de riqueza que implicaban quemarla, tirarla al mar o hacerla añicos con la intención de maravillar o sobresalir. El Potlatch representa, en palabras de Bataille, "la constitución de una propiedad positiva de la pérdida, de la cual emanan la nobleza, el honor, el rango y la jerarquía" (Ibid, 33).

Si bien la práctica del Potlatch tiene características que no necesariamente coinciden con las del hacer teatral platense (o de cuya potencial vinculación no nos ocuparemos en este trabajo), creemos que la alusión a este tipo de instituciones en las que el intercambio, la inversión o el gasto son guiados por una lógica diferente al principio de la contabilidad que rige en el capitalismo, pueden iluminar nuevas aristas que contribuyan a comprender de un modo más complejo las múltiples dimensiones de lo económico (y de las relaciones entre gasto, ganancia y deseo) que operan en nuestro quehacer.

Nos interesa la idea de que las grandes erogaciones de tiempo y dinero que realizan los/as teatristas platenses para producir sus obras y el hecho de que la retribución que reciben luego (en términos de entradas, cachets o bordereaux) no alcance por lo general ni siquiera para cubrir el dinero invertido en la producción, puede ser explicado, no solo como explotación o autoexplotación (que sí, existe y opera) sino además como un tipo de inversión que permite la ganancia de otros beneficios que, en sintonía con el rango y la jerarquía otorgados por el Potlatch, en nuestro caso podría pensarse en términos de reconocimiento y legitimación.

Reconocimiento y legitimación

La ciudad de La Plata tiene algunas particularidades que vale la pena mencionar por sus semejanzas y diferencias respecto de otras localidades. Algunos de los mecanismos que intervienen en la legitimación en el caso porteño: la programación en teatros oficiales como el San Martín o el Rojas o en salas independientes con un criterio curatorial definido y exigente; las críticas en diarios como La Nación o Página 12 y el acceso a festivales como el FIBA o la Bienal de Arte Joven adquieren en La Plata características mucho más débiles, indefinidas o incluso contradictorias.

En lo que refiere a la crítica, no existe en la ciudad de La Plata una verdadera crítica teatral sino más bien, un acceso relativamente amplio a reseñas o comentarios de las obras que suelen ser amables y descriptivas. Y si bien no todas las personas que escriben reseñas cuentan con el mismo grado de legitimación dentro del campo, esta diferenciación no es tan fuerte ni está tan institucionalizada como para que contar con una reseña de tal o cual autor/a confiera una diferencia sustancial respecto de otras producciones.

Respecto de los concursos, existen dos encuentros anuales de carácter competitivo en los que participan una gran cantidad de platenses: la Fiesta Regional de Teatro Independiente y el Concurso de la Comedia Municipal. Sin embargo, estos generan en la comunidad local reacciones contradictorias, ya que, si bien la mayor parte de los grupos se presenta a estos concursos y desea ganarlos, se trata de instancias generalmente criticadas por estos mismos teatristas debido al conservadurismo y a las posturas anacrónicas que tiñen muchos de los criterios que se ponen en juego para la evaluación de las obras. De este modo, adquieren un carácter legitimador ambiguo, ya que si bien quienes los ganan se alegran de su triunfo, lo difunden con orgullo y lo mencionan como antecedente al pedir subsidios o postular para la participación en festivales, existe una opinión generalizada (de la que esos mismos teatristas suelen participar) sumamente crítica respecto de los criterios que se ponen en juego durante los mismos.

Respecto de las salas, es prácticamente inexistente en la ciudad de La Plata un criterio curatorial claro y exigente en las salas autogestivas. En la mayor parte de las salas es posible ser programado/a con casi cualquier obra. Esta política, tiene que ver con la gran cantidad de salas existentes y con la necesidad de todas ellas de contar con una programación lo más continua posible. Pero, al mismo tiempo, tiene que ver con ciertos valores que circulan dentro del campo que alientan a tener un criterio receptivo e inclusivo.

Las únicas salas platenses en las que existen criterios curatoriales que permiten un acceso a algunas obras y no a otras, son algunas de las salas del estado. Se puede acceder a ellas o bien como grupo o proyecto, presentando carpetas de las obras dentro de convocatorias específicas, o bien individualmente, concursando, realizando un casting o siendo invitado/a para participar de producciones impulsadas y financiadas íntegramente por estas instituciones.

La posibilidad de trabajar en estas salas (ya sea con una obra gestada en el ámbito independiente, ya sea como actor/triz o director/a en una producción de la institución) es, quizás, dentro de los mecanismos que venimos mencionando, el que más claramente funcione como dador de reconocimiento y legitimidad. Sin embargo, de modo similar a lo que sucede con los concursos, al mismo tiempo que la gran mayoría de los/as teatristas suelen desear trabajar en estas instituciones, existen cuestionamientos que relativizan su carácter legitimador. Estas críticas o cuestionamientos, están ligados fundamentalmente a la gran cantidad de espacios y recursos brindados a las obras y artistas provenientes de CABA y, secundariamente, a la tradicional desconfianza del sector independiente hacia los modos de trabajo y lógicas imperantes en el sector oficial (del Mármol, Magri y Sáez, 2017).

Ahora bien, si aceptamos que, en la ciudad de La Plata, gran parte de lo que se gana al invertir tiempo y dinero en producir obras y eventos que no reditúan en términos monetarios es reconocimiento y legitimación ¿cómo se obtiene esa ganancia cuando no existen agencias encargadas de impartir esa moneda de pago y las entidades que podrían cumplir este rol funcionan mediante reglas cuya aceptación dentro del campo es ambigua y variable?

La idea de que el reconocimiento es la principal moneda de pago o capital en juego dentro del teatro independiente platense, dialoga estrechamente con la teoría del sociólogo Pierre Bourdieu. En su teoría de los campos sociales, Bourdieu (1991 [1980]) define estos campos como espacios de juego históricamente constituidos con sus instituciones y sus reglas específicas que se crean en torno a la valoración diferencial de hechos sociales como el arte, la ciencia, la religión o la política. En cada uno de estos espacios, que tienen, según Bourdieu, una autonomía relativa respecto de los otros campos, hay un capital específico que se encuentra en juego y por el cual los participantes luchan, valiéndose de las reglas específicas de ese campo y contribuyendo, de este modo, a reproducir o transformar la estructura social. El campo artístico puede ser visto entonces como un "mundo social entre otros" al interior del cual se discute y se lucha a propósito del arte, un arte que allí mismo se produce, se hace circular, se comenta y se consume (Bourdieu, 2010 [2001]).

El campo del arte forma parte, desde la perspectiva bourdiana, del campo de producción y de circulación de los bienes simbólicos, el cual a su vez puede dividirse en dos instancias: el campo de producción restringida y el campo de gran producción simbólica, estrechamente vinculadas por medio de una oposición constituyente del campo (Bourdieu, 2003 [1971]). El campo de gran producción simbólica, produce bienes destinados al "gran público" y se rige principalmente por las reglas del mercado. En el caso del teatro, correspondería a lo que generalmente se denomina "teatro comercial". Construyendo su identidad por oposición a este, los ámbitos teatrales que se autodefinen como "alternativos" o "independientes", constituirían el campo de la producción restringida de bienes simbólicos; un espacio social en el que los criterios que orientan la producción se encuentran en relación con la posibilidad de que las obras sean reconocidas y legitimadas por el conjunto de pares más que por la aspiración a producir mediante las mismas un éxito comercial. Así, en sintonía con aquellas "otras lógicas" diversas respecto del principio económico de la contabilidad a las que nos referimos en el apartado anterior, Bourdieu plantea que este campo, funciona según una lógica que suspende o incluso invierte la lógica de la economía, de modo que los criterios específicamente estéticos son afirmados más allá y en contra de los criterios comerciales y de lucro.

En este contexto, se producen bienes simbólicos y criterios de evaluación destinados a un público típicamente constituido por los mismos productores de aquellos bienes y se rige por reglas propias que obedecen principalmente a la legitimación y el reconocimiento de los pares.

¿Cómo funciona esto en el campo teatral platense? Es decir ¿cómo se gana el tipo de reconocimiento que permite comenzar a acceder al apelativo de artista?

Seguramente el primer tipo de reconocimiento que se debe conseguir es el que permite ser identificado como parte del campo. A este tipo de reconocimiento se accede estando presente, yendo a ver obras, asistiendo a talleres y seminarios, participando de los eventos, tomando parte de los circuitos de formación y socialización del campo.

El siguiente nivel sería el reconocimiento del propio trabajo como actor/triz, director/a o cualquiera de los roles que se ejerzan dentro del campo teatral. Los/as teatristas saben que han comenzado a adquirir este reconocimiento cuando otros/as teatristas les dan a entender que conocen los proyectos en los que están trabajando, van a ver sus obras, les hacen comentarios sobre las mismas o se interesan en conocer su producción.

Un paso más, tendría que ver con la valoración positiva de este trabajo, de la cual los/as teatristas tienen noticias cuando sus obras tienen un importante caudal de público, cuando son recomendadas de boca en boca y cuando son invitados/as por otros/as teatristas a trabajar con ellos/as, ya sea individualmente como actores/trices, directores/as o en otros roles posibles, ya sea mediante la participación de sus obras en algún evento, ciclo o festival.

Continuando en esta escala podríamos pensar que el siguiente nivel sería el reconocimiento como referentes dentro del teatro platense. Si bien es difícil medir exactamente en qué punto se ha alcanzado este reconocimiento, al interior del campo es fácil identificar y hay un acuerdo bastante importante sobre quiénes son aquellos/as que lo han alcanzado. Estas personas son en su mayoría docentes por cuyas clases ha pasado un importante caudal de alumnos/as y directores/as que han producido numerosas obras de modo que suelen haber formado, desde ambos o alguno de estos roles, a una numerosa cantidad de actores, actrices y nuevos docentes y directores/as que los reconocen como sus maestros/as. Estas personas, además, suelen ser invitadas a participar de charlas, paneles y entrevistas y sus obras suelen ser recordadas y referidas como ejemplos en análisis e historizaciones de la producción local.

Por último, es posible obtener reconocimiento más allá de la ciudad, a partir del trabajo con personalidades del circuito porteño o, en algunos casos, con directores/as o coreógrafos/as extranjeros/as.

En todos estos casos, es el reconocimiento de los agentes más legitimados del circuito a otros que lo están menos aquello que les confiere un mayor grado legitimación. Es el reconocimiento y la confianza de quienes ya forman parte del circuito lo que permitirá el acceso a los nuevos miembros. Lo mismo ocurre con el reconocimiento del propio trabajo o su valoración positiva, siendo mayor el grado de legitimación alcanzado cuanto más alto sea el grado de reconocimiento de las personas que otorgan la legitimación. Dicho de otro modo, que la obra sea vista o que el actor o actriz sean convocados/as para un proyecto siempre confiere algún grado de legitimidad, pero si quien va a ver la obra o quien convoca a ese/a teatrista es uno/a de los referentes del teatro platense ese reconocimiento será aún mayor.

Son frecuentes los relatos de teatristas que en un momento relativamente reciente de su formación son invitados/as o tienen la oportunidad de trabajar con teatristas más formados y reconocidos dentro del medio local (o más allá de lo local). Luego de dichos procesos, estas personas suelen comenzar a dar sus propias clases y a dirigir sus propias obras, pudiendo llegar a convertirse en referentes consagrados dentro de la escena local. Todos ellos mencionan, de manera más o menos explícita, que el haber sido convocados o haber tenido la posibilidad de trabajar junto a colegas de mayor trayectoria, además de impactar ampliamente en su formación, les provocó orgullo y les confirió seguridad en sí mismos/as y en su trabajo. De este modo, la consecución del reconocimiento de los/as pares (y mucho más, la de los/as más reconocidos/as) se encuentra ligada de modo muy cercano a la posibilidad de autorreconocimiento, de manera que aún cuando podríamos decir junto a Andrea Quadri que "se es artista primero frente a uno mismo, luego frente a otros artistas, luego frente a los no-artistas" tal como ella misma aclara "esto no es tan sencillo, ni tan lineal como pareciera" (2010, 68). En este sentido, si bien seguramente la decisión de empezar a formarse y empezar a producir se da "frente a uno mismo" el reconocimiento de otros artistas es fundamental para que esta decisión se profundice y para que la apuesta por invertir tiempo, dinero y energía, o incluso "gastar la vida" en el hacer teatral se incremente y se sostenga a lo largo del tiempo, estableciéndose así, un vínculo de retroalimentación entre el autoreconocimiento y el reconocimiento por parte de otros/as.

Pero ¿cómo intervienen estos mecanismos relación al deseo? Es decir, aún si partimos de la hipótesis (seguramente ingenua y un poco reduccionista) de que lo que impulsa a quienes deciden sumergirse en el campo de teatro, comenzar a tomar clases, ir a ver obras, asistir a eventos y empezar a producir, es algo así como un deseo genuino ligado al disfrute y al placer que esta actividad les provoca o a la posibilidad de tramitar mediante este hacer deseos, inquietudes o necesidades ligadas a lo expresivo. Aún si acordáramos en este punto podríamos preguntarnos ¿qué pasa con ese deseo original cuando comienza estar en juego el deseo de reconocimiento por parte de otros/as? ¿Qué tipo de ligazones se establecen entre reconocimiento y deseo? ¿En qué punto estos podrían desarticularse?

Reflexiones finales

Como mencionamos al inicio, este trabajo surgió como continuación o respuesta a un trabajo anterior en el que apoyados en la lectura de autores/as que señalaban los vínculos entre los modos de trabajo de los/as artistas contemporáneos/as y los modos de producción del capitalismo posfordista, revisamos algunas características del hacer teatral platense que coincidían con estos modelos basados en la precariedad y la autoexplotación.

En esta ocasión, partimos de una pregunta que en el trabajo anterior había quedado latiendo, la pregunta por el deseo y el lugar que este ocupa en tanto motor de la producción teatral en nuestra ciudad, con la ilusión de encontrar algún punto de fuga por donde el deseo no fuera cooptado por el mercado, utilizado por él y vuelto en nuestra contra como herramienta de dominación.

Procuramos describir brevemente el lugar otorgado por los teatristas platenses al placer y al deseo en tanto motor de su producción así como algunos de los modos en los que operan los procesos de reconocimiento y legitimación en el campo teatral local, brindando algunos ejemplos de cómo esta última pasa como moneda de pago de los ya legitimados a aquellos que buscan acceder al reconocimiento o la legitimación y señalamos que la consecución del reconocimiento se encuentra íntimamente ligada a la de autorreconocimiento. Fue en este punto en el que nos preguntamos ¿qué ocurre con aquel deseo "original" ligado al disfrute y al placer al que refieren tantos teatristas como motor primordial de su hacer cuando se encuentra con el deseo de reconocimiento por parte de otros/as?

¿Cuál es la posibilidad de autorreconocimiento real si estamos supeditados al reconocimiento ajeno? ¿Puede el deseo realmente subsistir, ser auténtico, cuando tiene que generar otro deseo para persistir?

Si el reconocimiento en el ámbito teatral platense (así como seguramente en muchos otros) funciona como moneda de pago ¿no queda también subsumido a una lógica mercantilista? ¿Por qué esa moneda sería más virtuosa que el dinero? ¿No termina acaso funcionando como otro modo de modelar el deseo?

¿No es tan perverso y restrictivo trabajar en pos del reconocimiento de los pares o de los referentes como querer vender entradas? Que diferencia real existe entre querer ganar dinero y querer ser aceptado/a en un festival o ganar un concurso? ¿No son ambos modos de enjaular el deseo propio en el deseo del otro? ¿Existe entonces algún tipo de deseo no mercantilista, es decir, un deseo que no pretenda ningún tipo de ganancia? ¿Se puede pensar en no ganar nada?

No deja de ser inquietante pensar que aún cuando las lógicas más netamente capitalistas puedan ser dejadas de lado momentáneamente para comprender el quehacer teatral platense, otras lógicas operan para moldear y reterriorializar el deseo. Que, en última instancia, la lógica del reconocimiento puede ser equiparable a la lógica del mercado[75].

Sin embargo, así como en el trabajo anterior arriesgábamos que el carácter prácticamente inexistente de un mercado capaz de beneficiarse del teatro independiente platense podría señalarnos una vía de escape para producir de un modo más libre, del mismo modo, creemos que la inexistencia en nuestra ciudad de una estructura sólida que regule y organice el reconocimiento y la legitimación puede funcionar en un sentido similar.

---

[75] Es importante aclarar que estas dos lógicas se encuentran, de hecho, enlazadas de modos concretos, ya que, los/as teatristas que alcanzan mayores grados de reconocimiento, tienen mayores chances de acceder a posibilidades de trabajos pagos en teatros locales, obtención de becas y subsidios e incluso (en los casos más excepcionales y con mayores conexiones con circuitos externos a nuestra ciudad) giras y viajes al exterior en los que reciben un pago en moneda extranjera. Sin embargo, lo que nos interesa señalar es que aún en los muchísimos casos en los que el acceso a estas posibilidades está lejos de concretarse, la lógica del reconocimiento funciona similar a la lógica del mercado ya que la propia producción se pone en función de conseguir una ganancia convirtiéndose entonces, también, en una mercancía.

Es decir, si no existe al interior del circuito teatral platense una estructura de valoración de las obras y de los antecedentes de formación y producción de los/as teatristas suficientemente clara e institucionalizada como para permitir un intercambio relativamente regulado de este cúmulo de antecedentes por puestos laborales u otras oportunidades profesionales (así como tampoco existe un mercado lo suficientemente sólido como para permitirles obtener ingresos que no caigan en la categoría de "simbólicos") ¿no nos permite eso la posibilidad de hacer uso de unos márgenes más amplios de libertad?

Si no existe un mercado que se nutra y sostenga el teatro local, si el reconocimiento es una moneda desregulada y poco legalizada ¿por qué nuestro teatro continúa tan condicionado por la ilusión del acceso a esas dos formas de pago?

¿Se puede pensar en no ganar nada? ¿Se puede pensar la producción teatral platense como una actividad (casi totalmente) improductiva, como un gasto improductivo? Tal vez puede haber ahí una llave para desregular el deseo, darle riendas más libres, recuperarlo como fuerza efervescente que pueda provocar nuevas rupturas, generar puntos de fuga, abrir alguna brecha.

Bibliografía

Basanta, Leonardo y del Mármol, Mariana, "¿Y si lo hobbie habita lo profesional? Apuntes sobre el trabajo en el teatro independiente platense." En: Ansaldo [et al.] (Comp.) *Teatro independiente: historia y actualidad*, CABA: Ediciones del CCC.

Bataille, Georges (1987 [1933]) "La noción de gasto". En: *La parte maldita. Precedida de La noción de gasto*. Barcelona: Editorial Icaria.

Bourdieu, Pierre (1991) [1980] *El sentido práctico*. Madrid, Taurus.

---. (2003) [1971] "El mercado de los bienes simbólicos". En: *Creencia artística y bienes simbólicos. Elementos para una sociología de la cultura*. Córdoba y Buenos Aires, Aurelia Rivera.

---. (2010 [2001]) "Cuestiones sobre arte a partir de una escuela de arte cuestionada". En: *El sentido social del gusto. Elementos para una sociología de la cultura*. Buenos Aires: Siglo XXI Editores.

del Mármol, Mariana; Magri, María Gisela y Sáez, Mariana Lucía (2017). "Acá todos somos independientes. Triangulaciones etnográficas desde la danza contemporánea, la música popular y el teatro en la ciudad de La Plata". En: *Revista de Humanidades y Ciencias Sociales: El Genio Maligno*, N° 20, marzo 2017, pp. 44-64.

Quadri, Andrea (2010). *Etnografía de la cooperación y la construcción de consenso y compromiso grupal en la comunidad de artistas visuales de Argentina (Tesis Doctoral)*. Universidad de Buenos Aires, Facultad de Filosofía y Letras, Bs. As.

Mauss, Marcel (1979 [1925]) "Ensayo sobre los dones. Motivo y forma del cambio en las sociedades primitivas". En *Sociología y Antropología*, Madrid: Editorial Tecnos.

Dramaturgia propia de los espacios.
El espacio en las salas de teatro independiente de Rosario como promotor de dramaturgia

Mercedes Laura Nuñez

Introducción

Es indudable que el espacio hace al teatro, que no puede concebirse sin un marco que regule la relación actor-espectador y la necesidad "de establecer con el prójimo una relación renovada y más íntima" (Brook, 165). La dimensión aurática del teatro hace imprescindible la coexistencia de cuerpos en un mismo espacio (Dubatti, 2007).

En la ciudad de Rosario, las salas teatrales independientes, en sucesivas mudanzas se han instalado en locales que proponen una alternativa para la concreción del espacio escénico: casas antiguas "tipo chorizo", galpones, etc. En este trabajo, nos proponemos indagar en el carácter dramatúrgico que adquiere el espacio en las propuestas creadas en estos locales. Nos referimos fundamentalmente a la característica de espacialidad dramatúrgica que promueve el lugar donde los elencos se proponen producir sus espectáculos. El espacio es un disparador, funciona como generador de sentido, posibilitador de interrelaciones lúdicas entre los actores y la materialidad espacial. Indagaremos esta característica dramatúrgica en relación al escenocentrismo (Pavis, 1998) donde los actores se adueñan del edificio, concibiendo así a la escena como "potencia de un sitio" (Breyer, 2005, 41).

Este trabajo fue concebido en Rosario donde, como en tantas otras ciudades del país, el teatro independiente ha ido alojándose en espacios no convencionales. Llamamos convencionales a las salas de teatro a "la italiana", con el escenario elevado y butacas en la platea. Parte del imaginario cultural que alude a un edificio imponente, "majestuoso", rojos en cortinados y panas, y adornos dorados en palcos y plateas. Las salas de teatro independiente, por el contrario, son mutaciones, construcciones de otras épocas abducidas por la teatralidad: casas y galpones ruinosos devenidos en espacios "pintorescos" y poéticos, casi siempre amueblados en collage, con estilos, texturas y colores a partir de lo "que fuimos consiguiendo", restos de escenografía olvidados, cuando no abandonados; yuxtaposiciones de regalos o donaciones, de improntas y modas diferentes; espacios cálidos que acogen a los espectadores habituales y sorprenden a los desprevenidos.

Desde la escena

Para continuar este trabajo, nos parece necesario recuperar el concepto de "escenocentrismo" de Pavis. Para el análisis de los espectáculos, este autor presenta una "visión escenocentrista" que opone a la "visión textocentrista" en donde el texto se describe como una "referencia absoluta" y "la representación solicita un texto para existir y para ser interpretada" (2000, 206). De este modo, en la visión escenocéntrica, el texto ya no es el organizador de los elementos no verbales, no se le reconoce anterioridad, no centraliza ni organiza la escena. Desde esta visión, el texto no dicta la escena, en caso de que existiera anteriormente, una lectura previa podría sugerir nuevas interpretaciones que provienen del trabajo escénico. De este modo, "la puesta en escena no significa siempre el paso del texto al escenario", sino que se considera a la puesta en escena como una "puesta en presencia de las diversas prácticas escénicas" (Pavis, 2000, 207). A comienzos de este Siglo Pavis despliega esta "novedosa" visión a la hora de analizar un espectáculo que contiene texto, donde describe como funesta la idea de pensar a la puesta en escena como actualización o concretización de los elementos que están contenidos por el texto.

Extrapolando estos conceptos a nuestra realidad, podríamos formular, que estos espacios en las salas de teatro independiente de Rosario se posicionan como herederos de la espacialidad propuesta en las experiencias teatrales del Siglo XX. Enmarcándose así en la descripción de Marco de Marinis (2005), como "revolución contemporánea del espacio teatral" por la variedad y diversificación en cuanto al uso del espacio.

La noción de espacio se nos presenta siempre compleja e inabarcable. Refiere a distancia, extensión, trascursos temporales, momentos y situaciones. En lo particular del teatro también es complejo abordarlo, desde la multiplicidad de usos y definiciones que se le otorga: dramático, gestual, lúdico, escénico, textual, arquitectónico. Porque cuando hablamos de espacio teatral, hablamos de edificio y arquitectura, pero también del espacio ficcional o dramático.

Podemos asignarle la capacidad de alteridad, ser el "terreno que el actor cubre con sus desplazamientos" y ser al mismo tiempo el "espacio dramático" al que el espectador asiste, donde "se produce una interferencia entre la iconicidad del espacio concreto y el simbolismo del lenguaje". (Pavis, 2000, 160-161). Siempre está presente, en quienes quieren describirlo, la necesidad de fragmentarlo, presentarlo en partes y categorías, esto evidencia aún más lo inabarcable e intangible. Por sobre todo, debemos tener en cuenta la dimensión aurática y convivial del teatro, la que le otorga categoría de acontecimiento. Acontece en las "coordenadas espacio-temporales de la empiria cotidiana" (Dubatti, 34).

Por esto, podríamos afirmar que el espacio hace al teatro, que inaugura la relación entre la escena y los espectadores e, incluso, la regula. El teatro, según describe Peter Brook en sus *Provocaciones* "se basa en una característica humana muy particular, que es la necesidad, que surge de vez en cuando, de establecer con el prójimo una relación renovada y más íntima" (165). El espacio de este modo, tomando a Brook y a Dubatti, es constitutivo del *convivio,* es decir, de la necesidad de relacionarse, ser y participar de una "espacialidad comprometida" entre la escena y el público (Breyer, 1968, 8).

Hacia la dramaturgia

En una recopilación histórica, Beatriz Lábatte describe los difusos límites entre teatro y danza como resultado de los cambios propuestos en las artes escénicas por los maestros y formadores referentes del S. XX. Estos cambios promueven la concepción de las artes escénicas no fragmentadas en estilos o géneros (Lábatte). Además, generan formas de producción donde en detrimento del individualismo se trabaja en equipo, todos aportan a la construcción de la idea y el sentido. Formas que distan de la sobredimensión de la figura del autor, tal como acontecía en el modernismo.

Es por esto que proponemos abordar la expresión "dramaturgia" con un significado más amplio que solo el referido a la escritura de textos teatrales, "en el sentido de actividad del 'dramaturgo'", que "consiste en disponer los materiales textuales y escénicos", donde todos los intervinientes en el proceso creativo aportan a las definiciones estéticas, ideológicas y escénicas. (Pavis, 1998, 148-149). Esta actividad hace referencia a disponer los materiales para un espectáculo teatral en el cruce de lenguajes y en el cruce de acciones. Estas acciones, que entrelazan el espectáculo, abarcan desde lo que los actores hacen o dicen, hasta la interrelación de éstos con los demás signos de puesta y lo que provocan en el espectador. Podemos definir dramaturgia entonces como "... la manera en que se entretejen las acciones", según Barba y Savarece (1988, 15).

En un nuevo análisis, el mismo Barba amplía esta definición, la describe como estratificación de niveles sin prestar atención al sentido del espectáculo, como entramado y concatenación de acciones simultáneas, co-presencia de diferentes estratos con lógica propia, composición teatral ejecutada por actor, director y espectador del espectáculo: "Mi dramaturgia de director ha consistido en elaborar la dramaturgia del actor para poner en acción (ejecución) la dramaturgia de cada espectador" (Barba, 2010, 39).

Una concepción de la dramaturgia que, al prescindir de la preexistencia de un texto, se desarrolla en el mismo proceso, por lo que se acerca también a la producción en todas las artes escénicas. Por lo tanto, si hablamos del aporte desde la interacción de actores y director, no podemos excluir al espacio contenedor de estas interacciones. Es decir, estas nuevas concepciones de la dramaturgia la proponen como un proceso constante, generado por los intervinientes en dicho proceso, único y singular en sí mismo por ese particular encuentro entre estos sujetos que están hoy y no otros. En el lugar donde se desarrolla y no en otro.

Las dieciséis salas

En Rosario existen infinidad de espacios que funcionan convocando teatralidad. Vamos a referirnos a las dieciséis salas de teatro independiente, registradas en el Instituto Nacional de Teatro (INT), habili-

Teatro independiente: grupos, espacios, prácticas

tadas como tales por la Municipalidad de Rosario y dentro de la Asociación de Teatros Independientes de Rosario (ATIR). Ninguna de estas salas fue construida y concebida como tal. Se instalaron en edificios que fueron transformando. Casas de familia donde la demolición de paredes permite ampliar espacios y galpones existentes o construidos entre medianeras.

En estos edificios abducidos por el hecho teatral, funcionan los teatros sin la intención de camuflar su naturaleza, valorizando su potencialidad espectacular, su dramaturgia implícita. Proponen al espectador incorporar paredes, puertas y ventanas del mismo edificio, como propias del espacio ficcional convocado en cada puesta. En muchos de estos lugares el espectador ingresa a la platea por la que pronto será la entrada de los personajes a este nuevo espacio cargado de teatralidad. Las puertas, las ventanas situadas en el escenario, son "a la vez mímesis de algo (…) y elemento de una realidad autónoma concreta", ya que el teatro "construye su propio referente espacial" como formula Anne Ubersfeld (116-117) y De Marinis: "Hacer del espacio un elemento de la dramaturgia significa rechazar la idea de que este constituye un dato a priori, inmodificable (…) un contenedor neutro independiente de sus posibles contenidos" (77).

En Rosario, las dieciséis salas de teatro independiente de ATIR, lejanas al imaginario social del teatro, dejan al descubierto sus restos de otras cosas, su pasado, su memoria, su espacialidad cargada de otra funcionalidad. La sala Espacio Bravo funcionó, hace unos años, en una vieja panadería y fueron varias las puestas que no camuflaron los restos del horno, optaron por descubrir ese fondo de ladrillos vistos y desprolijos en forma semicircular, usando incluso una pasarela elevada que existía en la vieja construcción. Como espectadores asistimos a la carga dramatúrgica del mismo espacio, que no solo contenía, sino que proponía nuevos modos de relación y de uso.

El Teatro de la Manzana, La Morada, La Escalera, La Nave, Odiseo, Tandava y La Peruta, funcionan en casas tipo "chorizo", de habitaciones corridas en otro tiempo. Ahora integradas a lo largo, presentan espacios más profundos y angostos. Estos edificios, prestan sus paredes pocas veces vestidas por telones o paneles. Los actores las incorporan en los procesos de creación de espectáculos, se apoyan, se impulsan, se deslizan.

Teatro independiente: grupos, espacios, prácticas

El contacto con estas paredes reales propone y dispara relaciones con los otros y con esta escenografía firme y resistente. Las puertas adquieren doble funcionalidad, para el ingreso de los espectadores a "ver teatro" y de los personajes a los espacios de acción. También existe la posibilidad del ingreso al espacio dramático por ventanas.

La capacidad de alteridad del espacio de la que habla Patrice Pavis, no solo opera para pensar el teatro, también se plasma, se fija y perdura en los textos editados de obras creadas en esos lugares. En "Caramba" (Anica, Gabenara y García), estrenada en 2009 en La Morada Teatro y editada en 2016 puede leerse: "Juan se para, lleva la silla contra la pared" (93), "Mujer dos abre la ventana, tira cartas" (100), y en otra oportunidad ubica a los personajes "apoyados sobre el marco de la puerta" (104). Esta relación dramatúrgica con el espacio se plasma tanto en la espacialidad de la puesta que verá el espectador, como en oportunas didascalias en el registro y la edición.

El Teatro de la Manzana mutó en varias puestas, transformado en un espacio en "U", despoblando la platea de gradas y sillas. Aloja al público contra la pared y en el escenario. Exhibe al fondo de la escena las dos puertas reales de entrada del público, devenidas, cuando comienza la acción, en ingreso de los personajes. Puertas vidriadas que permiten ver el afuera.

Algunos, de los dieciséis teatros mencionados, proponen espacios "a la italiana", con escenario sobre elevado. Aun siendo las salas más tradicionales, posibilitan también la promoción dramatúrgica desde la espacialidad concreta. Escenario con trampas, accesos no tradicionales y una profundidad oblicua en varias alturas disparan, en el Teatro Caras y Caretas, múltiples opciones para la espacialidad dramática, suma al escenario un telón, esto en el teatro independiente, al menos en Rosario y por lo que exponemos, es extraño. Propone "dar escena" en la escena, usar el proscenio. El teatro La Nave, el local anterior que ocupaba, el escenario estaba a la altura de un escalón, lo que posibilitaba la irrupción a la escena instantáneamente, hacía translúcida la mítica cuarta pared, hacía avanzar la escena sobre la platea. En El Centro de Estudios Teatrales (CET) un incomprendido balcón al que se accede por una escalerita desde el escenario y se sostiene con columnas, da opciones de crear escena en niveles y debela algo único en nuestra experiencia como espectadores, un alero o galería o balcón en el escenario. No es utilería, no está pintado o puesto. Es contundente y existe, puede exponerse o desaparecer tras telones.

También a la italiana, sin escenario, el Cultural de Abajo, deja al descubierto sus paredes, el piso y otras características de sótano de un edificio patrimonial. El espacio del escenario le ganó al diseño centenario y existe casi al límite de la escena una columna que sostiene los tres pisos hacia arriba. Esa columna, cuando no es sostén de patas y bambalinas, también opera como vehículo de la dramaturgia del espacio y deja verse.

Las otras salas de teatro independiente de Rosario; La Grieta, Espacio Bravo, La Sonrisa de Beckett, La Orilla Infinita, La Tornería y El Teatro del Rayo; cuentan con espacios más amplios y de múltiples posibilidades. Estas salas, más anchas, más profundas y altas disponen de una mega espacialidad, es posible colgar y colgarse, correr y recorrer el espacio. Alterar la frontalidad de la platea y aun así conservar amplitud. En estos espacios, se crean obras que incluyen objetos escenográficos grandes, rodantes y funcionales. También disparan escenas simultáneas o escenarios diferentes en un mismo espectáculo.

Porque, como formula Gastón Breyer, "el teatro radica en una voluntad de acto y éste, a su vez, se radica en una necesidad de sitio," la escena "abre un lugar para el teatro, para el actor y… luego… muy luego llega el dramaturgo" (41). Ahora bien, la posibilidad de girar o recorrer con temporadas varios teatros, hace que la teatralidad que posee cada puesta pueda volver a re trabajarse en relación al nuevo espacio que la contiene. Poniendo en juego nuevamente a este novedoso espacio promotor de dramaturgia.

Nos parece importante señalar la promoción dramatúrgica de estos espacios cuando los elencos llevan sus obras de una sala a otra. No es extraño en Rosario ver espectáculos que, al trasladarse, muten y se trasformen espacialmente, se despojen de telones y estructuras para dejar ver el edificio, lo concreto de la arquitectura como parte de la escena. La espacialidad vuelve a operar como generador dramatúrgico. Las nuevas salas de teatro visitadas por espectáculos ya estrenados proponen y exponen sus características, sus puertas, ventanas, columnas y aleros, para un re trabajo dramatúrgico del espacio.

La dramaturgia propia de los espacios

Por todo esto y porque, como dice Gastón Breyer, "el teatro es escenario" (17), proponemos asignarle la capacidad de gestor y promotor de dramaturgia. Las salas de teatro independiente de Rosario, herederas de las nuevas lecturas de la espacialidad del Siglo XX, proponen repensar la figura del autor y la linealidad, resabio del modernismo, idea- texto- director-actores- acción, habilitando otros modos de crear.

El espacio teatral, con sus dualidades, indefiniciones y complejidades es continente de disposiciones espaciales, fundador de relaciones, sostén de cuerpos y objetos; y disparador de acciones. Si las acciones son lo que el actor hace o dice, decir es una acción, la palabra es una acción. Entonces coincidimos nuevamente con Breyer que formula "la escena es inicio o no es nada" porque "no se va a la escena después de haber 'inventado' un teatro" (41). El teatro es parte de la existencia y de la experiencia como acontecimiento, como exponente de la cultura viviente. Por tanto, es promotor de lo que el actor y el espectador producen. A su vez, el espacio también opera como transformador del actor y sus acciones y por consiguiente de la relación de estas acciones con el espectador.

Queremos agregar que ese espacio, conocido y reconocido por el espectador habitual de teatro independiente, es el contenedor del *convivio* y de la escena. Es transformado y también transforma, reconstruye y funda la escena, es a la vez promotor de esa escena y de lo que el actor hace para transformarla o resinificarla. Porque es innegable que las huellas de nuestra experiencia como espectadores, nos dejan sensaciones, palabras sueltas, risas o lamentos. Pero también nos dejan la contundencia de una espacialidad que contenía eso que nos cautivó. "Un espacio único en Rosario (…) con sus trasfondos misteriosos (…) esa pared que no siempre era la del fondo (…) El Cubo mágico (…) sobrio, digno, criollo en su pobreza", como recuerda Diana Pesoa (17) al viejo galpón que fue primero El Rayo Misterioso y luego cobijó hasta 2006a La Morada Teatro. Un galpón que mutó en verdulería, y habilitó todo tipo de chistes entre tomates y nabos. Del que solo quedan relatos y recuerdos en la construcción de una obra, y ya no hablamos de la construcción teatral de un espectáculo, sino de "otro" edificio de departamentos en el centro de Rosario.

El anecdotario de ensayos y representaciones en estas dieciséis salas de teatro independiente seguro es muy extenso. Podemos afirmar como espectadores y hacedores teatrales, que estos espacios, que obviamente acompañan los procesos de creación de espectáculos, se hacen presentes y protagónicos del acontecimiento al que asistimos. Y como ya hemos dicho, transmutan las obras que visitan uno y otro, las transforman y resignifican. Son promotores de nuevas lecturas en puestas ya conocidas porque promueven un retrabajo dramatúrgico en la nueva relación espacio-escena-espectador, tema éste que podría ser desarrollado en otro trabajo.

Bibliografía

Anica, David; Gabenara, Enrique y García, Griselda. "Caramba. Volver al pasadito". *Esseestpercipi. 20 años en la construcción teatral desde Rosario.* Esseestpercipi/INT, 2016, pp. 79-106.
Barba, Eugenio. *Quemar la casa. Orígenes de un director.* Catálogos, 2010.
---.; Savarese, Nicolás. *Anatomía del actor. Un diccionario de Antropología Teatral.* Colección Escenología, 1988.
Breyer, Gastón. "A la búsqueda de la escena perdida", en Osvaldo Pelletieri (ed) *Teatro Memoria y Ficción.* Galerna/Fundación Roberto Arlt, 2005, pp. 36-42.
---. "El hombre en el espacio, el espacio en el hombre". Pelletieri, Osvaldo (ed). *Itinerarios del teatro latinoamericano.* Galerna/Fundación Roberto Arlt, 2000, pp. 19-21
---. *Teatro: el ámbito escénico.* Centro Editor de América Latina, 1968.
Brook, Peter. *Provocaciones. 40 años de exploraciones en el teatro.* Ediciones Península, 1987.
De Marinis, Marco. "El espacio escénico en el teatro contemporáneo: la herencia del siglo XX". Pelletieri, Osvaldo (ed). *Teatro Memoria y Ficción*, editado por Osvaldo Pelletieri, Galerna/Fundación Roberto Arlt, 2005, pp. 75-83.
Dubatti, Jorge. *Filosofía del teatro I. Convivio, experiencia, subjetividad.* ATUEL, 2007.
Feral, Josette. *Teatro, teoría y práctica: más allá de las fronteras.* Galerna, 2004.
Lábatte, Beatriz. *Teatro-Danza. Los pensamientos y las prácticas.* Instituto Nacional del Teatro, 2006.
Pavis, Patrice. *El análisis de los espectáculos. Teatro, mimo, danza, cine.* Paidós, 2000.
---. *Diccionario del teatro. Dramaturgia, estética, semiología.* Paidós, 1998.
Pesoa, Diana. "El Cubo mágico". *Esseestpercipi. 20 años en la construcción teatral desde Rosario.* Esseestpercipi/INT, 2016, p. 17.
Ubersfeld, Anne. *Semiótica Teatral.* Ediciones Cátedra, 1989.

Aportes teóricos sobre la sociología del trabajo artístico actoral en Teatro Independiente.

Juliana Díaz

El enfoque

Actualmente existe un amplio espectro bibliográfico que discute temáticas sobre el trabajo y el arte en general y el trabajo artístico en particular. Aun así, todavía hay interrogantes que siguen formulándose y otras que no consiguen resolverse. Eso por eso que el objetivo de este artículo es elaborar el marco teórico apropiado para pensar aspectos elementales sobre el trabajo artístico, fundamentalmente alternativo, tratando de articular los estudios sociológicos de los mundos del arte y los mundos del trabajo en espacios denominados "independientes".

Para empezar a abordar debates sobre el trabajo artístico, resulta necesario dar a conocer las particularidades que asume la producción artística y la diferencian de otros productos comercializables. Por eso, primero revisaremos ciertos aspectos de la sociología de la cultura y específicamente de la sociología del arte. Seguido a eso, contextualizaremos las transformaciones más recientes del mercado laboral según autores que elaboran investigaciones vinculadas a la sociología del trabajo. Luego, presentaremos material teórico donde se cruzan estas dos sociologías frecuentemente presentadas como campos de investigación separadas (el trabajo y el arte, específicamente en el circuito independiente). Después, presentaremos una serie de estudios de caso recientes que podrían dialogar con el problema en cuestión. Finalmente, cerraremos el trabajo con una conclusión de la totalidad del texto.

La obra de arte ¿un producto mercantil?

Para empezar, resulta eficaz contextualizar a la Sociología del arte como parte integral de la Sociología de la cultura. Raymond Williams

(2015) explica el término *cultura* a partir de nociones que corresponden distintos procesos históricos. Del uso más cotidiano, por cultura se entiende al "cultivo activo de la mente". Es decir, como un e*stado desarrollado de la mente* (cuán culto es o deja de ser el sujeto). Otra concepción se explica por los *procesos de este desarrollo*, como los intereses y las actividades culturales mismas. Por último, el concepto de cultura puede interpretarse como *los medios de estos procesos*, es decir, la objetivación materializada de la cultura en sí, como "las artes" y "obras intelectuales" (p. 11). En este sentido, el autor supera la suposición de la cultura como una totalidad inabarcable, por una definición un poco más acotada: actividades, ideas y producciones artísticas e intelectuales que se enmarcan y practican un *sistema de significantes*.

Las producciones artísticas, dice Williams, conllevan una serie de particularidades que las distinguen de otras producciones sociales propias de la cultura en general. Por un lado, en una obra de arte cobra más importancia el valor estético antes que cualquier idea de valor de uso. En esta lógica de valor estético, el autor distingue al arte auténtico de un arte caracterizado como "no arte". Esta es la contraposición entre los artistas subvencionados cuya meta máxima pareciera, en principio, ser una búsqueda por las claves estéticas hegemónicas del ámbito intelectual, contra el entretenimiento comercial que ofrecen las compañías de empresas privadas, donde el objetivo es la ganancia económica a partir de la venta de un producto comercial de interés masivo. Aun así, más allá de las variaciones dentro de las artes, hay algo, dice Williams, que los distingue de otros trabajos o productos. Por un lado, el autor hace mención al circuito en el que se insertan. Las artes que son producto de habilidades corporales tienen una constante e incansable búsqueda por la especialización y profesionalización. Esto trae aparejado la necesidad de un público instruido capaz de acceder a las propuestas que cada vez son más variadas y novedosas. Además, el autor sostiene que para poder identificar cuándo se está frente a una obra de arte, es necesario atender a las señales que da la misma, así sean convencionales como novedosas y muchas veces hasta confusas. En este trabajo no nos enfocaremos en identificar ni profundizar el análisis de las obras de arte, pero sí particularizaremos el caso del teatro como actividad distinguida dentro de otras producciones culturales.

La necesidad de encontrar lo que distingue las prácticas, objetos y sujetos observables en el ámbito artístico, reside en la búsqueda de la metodología más adecuada para abordar el problema de investigación. Es por eso que resulta fundamental observar distintos factores en cualquier análisis de sociología de la cultura: instituciones y formaciones de la producción cultural, las relaciones sociales y sus medios específicos de producción y reproducción, la relación que tiene la producción en un determinado contexto y dentro de qué sistema de significantes se engloba. Para evitar hacer de este trabajo un *reduccionismo sociológico* (Heinich, 2002, Sapiro, 2014), me propongo no descuidar el estudio de las instituciones y agentes del campo artístico y las relaciones sociales de poder que establecen bajo un contexto sociocultural determinado (Giunta, 2002).

Retomamos la definición proveniente del interaccionismo simbólico de Howard Becker (2008) de la producción artística. Desde esta perspectiva, es el resultado del trabajo de múltiples sujetos en interacción, es decir, generando una red cooperativa de relaciones. En este sentido, el autor destaca la importancia que tienen todos/as los/as que intervienen en el proceso de elaboración y consumo de la obra. Desmitificando algunas perspectivas teóricas que identifican a los artistas con un *genio creador*, Becker identifica a los y las artistas como un grupo de trabajadores.

Desde otra perspectiva Bourdieu (1990), sostiene que el campo artístico es una red de relaciones objetivas de posiciones del campo objetivamente definidas por sus situaciones, actuales o potenciales, dadas las disposiciones que cuentan. En este sentido, el autor no solo tiene en cuenta a los y las productores directos/as en su materialidad (el o la artista que firma), sino también incluye a otros/as contribuyentes al material artístico como productores del sentido y valor de la obra, y todos/as los y las agentes que concurren a la producción de consumidores aptos para conocer y reconocer la obra de arte como tal. Esta última idea se entiende a partir de la concepción que el autor sugiere sobre la obra de arte, entendida como un objeto simbólico dotado de valor a partir de una creencia colectiva que lo conoce y reconoce como arte.

> Hay, pues, una estructura de la distribución de ese capital que, a través de la posición que cada artista ocupa en esa estructura (la de

dominante o dominado, etc…), "determina" u orienta las estrategias de los diferentes artistas a través, especialmente, de la percepción que cada artista puede tener de su propio espacio. Ustedes me preguntan: ¿quién hace al artista? Evidentemente, no es el artista quien hace al artista sino el campo, el conjunto del juego […].

¿Quién hace entonces al artista, qué es lo que hace el valor del artista? Es el universo artístico, no el artista mismo. Y llevado al extremo: ¿qué es lo que hace la obra de arte? –esto seguramente decantará a los que creen en la singularidad del artista-. Es, en última instancia, el juego mismo el que hace al jugador, dándole el universo de las jugadas posibles y los instrumentos para jugarlas. (Bourdieu, 2010: 39).

Lo que está en juego en el campo artístico es el monopolio del poder por la consagración artística. Las reglas del arte que procuran relativa autonomía del campo artístico respecto al social, se presentan en tensión debido a dos principios de jerarquización del campo. Por un lado, el principio de jerarquización *heterónoma,* que supone cierta coincidencia con el campo social determinado por ciertas reglas económicas del mercado. Es decir, según este principio de jerarquización, el valor está determinado por el éxito comercial (entendido por la materialización económica tanto como la fama, conocida y reconocida en espacios comerciales). Este principio predomina en aquello que el autor llama el *campo de la gran producción simbólica.* En este espacio social, se obedece a la ley de la competencia con propósitos especialmente económico-mercantiles. Su producción suele estar destinada a un público ajeno al campo, pero a la vez masivo, con menores riesgos de fracaso, foco en la técnica y tiempos más breves de desarrollo.

Por otro lado, Bourdieu menciona el principio de jerarquización *autónoma,* cuyo tipo ideal supone autonomización absoluta respecto a las leyes del mercado. En este sentido, el reconocimiento depende de los semejantes, capaces de leer los códigos que den a conocer su condición de artista. Esto aparece en el *campo de producción restringida,* cuya elaboración está destinada a los mismos productores (un público cultivado capaz de leer los códigos estéticos) haciendo énfasis particular en la búsqueda del arte por el arte, es decir, arte puro e intelectual. Los proyectos de este espacio requieren generalmente mayor cantidad de tiempo, asumen mayores riesgos para alcanzar el éxito y este mismo se define por el reconocimiento simbólico de sus pares o voces particularmente autorizadas del entorno.

A partir de esta tensión puesta en juego en el campo artístico, el autor explica la oposición entre el *arte puro* y el *arte burgués*. Esta distinción parte de la idea de pureza artística, que aparece en la misma narración del proceso de racionalización de Weber (2015).

> El ideal de la percepción "pura" de la obra de arte en tanto que obra de arte es el producto de un largo trabajo de "depuración": comenzado en el momento en que la obra de arte se despoja de sus funciones mágicas o religiosas, ese proceso de autonomización se lleva a cabo paralelamente a la constitución de una categoría relativamente autónoma de profesionales de la producción artística cada vez más inclinados a no conocer otras reglas que las de la tradición propiamente artística recibida de sus predecesores, que les proporciona un punto de partida o un punto de ruptura y los coloca cada vez más en condiciones de liberar su producción y sus productos de toda servidumbre social, se trate de las censuras morales y programas estéticos de una iglesia preocupada por el proselitismo, o de los controles académicos y los encargos de un poder político inclinado a ver en el arte un instrumento de propaganda. (Bourdieu, 2010: 68)

De esta manera, en esta depuración de lo aurático en el arte, encontramos una búsqueda por la pureza que eleva al arte por encima de las lógicas del campo social dominante. Por eso, su valor simbólico fundante es el desinterés y hasta la negación por el éxito económico. La conducta antieconómica, dice el autor, es el corazón de la actividad artística en sí (Bourdieu, 2010: 154)[76]. En este sentido, el *arte puro* es el arte por exce-

---

[76] Esta idea de pureza artística antieconómica, contrapuesta a una perspectiva más mercantilista de la utilización artística y los diversos círculos entrelazados en el mismo campo, son separaciones estructurales del entorno social, ubicado en un contexto y atravesado por ciertas decisiones políticas. De hecho, la relación del arte como esfera autónoma por fuera de lo real, se presenta en oposición a otras disciplinas de perspectiva supuestamente más objetivas como la ciencia (Weber, 1991).

lencia, el arte por el arte, mientras que el *arte burgués* es el arte "no arte". Estas definiciones se sostienen en un mundo antieconómico, característica única del subcampo artístico en el campo social. De esta manera, el concepto *mundo económico al revés* hace referencia a la particularidad que caracteriza al artista como agente que "solo puede triunfar en el ámbito simbólico perdiendo en el ámbito económico" (Bourdieu, 2015: 130). Es decir, en el campo artístico sucede que el triunfo económico se ve condicionado de manera inversa al simbólico, lo cual supone reconsiderar cómo se inserta la actividad actoral en el marco del mundo del trabajo que pretende habitar.

Sin embargo, como la autonomía del campo artístico no deja de ser relativa, el autor indica en el próximo fragmento que citaremos, que toda autonomía y libertades vinculadas a las lógicas económicas que rigen y regulan el campo social, son posibles gracias al poder adquirido desde cierta posición del campo. En palabras del autor

> La propensión a orientarse hacia las posiciones más arriesgadas económicamente, y sobre todo la capacidad de conservarlas de manera duradera (condición de la continuación de todas las empresas de vanguardia que se adelantan a las demandas del mercado), aunque no procuran ninguna ganancia económica a corto plazo, parecen depender, en gran parte, de la posesión de un capital económico y social importante. Ante todo, porque el capital económico asegura las condiciones de la libertad con respecto a la necesidad económica, ya que la renta es, sin duda, uno de los mejores sustitutos de la venta (Bourdieu, 1990: 25)

En este trabajo, entonces, no tomaremos a los/as artistas como genios/as creadores/as, sino como sujetos sociales que interaccionan en un contexto específico del espacio social. Con esta desmitificación del/a artista, podemos ver las potencialidades para pintar, actuar y bailar de sujetos/as que, en principio, no se los relaciona con las actividades artísticas según su posición en el campo. De esta manera, encontramos a los actores proletarios (Bretch, 2010), al igual que los obreros que describe Rancière (2017). Rompiendo incluso con las premisas platónicas, Rancière (2002) destruye los estereotipos del sujeto artístico construido por la ficción consensuada. Una cita de ello es la que retoma en su libro *La noche de los proletarios* (2017).

> El pobre ha nacido con un alma ardiente que tiene necesidad de exaltar, de expandir sobre todo lo que lo rodea; pero no, ¡no ha nacido para eso! Y vosotros queréis que en medio de todo eso el odio no germine en su corazón; no queréis que, rodeado de todo el cortejo repugnante de la miseria, no envidie la suerte de su vecino rico. (Marie-Reine Guindorff, 1833: 81).

De esta manera, si bien el objetivo de este trabajo es atender a las producciones artísticas con todas las particularidades que estas conllevan, es necesario tener en cuenta factores políticos, económicos y sociales de los cuales se nutren. Por esa razón, cabe destacar que para Bourdieu (2010), la complejidad del trabajo artístico debe entenderse en la búsqueda por la distinción en ciertas condiciones materiales de producción específicas. Todos los actores (desde el artista, los representantes, dueños de teatros y galerías, hasta el mismo público) y factores del contexto que contribuyen para la elaboración de determinada obra, forman una parte fundante para el propósito del artista que pretende imponer su marca y hacer época. Ése es el éxito en el arte, según Bourdieu, y de ahí deviene su carácter de trascendencia espiritual.

El trabajo hoy y su precariedad

Para estudiar la especificidad del trabajo artístico actoral en el teatro platense, es necesario primero dar cuenta del mundo laboral en que está inmerso. Robert Castel (2012) sostiene que en la contemporaneidad vivenciamos una gran transformación del régimen capitalista a partir de la crisis del petróleo de 1973. Los cambios de una sociedad industrial basada en el modelo de producción organizacional fordista hacia nuevas regulaciones y vínculos relacionales laborales[77], contribuyen a la necesidad de

---

[77] Serge Paugam (2012) estudia el vínculo social laboral desde dos dimensiones: por un lado, la *protección* (donde hacen foco los estudios de Castel) y por otro lado el *reconocimiento* (cuestión que subraya en la mayor parte de sus estudios). En este sentido,

indagar analíticamente los estudios sociales desde una nueva perspectiva teórica. Sin embargo, Castel advierte que, siendo que estas transformaciones aún están en curso, lo que él pretende es presentar algunos lineamientos teóricos provisorios que resulten eficaces para estudios sociológicos, sin pretensión de construir una teoría en sí misma.

De esta manera, en cuanto a las transformaciones organizacionales del modelo fordista al toyotista, hacia la implementación de un nuevo modo de *trabajo en red*[78] posibilitado con el desarrollo del *trabajo inmaterial*[79], Castel advierte nuevas formas relacionales entre los individuos. Esto es, en vez de la salida revolucionaria propuesta por el marxismo clásico ante las relaciones de opresión entre clases distinguidas por la apropiación (o no) de los medios de producción, ocurrió una salida más reformista que sentó las bases para un nuevo tipo de vínculo social. Teniendo en cuenta lo anterior, el autor menciona una diferencia fundamental entre el derecho *al* trabajo, y el derecho *del* trabajo que asegura, con instrumentos jurídicos, ciertas protecciones frente a la precariedad laboral y la arbitrariedad patronal. Si bien la salida reformista contemplaba un compromiso social[80] con las nuevas modalidades de trabajo y medidas económicas aplicadas en un contexto de descreimiento en la promesa del pleno empleo (entre

---

entre los cuatro tipos de vínculos que distingue, el *vínculo departicipación orgánica* supone la protección contractual del empleo, así como el reconocimiento del trabajo y la estima social que de él deriva. En este sentido, la precarización del salariado depende tanto de la ausencia de protecciones que garanticen libertades económicas individuales, así como cuando al sujeto le parece que su trabajo no tiene interés, se siente inútil, está mal retribuido y es débilmente reconocido.

[78] Se trata de la organización laboral de individuos durante un tiempo esporádico pertinente a la elaboración de un proyecto. Al finalizar, se desconectan sin intención de volver a encontrarse en un futuro para realizar un nuevo proyecto. Se trata de mayores relaciones sociales (en términos cuantitativos de cantidad de personas en relación) pero, a su vez, más volátiles.

[79] Varios estudios como los de Correa Lucero (2013), Miguez (2017) retoman las publicaciones de Hardt y Negri para definir el concepto. Entre ellas encontramos que se trata del trabajo que crea productos inmateriales como el conocimiento, información, comunicación, emociones, etc… A su vez, se trata de un estilo de trabajo hegemónico ya que condiciona, en la sociedad actual, a los demás tipos de trabajos.

[80] Asegurado por un Estado Social a partir de las protecciones que pretenden salvar las desigualdades sociales inherentes descriptas por Bourdieu (2010).

otras) las oposiciones ya no se dan entre clases sociales, sino que se generan relaciones de resentimiento interclase. De esta manera, los trabajadores (con o sin trabajo) compiten entre sí y se establecen relaciones de *resentimiento vecino*. En otras palabras, el enfrentamiento está entre los mismos miembros de la clase trabajadora; entre aquellos *individuos por defecto* que no tienen soportes que garanticen las libertades individuales de la modernidad, frente a los (cada vez menos) *individuos por exceso* (entendidos como aquellos sujetos con soportes suficientes para soltarse de las cadenas burocráticas y de responsabilidades colectivas propias de la sociedad anterior, posibilitando su desarrollo individual singular). Estos últimos, viven en un solipsismo propio del *Narciso*, producto del exceso de subjetividad que pregona su deseo de ser autónomo e ignora que vive en sociedad. Vale aclarar que estos deseos libertarios de los individuos cada vez más descolectivizados, provienen de una histórica y coherente denuncia sobre la "alienación" del trabajador en la relación salarial del tipo tayloriano. Esto es, la condena a la idea de pasar, rutinariamente, tanta cantidad de horas de vida en un mismo espacio físico de trabajo. No obstante, con las nuevas transformaciones del trabajo, vemos que el tiempo "libre" del trabajador industrial al salir de su espacio laboral, es también cada vez menos libre, a la par que se achica la brecha que distancia el trabajo de la vida social.

La idea de precariedad laboral, surge como una condición de trabajo atípica (Neffa, 2010b) que asume etiquetas peyorativas dentro del colectivo más amplio de trabajadores/as. Sin embargo, la precariedad no solo puede observarse en la situación laboral concreta, sino que también depende de las percepciones de los sujetos en su espacio laboral. Neffa describe la propuesta teórico-metodológica de Serge Paugam donde distingue cuatro tipos de integración social en los espacios de trabajo: 1- *Integración incierta*, en la cual, a pesar de la precariedad del empleo, los y las trabajadores sienten satisfacción en el mismo, 2- *Integración trabajosa*, a partir de los casos en los que el empleo es seguro y estable pero los trabajadores se sienten insatisfechos, 3- *Integración descalificante*, que se da cuando la insatisfacción del empleo coincide con la precarización concreta del mismo, 4- *Integración asegurada*, por aquellos/as que no transitan trabajo precarizado y están satisfechos y satisfechas en el mismo.

Para resumir, si bien encontramos que las situaciones laborales en Argentina tienden a resultar precarias, existe una gran heterogeneidad de experiencias y modos de transitar esas trayectorias (Busso, 2016). Por ese motivo, resulta fundamental atender no solo a la situación de precariados/as, sino a cómo conciben y transitan los sujetos trabajadores/as esa condición.

Sobre trabajo artístico independiente

Para abordar el concepto de trabajo artístico, el sociólogo francés Pierre-Michel Menger ha realizado varios estudios. En *L'artanalysécomme un travail* (2009), el autor menciona una serie de características que particularizan esta actividad en la totalidad que conforma el mundo laboral. En este sentido, presenta una condición *sine qua non* que contiene todo trabajo artístico: *la incertidumbre*. A pesar que, según lo que venimos mencionando, la incertidumbre pareciera ser una característica del mercado laboral argentino en general, en el caso del arte no solo es condición (porque siempre se asumen riesgos al fracaso) sino que también forma parte de la satisfacción por la creación artística. A su vez, el éxito no depende netamente del trabajador artístico, sino que influye su relación con el público en un determinado contexto espacial y temporal (atravesado por las relaciones sociales, económicas y políticas del momento).

No se trata de pensar al arte como una lotería, dice Menger (2009), es claramente un trabajo, pero cuyo resultado nos resulta incierto. Sin embargo, hay ciertas formas de pretender asegurarse un posible éxito artístico. Según Sennet (2008) la manera de intentar alcanzar el éxito es, por un lado la calidad, o más bien, la técnica, y por el otro, la originalidad. Este último aspecto es lo que, según Sennet, le da valor artístico a cualquier creación artesanal. Mientras tanto, la idea de la originalidad también da lugar a la conformación de lo que Menger llama el individualismo artístico, resultado de la competencia que opera entre artistas en su búsqueda sistemática por la originalidad estética. De esta manera, el artista se convierte en el individuo por excelencia. Si pensáramos regular la competencia ¿qué sería del éxito artístico? ¿podría pensarse una igualdad de talentos en una producción cultural con una relación entre oferta y demanda más regulada? Una pregunta frecuente que analiza el autor es ¿los artistas somos demasiados? Estas son algunas preguntas que nos invita a hacernos el autor en sus trabajos. Finalmente, como ya se mencionó, en la contemporaneidad vivimos una transformación social que dejó atrás las relaciones de valor-trabajo del marxismo clásico (Miguez, P. &Sztulwark, S.; 2011). Sin embargo, Legay (2003) en su ensayo sobre un texto de Menger, asegura que "hoy en día, el artista es un trabajador, y su situación no es más singular ni ejemplar: el artista sería así, la última metamorfosis del capitalismo[81]" (p.4). Es decir, en el nuevo capitalismo, el artista como trabajador representa las características más extremas de los mismos: hiperflexibilización, precariedad como condición normalizada, exigencia de profesionalización, capacidad de creatividad innovadora, entre otras.

Para ahondar la especificidad del teatro en La Plata, parece importante destacar que existe un gran sentido de pertenencia por parte de actores y actrices platenses acerca del teatro independiente (del Marmol, Magri& Sáez; 2017) a partir de su constitución en la ciudad (Mannarino, 2010). Del Marmol, Magri y Sáez, destacan una serie de características que identifican al circuito independiente. Una de ellas es su origen en oposición a la mercantilización del arte en el teatro comercial, junto con la relación de pura tensión y demanda respecto al teatro oficial[82]. Una segunda característica es su adscripción identitaria dentro de la población de artistas platenses. Además, destacan la falta de recursos al momento de trabajar, la inexistencia de una estructura institucional o medios económicos para delegar tareas, modos de producción donde todos cumplen varios roles, y una tendencia hacia una orientación estética experimental. Sin embargo, la necesidad del contexto y los discursos desestabilizados para defender su actividad en tanto trabajo inmerso dentro del mercado laboral frente al supuesto desinterés por las lógicas mercantilistas propias del sistema, permiten entonces plantearnos una serie de preguntas como ¿es la

---

[81] La traducción es de mi autoría.

[82] Según la normativa vigente, se entiende como teatros oficiales a aquellos con dependencia estatal, mientras que, los teatros comerciales son aquellos teatros con dependencia privada. A diferencia de los teatros independientes, los comerciales cuentan con una capacidad de mayor amplitud en sus espacios físicos (más de 300 butacas).

actuación de teatro un trabajo?, ¿se experimenta la actividad como un trabajo?, ¿cómo son las experiencias en los distintos circuitos?, ¿cómo se piensa el trabajo actoral en teatro independiente? Y, finalmente, ¿cómo se vive eso?

Me parece fundamental destacar el texto de María Fukelman (2017), donde presenta en el recorrido histórico de los primeros años del teatro independiente en relación con las tensiones y contradicciones respecto a la idea de profesionalización de la actividad y su relación con el mercado, la política y el Estado. En este sentido, Karina Mauro (2018) presenta un trabajo muy detallado sobre las subjetividades autoprecarizadas de las condiciones de trabajo de actores y actrices de teatro independiente porteño, atravesadas por la categoría analítica de identidad.

En busca del caso

Resulta pertinente mencionar algunos estudios de caso que establecen ciertos puntos de contacto con el tema abordado. Por un lado, Dubois (2017) analiza desde una perspectiva sociológica a los gestores artísticos franceses. Rius-Ulldemolins (2014) destaca la importancia de las características del trabajo artístico como un factor meso-estructural para explicar la concentración de los artistas en las grandes capitales. En Latinoamérica, Ribeiro Veras (2015) ofrece un estudio comparativo acerca de la organización gremial de los trabajadores de la actuación en Buenos Aires y Río de Janeiro. En Argentina, Basanta y del Marmol (2017) publican un estudio acerca de la identificación de actores y actrices platenses como sujetos trabajadores. Klein (1988) realiza un recorrido histórico sobre la organización de los trabajadores de la actuación desde la constitución de lo que hoy conocemos como la Asociación Argentina de Actores (AAA), en 1918, hasta los primeros años del gobierno peronista. Mauro (2014, 2015) aborda las distintas formas en que han podido organizarse gremialmente los trabajadores de la actuación en los años de presidencia de Perón. Julieta Infantino (2011) ha estudiado las situaciones laborales de los jóvenes artistas callejeros circenses en ciudad de Bs. As. Battipede (2016) ofrece aportes sobre las situaciones laborales vinculadas a las formaciones profesionales de los cantantes líricos en varios espacios (teatros oficiales, compañías privadas y emprendimientos independientes). Mitelli (2015) ofrece en su tesis de posgrado un estudio de caso sobre la gestión cultural de los grupos de danza independientes de ciudad de Bs. As. Además, encontramos en Busso (2011) un estudio de caso sobre el trabajo atípico de feriantes artesanos y sus transformaciones identitarias en contextos de crisis. Por último, varias publicaciones de BulloniYaquinta abordan estudios sobre los trabajadores del cine publicitario comparando los casos de Argentina y Brasil (Bulloni, 2016); y la fragmentación laboral de la producción audiovisual en el período 2003-2015 (Bulloni, 2018). Autores como Stolvich (2002) confirman la importancia de investigar la actividad artística en relación a la sociología del trabajo dado su gran incremento en el PBI nacional. Finalmente, Wortman (2005) estudia los desafíos que presentan las políticas culturales en Argentina durante tiempos neoliberales en relación a su producción, reproducción, circulación y consumo.

Conclusión

Este recorrido teórico da cuenta de una amplitud bibliográfica que aborda el tema del trabajo artístico sin saturarlo. Las tensiones que conviven en las distintas formas de vivir y concebir la producción artística se relacionan por las particularidades que asume ese tipo de producción respecto a otras que corresponden al resto del mercado laboral. En este sentido, es fundamental tener en cuenta aspectos económicos para que las artes no queden subsumidas a un número reducido de personas con privilegios para realizarlas y/o consumirlas, además de comprender aspectos de índole más subjetiva que se ponen en juego al momento de hacer arte. Lejos de querer cerrar el debate, este escrito se propuso ordenar algunos lineamientos teóricos con el fin de seguir pensando y profundizando los debates de forma colectiva.

Bibliografía

Basanta Leonardo, y del Mármol, Mariana. "¿Y si lo hobbie habita lo profesional? Apuntes sobre el trabajo en el teatro independiente platense". En Ansaldo, Paula, Fukelman, María, Girotti, Bettina y Trombetta, Jimena (comps.) *Teatro independiente: historia y actualidad*. Ediciones del CCC, 2017, pp. 185-196.

Battipede, Gabriela María. "El panorama laboral del cantante lírico en la Argentina hoy". *Revista de Investigaciones de Técnica Vocal*, vol 4, no. 1, 2016, pp. 43-51. Disponible en http://sedici.unlp.edu.ar/bitstream/handle/10915/57660/Documento_completo.pdf-PDFA.pdf?sequence=1

Becker, Howard. *Los mundos del arte. Sociología del trabajo artístico*. Universidad Nacional de Quilmes, 2008.

Bourdieu, Pierre. *Las reglas del arte. Génesis y estructura del campo literario*. Anagrama, 2015.

---. *El sentido social del gusto. Elementos para una sociología de la cultura*. Siglo XXI, 2010.

---. "El campo literario. Prerrequisitos críticos y principios de método". *Criterios*, no. 25-28, enero 1989-diciembre 1990, pp. 20-42. Disponible en chrome-extension://efaidnbmnnnibpcajpcglclefindmkaj/https://gep21.files.wordpress.com/2010/04/1-bourdieu-campo-literario.pdf

Brecht, Bertolt. *Escritos sobre teatro*. ALBA, 2010.

BulloniYaquinta, María Noel. "Fragmentación productiva y regulación del trabajo en la producción audiovisual argentina. Tendencias sectoriales en contextos de internacionalización". *ReLET*, vol. 22, no. 36, 2017. Disponible en https://ri.conicet.gov.ar/handle/11336/73301

---. "La regulación del trabajo en contextos de subcontratación e inestabilidad Una aproximación comparativa. El cine publicitario en Argentina y Brasil". *Dialnet: Cuadernos del Cendes*, no. 93, 2016. Disponible en https://ri.conicet.gov.ar/handle/11336/72927

Busso, Mariana. "Las crisis y el trabajo atípico. Un estudio en ferias artesanales argentinas". *Cuestiones de sociología*, Universidad Nacional de La Plata, FaHCE. Dpto. de Sociología; no. 7, 2011, pp. 153-165. Disponible en chrome-extension://efaidnbmnnnibpcajpcglclefindmkaj/https://www.memoria.fahce.unlp.edu.ar/art_revistas/pr.5524/pr.5524.pdf.

---. y Pérez, Pablo.*Caminos al trabajo: el mundo laboral de los jóvenes durante la última etapa del gobierno kirchnerista*. Miño & Dávila, 2016.

Castel, Robert.*El ascenso de las incertidumbres. Trabajo, protecciones, estatuto del individuo*. F.C.E, 2012.

Correa Lucero, Horacio Edgardo. "La concepción del valor en las tesis del capitalismo cognitivo: bases teóricas y aspectos neoclásicos". Universidad de Bs. As. Cátedra Informática y Relaciones Sociales y Teoría Sociológica, 2013. Disponible en http://ri.conicet.gov.ar/handle/11336/12324

Del Mármol, Mariana, Magri, Gisela y Saez, Mariana Lucía. "Acá todos somos independientes. Triangulaciones etnográficas desde la danza contemporánea, la música popular y el teatro en la ciudad de La Plata". *Revista de Humanidades y Ciencias Sociales: El Genio Maligno*, no. 20. Marzo, 2017. Disponible en https://elgeniomaligno.eu/aca-todos-somos-independientes/

Dubois, V. "¿Quiénes son los gestores artísticos? Una investigación sociológica sobre el caso francés". Publicación en *revista Maqueta Perisférica - 18 de la U.C.A*. 2017. Online. Disponible en https://revistas.uca.es/index.php/periferica/article/view/4180

Fukelman, María. "Un recorrido por el Teatro del Pueblo, primer teatro independiente de Buenos Aires". En: En Ansaldo, Paula, Fukelman, María, Girotti, Bettina y Trombetta, Jimena (comps.) *Teatro independiente: historia y actualidad*. Ediciones del CCC, 2017. Disponible en: http://bibliotecadigital.uca.edu.ar/repositorio/investigacion/recorridoteatropueblo-independiente.pdf

---. "El teatro independiente en los primeros años de postdictadura". *Revista del C.C.C. Floreal Gorini,* no. 17, 2013. Disponible en https://ri.conicet.gov.ar/handle/11336/26275

Giunta, Andrea. "Arte, Sociología del". En Altamirano, Carlos (comp.) *Términos críticos de sociología de la cultura.* Paidós, 2002.

Heinich, Natalie. *La sociología del arte.* Nueva visión, 2002.

Infantino, Julieta. "Trabajar como artista. Estrategias, prácticas y representaciones del trabajo artístico entre jóvenes artistas circenses". *Cuadernos de antropología social,* no. 34, 2011. Disponible en http://revistascientificas.filo.uba.ar/index.php/CAS/article/view/1384

Klein, Teodoro. *Una historia de luchas: la Asociación Argentina de Actores.* Ed. AAA, 1988.

Legay, Marion. *Critique de Portrait de l'artiste en travailleur. Métamorphoses du capitalisme de P. M.* Seuil, 2003.

Mannarino Juan Manuel. "De los salones hacia la calle (Breve historia del teatro platense)". *Revista Telón de Fondo,* no. 11, 2010, pp. 1-9. Disponible en http://revistascientificas.filo.uba.ar/index.php/telondefondo/article/view/9265

Mauro, Karina. "Entre el mundo del arte y el mundo del trabajo. Herramientas conceptuales para comprender la dimensión laboral del trabajo artístico". *Revista Telón de Fondo,* no. 27, 2018, pp. 114-143. Disponible en http://revistascientificas.filo.uba.ar/index.php/telondefondo/article/download/5097/4611.

---. "La construcción identitaria de los actores: ¿trabajadores o militantes de la cultura?". Ponencia presentada en el *Congreso Nacional de Estudios del Trabajo. El trabajo en su laberinto: viejos y nuevos desafíos.* 5-7 de agosto del 2015.

---. "Actores y mundo del trabajo: Apuntes para una problemática construcción identitaria". Ponencia presentada en *VIII Jornadas de Sociología de la UNLP,* 3 al 5 de diciembre de 2014, Ensenada, Argentina. 2014. Disponible en http://sedici.unlp.edu.ar/handle/10915/56277

Menger, Pierre-Michel. "L'artanalysécomme un travail". *Idééséconomiques et sociales*, vol. 158, no. 4, 2009, pp. 23-29

Miguez, Pablo. "Trabajo, conocimiento y precariedad laboral en el capitalismo contemporáneo". Dossier Universidad de Buenos Aires, Facultad de Ciencias Sociales, 2017, pp. 74-79.

---. y Sztulwark, Sebastian. "Conocimiento y valorización del capitalismo industrial". *Revista de Historia de la Industria, los servicios y las empresas en América Latina*, no. 9, 2011. Disponible en https://dialnet.unirioja.es/servlet/articulo?codigo=5009876

Mitelli, Noelia Victoria.*Gestión cultural de los grupos de danza independientes de la Ciudad de Buenos Aires. Análisis de situación y perspectivas de desarrollo sectorial*. Universidad de Buenos Aires. Facultad de Ciencias Económicas, 2015. Disponible en chrome-extension://efaidnbmnnnibpcajpcglclefindmkaj/http://bibliotecadigital.econ.uba.ar/download/tpos/1502-0200_MitelliNV.pdf

Neffa, Julio César.*Empleo, desempleo & políticas de empleo. La crisis de la relación salarial: naturaleza y significado de la informalidad, los trabajos/empleos precarios y los no registrados*. Publicación trimestral del CEIL-PIETTE CONICET, 2010. Disponible en http://www.politicaspublicas.uncu.edu.ar/upload/1crisisrelsalarial1.pdf

Paugam, Serge. "Protección y reconocimiento. Por una sociología de los vínculos sociales". *CEIC*, no. 82, 2012. Disponible en https://ojs.ehu.eus/index.php/papelesCEIC/article/view/12453

Rancière, Jacques.*La noche de los proletarios. Archivos del sueño obrero*. Tinta Limón, 2017.

---. *Figuras de la historia*. Eterna Cadencia Editora, 2013.

---. *La división de lo sensible*. Salamanca, 2002.

Ribeiro Veras, Flavia. "De los palcos a los gremios - La organización laboral de los actores en Río de Janeiro y Buenos Aires entre 1930 y 1945". *Revista Cambios y Permanencias. Grupo de investigación: Historia, Archivística y Redes de Investigación*. Universidad Industrial de Santander, no. 6, 2015, pp. 271-305. Disponible en https://revistas.uis.edu.co/index.php/revistacyp/article/view/7100

Rius-Ulldemolins, Joaquim. "¿Por qué se concentran los artistas en las grandes ciudades? Factores infraestructurales de localización, estrategias profesionales y dinámicas comunitarias". *Revista Española de Investigaciones Sociológicas,* no. 147, 2014. Disponible en https://www.jstor.org/stable/24364431

Sapiro, Gisèle. *La sociología de la literatura.* Fondo de cultura económica, 2016.

Sennet, Richard. *El artesano.* Anagrama, 2008.

Stolovich, Luis. "Diversidad creativa y restricciones económicas. La perspectiva desde un pequeño país". *Revista de cultura: Pensar Iberoamérica,* no. 1, 2002.

Williams, Raymond. *Sociología de la cultura.* Paidós. 2015.

Wortman, Ana. "El desafío de las políticas culturales en Argentina". En *Cultura, política y sociedad. Perspectivas latinoamericanas.* CLACSO, 2005.

Participantes

Paula Ansaldo es Doctora en Historia y Teoría de las Artes por la Universidad de Buenos Aires (UBA). Es investigadora del CONICET con sede en el Instituto de Artes del Espectáculo de la UBA, y forma parte del Núcleo de Estudios Judíos (IDES). Como docente se desempeña en la materia Historia del Teatro II de la Carrera de Artes (FFyL-UBA). Fue investigadora visitante en Harvard University, Universityof Pennsylvania, FordhamUniversity y JagiellonianUniversity. Publicó el libro *"Broytmitteater"*. *Historia del teatro judío en Argentina* (EUDEBA, 2023). Co-editó los libros *Teatro independiente: historia y actualidad* (Buenos Aires: Ediciones del CCC, 2017) y *Perspectivas sobre la dirección teatral: teoría, historia y pensamiento escénico* (Córdoba: Editorial de la Universidad Nacional de Córdoba, 2021) y publicó diversos artículos académicos sobre la historia del teatro y la cultura judía en revistas internacionales. Su trabajorecibióelapoyo del YIVO Institute for Jewish Research, Coimbra Group Universities, New York Public Library, American Philosophical Society, Latin American Jewish Studies Association y Memorial Foundation for Jewish Culture.

Leonardo Basanta nació en 1980 en Ayacucho y desde 1999 reside en La Plata. Es actor, acróbata, clown y bailarín. Se formó en actuación con Febe Chaves, Carolina Donnantuoni, Cesar Palumbo y Omar Mussa, entre otros; en artes del circo con Juliana y Fernanda Alessandro y con Federico Marotta, especializándose en acrobacias en telas y trapecio; como Clown con Germán Crivos y Juan Vogelman; y en danza contemporánea con Florencia Olivieri. Realizó el Taller de entrenamiento para actores en el CIPAE, con la profesora Cristina Osses, y las Clínicas de Investigación y Montaje de Florencia Olivieri, Mariana Estevez, Pablo Rotemberg, Luis Biasotto y participó del curso de dirección de Emilio GarciaWehbi. Estudio Diseño de Iluminación en la TAE (Teatro Argentino). Participó como actor en más de 20 obras de teatro, danza y artes del circo con reconocidos/as directores/as platenses. Dirigió junto a Carolina Donnantuoni el proyecto Esto NO es la metamorfosis de Franz Kafka y organizó un ciclo de encuentro de trabajos en procesos llamado miniWIP. También dirigió las performances Diarios de una Lectora y Diario de otra bailarina (ensayo literario sobre la imposibilidad de la danza).

María Alejandra BottoFiora es Licenciada en Psicología. Universidad del Salvador. (1979-1983) y Licenciada en psicología. Universidad Complutense de Madrid. Reválida. (2004) Miembro del área "Artes del Espectáculo y Psicoanálisis" del IAE (Instituto de Artes del espectáculo, Facultad de Filosofía y letras, Universidad de Buenos Aires dirigido por la Lic. Liliana López participando de los proyectos: El acto creador: la sublimación en la obra de S. Freud y J. Lacan

(2017.2019), Poéticas de lo siniestro (2019) (Directora), Proyecto Oscar Masotta (2019).

Mariana del Mármol es Licenciada en Antropología por la Facultad de Ciencias Naturales y Museo de la Universidad Nacional de La Plata (FCNyM, UNLP), Doctora de la Universidad de Buenos Aires (FFyL, UBA) y Diplomada Superior en Soberanía y Políticas Culturales para América Latina (CLACSO). Es investigadora asistente del Consejo Nacional de Investigaciones Científicas y Técnicas (CONICET) con lugar de trabajo en el Instituto de Investigaciones en Humanidades y Ciencias Sociales (IDIHCS-UNLP/CONICET). Es Profesora Adjunta de la materia "Etnografía I" (FCNyM, UNLP). Investiga las condiciones laborales de los/as artistas escénicos/as del circuito independiente platense, sus identificaciones como trabajadores y sus procesos de organización; actualmente, con foco en las articulaciones del sector cultural autogestivo con el Estado y la construcción de regulaciones y políticas públicas específicas. Conforma el Grupo Responsable de un proyecto PICTO Redes sobre desigualdades ocupacionales en el trabajo artístico y cultural. Ha publicado los resultados de estas investigaciones en revistas como *Telón de Fondo* (2019), *Cuadernos de Antropología* (2020), RELACult (2020), Tenso Diagonal (2021), Trabajo y Sociedad (2020 y 2022), entre otras. Ha coordinado una compilación en la serie *Las juventudes argentinas hoy* de la biblioteca de acceso abierto de CLACSO y ha participado en la compilación Cultura Independiente La Plata de RGC Ediciones. Además, se ha formado como actriz y bailarina y ha participado en diferentes proyectos ligados a la creación y la gestión en artes escénicas.

Magalí Andrea Devés (Instituto Ravignani-UBA) es Doctora en Historia por la UBA y Magister en Historia del Arte Argentino y Latinoamericano por el IDAES-UNSAM. Es docente de Historia Contemporánea de la carrera de Historia de la Facultad de Filosofía y Letras de la UBA y de otras asignaturas de la misma universidad. Fue becaria del CONICET y de la UBA. Actualmente integra los proyectos de investigación "Archivos, publicaciones periódicas y manuscritos: un arduo laberinto de entretejidas voces de la cultura argentina" y "Poéticas comunistas y archivo soviético en la literatura latinoamericana (siglos XX-XXI). Procesos de apropiación, lectura y traducción cultural". Publicó diversos artículos y es autora del libro *Guillermo Facio Hebequer: entre el campo artístico y la cultura de izquierda*, publicado por la editorial Prometeo.

Juliana Díaz. Licenciada y Profesora en Sociología por la Facultad de Humanidades y Ciencias de la Educación de la Universidad Nacional de La Plata (FaHCE-UNLP). Doctoranda en Ciencias Sociales por la misma institución. Trabaja como becaria doctoral Conicet en un estudio sobre situaciones laborales de actores y actrices de La Plata entre los años 2019 y 2021. Se desempeña como docente de Metodología de Investigación en Artes en la Escuela de Teatro de

La Plata (ETLP) y la Escuela de Danzas Tradicionales Argentinas (EDTA) "José Hernández".

Jorge Dubatti (Buenos Aires, 1963) es Doctor (Área de Historia y Teoría de las Artes) por la Universidad de Buenos Aires. Premio Academia Argentina de Letras al mejor egresado 1989 de la UBA. Es Catedrático Titular Regular de Historia del Teatro Universal/Historia del Teatro 2 (Carrera de Artes, UBA). Es Director por concurso público del Instituto de Artes del Espectáculo "Dr. Raúl H. Castagnino" de la Facultad de Filosofía y Letras de la UBA. Dirige el Proyecto de Investigación Filo:CyT (2022-2024) "Historia Comparada de las/los espectadores de teatro en Buenos Aires 1901-1914". Fundó y dirige desde 2001 la Escuela de Espectadores de Buenos Aires. Ha contribuido a abrir 85 escuelas de espectadores en diversos países. Entre 2021-2023 se desempeñó como subdirector del Teatro Nacional Cervantes. Desde 2023 es Académico de Número de la Academia Argentina de Letras (Sillón Ventura de la Vega) y Miembro Correspondiente de la Real Academia Española. Co-coordina el Diplomado Internacional de Creación-Investigación Escénica de la Universidad Nacional Autónoma de México (UNAM). Integra la Comisión de Seguimiento del Doctorado en Artes de la Universidad Nacional de Córdoba. Entre sus libros figuran *Filosofía del Teatro I, II y III*, *Teatro y territorialidad* y *Estudios de teatro argentino, europeo y comparado*. Con dirección de Gastón Marioni y actuación de Mercedes Morán realizó la conferencia performativa *María Velasco y Arias, una mujer de teatro en la Facultad de Filosofía y Letras* (disponible en el Canal Cervantes Online).

Ricardo Dubatti (Buenos Aires, 1988) es historiador teatral, dramaturgo, músico y docente. Es doctor en Historia y Teoría de las Artes por la Universidad de Buenos Aires, por su investigación "Representaciones de la Guerra de Malvinas (1982) y sus consecuencias socioculturales en el teatro argentino (1982-2007): poéticas dramáticas, historia y memoria", realizada con una beca de CONICET. Licenciado de la carrera de Artes (orientación Combinadas), Universidad de Buenos Aires. Actualmente cuenta con una beca posdoctoral de CONICET y continúa investigando sobre Malvinas en el teatro (2008-2022). Compiló las antologías Malvinas. La guerra en el teatro, el teatro de la guerra (Ediciones del CCC, 2017), Malvinas II (Ediciones del CCC, 2019) y La guerra de Malvinas en el teatro argentino (Instituto Nacional del Teatro / Ediciones del CCC, 2020). Publicó artículos en Signa (Asociación Española de Semiótica), KARPA (California StateUniversity), Panambí (Universidad de Valparaíso), entre otras. Dicta la materia "Historia de las Estructuras Teatrales I" en la Universidad Autónoma de Entre Ríos (UADER, sede Gualeguaychú). Es adscripto de la materia "Seminario Epistemología y Metodología de la Investigación", Facultad de Filosofía y Letras, Universidad de Buenos Aires.

Teatro independiente: grupos, espacios, prácticas

Juan Estrades. Profesor de Literatura egresado del IPA, Licenciado en Filología Hispánica título convalidado por el Ministerio de Educación y Ciencia de Madrid. Magister en Ciencias Humanas, opción Teoría e Historia del Teatro de la FHCE (Udelar). Especialista en Política y Gestión de la Educación (Claeh). Especialista en Dirección de Enseñanza Secundaria y Educación de Adultos (I.M.S.). Trabaja como Director e Inspector de Enseñanza Secundaria en Montevideo y Tacuarembó. Coorganizador del Coloquio Internacional de Teatro de Montevideo y ponente en los Coloquios de Teatro de Montevideo en 2011, 2012, 2013, 2015, 2021, 2023 y Congresos en Getea, en Buenos Aires y en Mallorca. Ha publicado en libros colectivos y artículos sobre teatro en la revista SIC arbitrada de la Asociación de Profesores de Literatura del Uruguay (A.P.L.U.) y en Escenarios de Dos Mundos Centro de Documentación Teatral de Madrid.

María Fukelman (Buenos Aires, 1985) es doctora en Historia y Teoría de las Artes por la Universidad de Buenos Aires, y licenciada y profesora en Letras por la misma institución. Fue becaria doctoral y postdoctoral del CONICET (Consejo Nacional de Investigaciones Científicas y Técnicas), organismo en el que actualmente se desempeña como investigadora asistente. Dictó clases en la Universidad de Buenos Aires y es docente en la Pontificia Universidad Católica Argentina. Entre 2020 y 2023 fue directora de la Casa Nacional del Bicentenario (Ministerio de Cultura de la Nación). Es autora del libro *Hacia una historia integral del teatro independiente en Buenos Aires (1930-1944)* (Ediciones KARPA, California StateUniversity, 2022), compiladora de los volúmenes *Teatro aplicado. Teoría y práctica* (Ediciones del CCC, 2019) y *Teatro independiente. Historia y actualidad* (Ediciones del CCC, 2017), y cuenta con numerosas publicaciones en Argentina, España, Bolivia, Perú, Polonia, México, Chile, Cuba, Colombia, Italia y Estados Unidos. Co-coordina el Área de Investigaciones en Teatro y Artes Escénicas del Instituto de Artes del Espectáculo "Raúl H. Castagnino" (Facultad de Filosofía y Letras, UBA) e integra la comisión directiva de la AINCRIT (Asociación Argentina de Investigación y Crítica Teatral).

Bettina Girotti es Licenciada y Profesora en Artes y Doctora en Historia y Teoría de las Artes por la Facultad de Filosofía y Letras de la Universidad de Buenos Aires. Fue becaria doctoral del CONICET (Consejo Nacional de Investigaciones Científicas y Técnicas) y actualmente se desempeña como docente en las materias Literatura en las Artes Combinadas II/Pensamiento Audiovisual de la carrera de Artes (FFyL-UBA), y Semiología del Programa UBAXXI. Es Coordinadora Académica del Programa de Actualización en Prácticas artísticas y política en América Latina (FFyL-UBA) y coordina el área Teatro de Títeres del Instituto de Artes del Espectáculo (FFyL-UBA). Forma parte del Grupo de Estudios sobre Teatro Contemporáneo, Política y Sociedad en América Latina del Instituto de Investigaciones Gino Germani (FSOC-UBA) y del Área de Investigaciones en Ciencias del Arte (Centro Cultural de la Cooperación). Es jurado del

Teatro independiente: grupos, espacios, prácticas

Premio Nacional de Títeres Javier Villafañe. Ha intervenido en numerosos congresos y publicado trabajos sobre teatro de títeres y objetos. Ha compilado *Los titiriteros obreros: poesía militante sobre ruedas* (2015, Eudeba) y *Teatro Independiente: historia y actualidad* (junto a Paula Ansaldo, María Fukelman y Jimena Trombetta, 2017, Ediciones del CCC).

"Mecha" Nuñez es actriz. Se desempeña como docente de Metodología del Actor Creador, Análisis de Texto e Historia del Teatro en la Escuela Provincial de Teatro "Ambrosio Morante". Formó parte del Equipo Técnico Pedagógico de Movimiento y Cuerpo del Ministerio de Educación de la Provincia de Santa Fe. Cuenta con más de treinta obras estrenadas como actriz, también como directora y dramaturga. Participa del Equipo de Gestión de La Morada Teatro de Rosario y de la Organización del Ciclo Teatro Transgénico. Es integrante de la Asociación de Teatros Independientes de Rosario y del Centro de Investigaciones Teatrales de la UNR.

Gustavo Radice es Licenciado en Artes Plásticas (Escenografía) por la Facultad de Artes de la Universidad Nacional de La Plata (FDA-UNLP). Doctor en Artes por la FDA-UNLP. Es Titular de la Cátedra Taller Básico Escenografía I-II. Desde el 2019 asume como director del Instituto de Historia del Arte Argentino y Americano de la FDA-UNLP. Ha dirigido y codirigido Proyectos de investigación radicados en la UNLP. Dirige becarios de Conicet y becarios de posgrado de UNLP. Es director de tesis de Maestría y Doctorado. Ha sido evaluador de proyectos de investigaciones y de revistas científicas de diversas universidades nacionales e internacionales. Posee publicaciones en revistas académicas nacionales e internacionales sobre artes escénicas y cuenta con libros y capítulos de libros sobre teoría e historia del teatro platense. Como actor se ha formado en diversos talleres privados de entrenamiento actoral como Taller de Teatro Rambla; Cristina Demo, Lito Cruz, Susana Torres Molina, Carolina Donnantuoni, entre otros/as. Su carrera dentro del ámbito de la actuación comenzó en el año 1985, desde entonces ha participado en varios proyectos escénicos como escenógrafo, vestuarista y actor. Desde el año 2017 edita junto a Carolina Donnantuoni y la editorial Malisia la revista sobre artes escénicas platense El ojo y la navaja. Finalmente, también se destaca su producción artística en el campo de artes visuales.

Dayra Restrepo es actriz, músico, docente e investigadora. Inicia a temprana edad su formación y actividad artística en el Bachillerato Artístico en Teatro del Instituto Departamental de Bellas Artes, Cali, Colombia. Mención meritoria al recibirse como Licenciada en Arte Teatral de la misma institución. Especialista en Diseño de Ambientes de Aprendizaje (Uniminuto, Bogotá), Especialista y maestrando en Gestión Cultural (Univ. De Buenos Aires, Argentina). Ha recibido reconocimientos de la Secretaría de Cultura de Cali y del Ministerio de

Cultura de Colombia. Se desempeña como docente universitaria, investigadora, cantante y pianista en diversas agrupaciones de la ciudad. Características que le han permitido fundir teatro y música en la escena. Actualmente hace parte del equipo de dirección del Grupo Representativo de Teatro del Instituto Popular de Cultura de Cali, Colombia.

Luciana Scaraffuni Ribeiro es uruguaya y reside en Montevideo. Es Doctora y Magíster en Antropología por la Universidad de los Andes de Colombia, país donde residió por seis años. Es Licenciada en Sociología por la Universidad de la República Oriental del Uruguay. Actualmente es profesora, e investigadora de dedicación total y co-responsable del Grupo de Estudios sobre Violencias y Víctimas del Departamento de Sociología (DS), Facultad de Ciencias Sociales (FCS), Universidad de la República (Udelar).

Jimena Trombetta es Doctora en Historia y Teoría de las Artes de la Facultad de Filosofía y Letras de la Universidad de Buenos Aires. Su tesis estudió la figura de Eva Perón en el cine y el teatro entre 1983 y 2014. Además, es Profesora y Licenciada en artes combinadas por la misma institución. Co-coordina junto a María Fukelman el Área de Teatro y Artes escénicas del Instituto de Artes del Espectáculo Raúl Castagnino, en dónde se desempeña a su vez como ayudante de primera y dirige un proyecto Filo:CyT que estudia las representaciones teatrales de las mujeres históricas y los vínculos con el poder. Asimismo, trabaja como docente universitaria en la UP y en enseñanza media en el Instituto Carlos Steeb. A lo largo de su carrera se desempeñó como investigadora becaria del CONICET, doctoral y posdoctoral. Obtuvo una beca de especialización otorgada por AGENCIA. Es jurado del Premio María Guerrero y del Premio Nacional de Títeres Javier Villafañe. Integra el grupo CIyNE y forma parte de la comisión asesora de AINCRIT. Ha coordinado *las actas Arte y peronismo* (junto a Patricia Aschieri, Catalina Artesi, y Laura Ciento, publicado en Actas del IAE, 2023) y *Teatro Independiente: historia y actualidad* (junto a Paula Ansaldo, María Fukelman y Jimena Trombetta, 2017, Ediciones del CCC). Además, ha escrito numerosos artículos en libros y revistas especializadas en España, México, Brasil, Colombia, Estados Unidos, Polonia, Italia y Argentina. Y ha publicado numerosas críticas en medio digitales y en papel como Imaginación atrapada, El ángel exterminador, Tranvías y deseos, Cinecritic, Mira Ba, Sudestada, Mutis x el foro.

Rocío Villar es Profesora y Licenciada en Artes por la Facultad de Filosofía y Letras de la Universidad de Buenos Aires. Diplomada en Gestión Cultural (CCUPU FFyL-UBA). Se desempeñó como docente en la Universidad de Palermo en la materia Taller de reflexiones artísticas I. Actualmente es docente en la carrera de Artes (FFyL-UBA) y Secretaria Académica de Doctorado y Posdoctorado. Desde hace varios años se dedica a la crítica y a la investigación teatral en el Instituto de Artes del Espectáculo (FFyL-UBA). Desde el 2018 integra la

Teatro independiente: grupos, espacios, prácticas

Comisión Directiva de la Asociación Argentina de Investigadores y Críticos teatrales (AINCRIT) y es Jurado en los Premios Trinidad Guevara, otorgados por el Ministerio de Cultura de la Ciudad de Buenos Aires.

Publicaciones de Argus-*a* en su sello ErosBooks:

Aldo Dante Alvarado
Cartas desde el Oblicuo Lunar

Martín Giner
Tres escenarios improbables. Dramaturgia de humor

Gladys Ilarregui
El amarillo inaudito. Poemas a Ucrania

Gustavo Geirola
Dedicatorias
Sonetos y antisonetos

Gerardo González
SoaveLibertate

Otras publicaciones de Argus-*a*:

Claudia Andrea Castro
Artes, universidades y cárceles en Argentina

Gustavo Geirola
FREUD: del nombre, del origen, del 'gran hombre'
Ensayo conjetural

Eduardo De Paula, Henrique Bezerra de Souza,
Mara Leal y Wellington Menegaz
Errancias: prácticas artístico-pedagógicas, memorias, quehaceres y políticas

Alejandra Morales
Representación de lo femenino en el teatro chileno
Rearticulaciones

Alicia Montes
Literatura erótica, pornografía y paradoja

Gustavo Geirola
Lacanian Discourses and the Dramaturgies

Gustavo Geirola
Introducción a la praxis teatral.
Creatividad y psicoanálisis

María Cristina Ares
Evita mirada
Modos de ver a Eva Perón: las figuraciones literarias y visuales de su cuerpo
entre 1992 y 2019

Gustavo Geirola
Los discursos lacanianos y las dramaturgias

Eduardo R. Scarano (compilador)
Racionalidad política de las ciencias y de la tecnología.
Ensayos en homenaje a Ricardo J. Gómez

Virgen Gutiérrez
Con voz de mujer. Entrevistas

Alicia Montes y María Cristina Ares, compiladoras
Régimen escópico y experiencia. Figuraciones de la mirada y el cuerpo
en la literatura y las artes

Adriana Libonatti y Alicia Serna
De la calle al mundo
Recorridos, imágenes y sentidos en Fuerza Bruta

Laura López Fernández y Luis Mora-Ballesteros (Coords.)
Transgresiones en las letras iberoamericanas:
visiones del lenguaje poético

María Natacha Koss
Mitos y territorios teatrales

Mary Anne Junqueira
A toda vela
El viaje científico de los Estados Unidos:
U.S. Exploring Expedition (1838-1842)

Lyu Xiaoxiao
La fraseología de la alimentación y gastronomía en español.
Léxico y contenido metafórico

Gustavo Geirola
Grotowski soy yo.
Una lectura para la praxis teatral en tiempos de catástrofe

Alicia Montes y María Cristina Ares, comps.
Cuerpo y violencia. De la inermidad a la heterotopía

Gustavo Geirola, comp.
Elocuencia del cuerpo.
Ensayos en homenaje a Isabel Sarli

Lola Proaño Gómez
Poética, Política y Ruptura.
La Revolución Argentina (1966-73): experimento frustrado
De imposición liberal y "normalización" de la economía

Marcelo Donato
El telón de Picasso

Víctor Díaz Esteves y Rodolfo Hlousek Astudillo
Semblanzas y discursos de agrupaciones culturales
con bases territoriales en La Araucanía

Sandra Gasparini
Las horas nocturnas.
Diez lecturas sobre terror, fantástico y ciencia

Mario A. Rojas, editor
Joaquín Murrieta de Brígido Caro.
Un drama inédito del legendario bandido

Alicia Poderti
Casiopea. Vivir en las redes. Ingeniería lingüística y ciber-espacio

Gustavo Geirola
Sueño Improvisación. Teatro. Ensayos sobre la praxis teatral

Jorge Rosas Godoy y Edith Cerda Osses
Condición posthistórica o Manifestación poliexpresiva.
Una perturbación sensible

Alicia Montes y María Cristina Ares
Política y estética de los cuerpos.
Distribución de lo sensible en la literatura y las artes visuales

Karina Mauro (Compiladora)
Artes y producción de conocimiento.
Experiencias de integración de las artes en la universidad

Jorge Poveda
La parergonalidad en el teatro. Deconstrucción del arte de la escena
como coeficiente de sus múltiples encuadramientos

Gustavo Geirola
El espacio regional del mundo de Hugo Foguet

Domingo Adame y Nicolás Núñez
Transteatro: Entre, a través y más allá del Teatro

Yaima Redonet Sánchez
Un día en el solar, expresión de la cubanidad de Alberto Alonso

Gustavo Geirola
Dramaturgia de frontera/Dramaturgias del crimen.
A propósito de los teatristas del norte de México

Virgen Gutiérrez
Mujeres de entre mares. Entrevistas

Ileana Baeza Lope
Sara García: ícono cinematográfico nacional mexicano, abuela y lesbiana

Gustavo Geirola
Teatralidad y experiencia política en América Latina (1957-1977)

Domingo Adame
Más allá de la gesticulación
Ensayos sobre teatro y cultura en México

Alicia Montes y María Cristina Ares (compiladoras)
Cuerpos presentes.
Figuraciones de la muerte, la enfermedad, la anomalía y el sacrificio.

Lola Proaño Gómez y Lorena Verzero / Compiladoras y editoras
Perspectivas políticas de la escena latinoamericana. Diálogos en tiempo presente

Gustavo Geirola
Praxis teatral. Saberes y enseñanza. Reflexiones a partir del teatro argentino reciente

Alicia Montes
De los cuerpos travestis a los cuerpos zombis. La carne como figura de la historia

Lola Proaño - Gustavo Geirola
¡Todo a Pulmón! Entrevistas a diez teatristas argentinos

Germán Pitta Bonilla
La nación y sus narrativas corporales. Fluctuaciones del cuerpo femenino en la novela sentimental uruguaya del siglo XIX (1880-1907)

Robert Simon
To A Nação, with Love: The Politics of Language through Angolan Poetry

Jorge Rosas Godoy
Poliexpresión o la des-integración de las formas en/desde
La nueva novela *de Juan Luis Martínez*

María Elena Elmiger
DUELO: Íntimo. Privado. Público

María Fernández-Lamarque
Espacios posmodernos en la literature latinoamericana contemporánea: Distopías y heterotopíaa

Gabriela Abad
Escena y escenarios en la transferencia

Carlos María Alsina
De Stanislavski a Brecht: las acciones físicas. Teoría y práctica de procedimientos actorales de construcción teatral

ÁqisNúcleo de Pesquisas Sobre Processos de Criação Artística
Florianópolis
Falas sobre o coletivo. Entrevistas sobre teatro de grupo

ÁqisNúcleo de Pesquisas Sobre Processos de Criação Artística
Florianópolis
Teatro e experiências do real (Quatro Estudos)

Gustavo Geirola
El oriente deseado. Aproximación lacaniana a Rubén Darío.

Gustavo Geirola
Arte y oficio del director teatral en América Latina
Tomo I: México y Perú

Gustavo Geirola
Arte y oficio del director teatral en América Latina
Tomo II: Argentina, Chile, Paraguay y Uruguay

Gustavo Geirola
Arte y oficio del director teatral en América Latina
Tomo III: Colombia y Venezuela

Gustavo Geirola
Arte y oficio del director teatral en América Latina
Tomo IV: Bolivia, Brasil y Ecuador

Gustavo Geirola
Arte y oficio del director teatral en América Latina
Tomo V: Centroamérica y Estados Unidos

Gustavo Geirola
Arte y oficio del director teatral en América Latina
Tomo VI: Cuba, Puerto Rico y República Dominicana

Gustavo Geirola
Ensayo teatral, actuación y puesta en escena.
Notas introductorias sobre psicoanálisis y praxis teatral

Argus-*a*
Artes y Humanidades / Arts and Humanities
Los Ángeles – Buenos Aires
2024

www.ingramcontent.com/pod-product-compliance
Lightning Source LLC
Chambersburg PA
CBHW022005160426
43197CB00007B/284